Lauren Scruggs
Familie Scruggs | Marcus Brotherton

Lolo

Und trotzdem bin ich schön!

Mit einem Vorwort von Bethany Hamilton

BRUNNEN
Verlag Giessen · Basel

Deutsch von Beate Zobel
Lektorat: Konstanze von der Pahlen

FSC
www.fsc.org
MIX
Papier aus verantwortungsvollen Quellen
FSC® C014496

www.brunnen-verlag.de
Umschlagfoto: Stephen Vosloo. Copyright © 2012 Tyndale House Publishers, Inc.
Umschlaggestaltung: Sabine Schweda
Satz: DTP Brunnen
Druck: GGP Media GmbH, Pößneck
ISBN 978-3-7655-1648-1

**„In der Welt habt ihr Angst,
aber lasst euch nicht entmutigen:
Ich habe die Welt besiegt."**
Jesus

Lob für „Lolo"

Ich kenne Lo und ihre Familie schon seit über zehn Jahren. Es war für mich eine ganz besondere Erfahrung, sie in diesem schrecklichen Unfall-Jahr zu begleiten. Durch das große Leid gewann ihre Beziehung zu Jesus an Tiefe. Ihr festes Vertrauen auf seine guten Pläne haben auch mir neuen Mut gegeben. Gott schreibt solche Geschichten, um andere damit zu ermutigen und zu stärken. Lolos Geschichte tut genau das!

Matt Chandler, Autor und Laurens Pastor

Widmung

Ich möchte mich ganz herzlich bei allen bedanken, die meiner Familie und mir in der schweren Zeit nach dem Unfall geholfen haben. Viele von euch kenne ich persönlich, einige aber auch nicht.

Ich kann nicht in Worte fassen, wie dankbar ich bin für alle Ermutigung, für die Geschenke, Gebete, für jede Unterstützung und auch für die anhaltende Anteilnahme. Dieses Buch ist euch allen in großer Zuneigung gewidmet.

Alles Liebe, Lauren

Inhalt

Vorwort von Bethany Hamilton

Lauren und ich saßen gemütlich im Nagelstudio und ließen unsere Fußnägel verschönern. Wir amüsierten uns darüber, dass wir für die Maniküre nur den halben Preis bezahlen müssten, denn jede von uns hatte nur noch eine Hand. Eines der Mädchen, das im Nagelstudio arbeitete, fragte uns, ob wir schon lange befreundet seien. „Nein", grinsten wir, „wir sehen uns heute zum ersten Mal."

Ich freute mich riesig, Lauren endlich persönlich kennenzulernen. Einige Monate davor hatten wir schon einmal geskypt. Den Kontakt hatte die von mir gegründete gemeinnützige Organisation *Friends of Bethany Hamilton* hergestellt. Sie kümmert sich besonders um Menschen, die bei einem Unfall ein Körperteil verloren haben oder von einem Hai angegriffen wurden.

Als ich eines Tages in Texas unterwegs war, wollte ich die Gelegenheit nutzen und mich mit Lauren treffen. Vor dem Besuch im Nagelstudio hatten wir mit unseren Müttern zusammen in einem Restaurant gegessen. Wir sprachen über unsere besonderen Herausforderungen, über unsere beruflichen Ziele, das Essen, Jungs und unseren Glauben an Jesus. Wir hatten viele gemeinsame Themen, schließlich verband uns sowohl der Glaube als auch unser besonderes Schicksal. Das war wirklich super!

Weil wir Ähnliches durchgemacht hatten, verstanden Lauren und ich uns auf Anhieb, und unsere Mütter auch. Es war etwa acht Jahre her, dass ich beim Surfen von einem Hai angegriffen worden war und meinen linken Arm verloren hatte. Fast hätte mich dieser Angriff auch mein Leben gekostet. Seither staune ich, wie Gott diesen Albtraum in einen Segen verwandelt. Als ich Lauren gegenübersaß, war es erst sechs Monate her, dass sie ihre linke Hand und ihr linkes Auge verloren hatte. Aber schon jetzt war ihr Lächeln von dieser Freude und Kraft erfüllt, die vom Vertrauen auf Gott kommen.

Später durfte ich dann ihr Buch *Lolo* lesen. Vieles darin ist mir sehr vertraut. Ich lächelte, lachte und weinte beim Lesen. Das Leben fühlt sich oft wie eine schwere Bergbesteigung an und ich war manchmal richtig erschöpft von dem, was ich in Laurens Buch las – angefangen von den Problemen ihrer Eltern, als die Kinder noch klein waren, über Lolos Versuche, ihren Platz im Leben zu finden, bis hin zu dem Abend, als der Unfall geschah und sie fast gestorben wäre.

Ich konnte sehr gut mitfühlen, wie es Lauren in all diesen herausfordernden Situationen ging, die ihr Leben so verändert haben. Doch obwohl ihnen viel abverlangt wurde, hielten sich Lauren, ihre Eltern und ihre Zwillingsschwester fest an Jesus. Genau wie meine Familie bezogen auch sie ihre Kraft und Hoffnung aus dem Glauben.

Laurens Familie erzählt die Geschichte aus verschiedenen Perspektiven, jeder so, wie er sie erlebt hat. Das ist eine sehr schöne Art, von den Kämpfen und Erfolgen zu berichten, durch die jeder von ihnen gegangen ist. So kann man miterleben, wie Gott sich um die Nöte jedes Einzelnen kümmerte und Herzen heilte. In jedem Lebensabschnitt stellte Gott die Einheit innerhalb der Familie wieder her und brachte in Ordnung, was kaputtgegangen war.

Es ist so schön zu lesen, wie Laurens Familie sie nach dem lebensgefährlichen Unfall mit Liebe umgeben hat und dass Lauren sich nicht hängen ließ. Ich mag die Szene besonders, in der Lauren nur wenige Tage nach dem Unfall dreißig Schritte geht, obwohl ihr Physiotherapeut nur von zwanzig gesprochen hatte. Laurens Geschichte hat mich angespornt und ermutigt, auch in meinem Leben immer wieder diese zehn zusätzlichen Schritte zu gehen.

Lauren ist ein Sonnenschein und ich freue mich, dass sie meine Freundin ist.

Beim Lesen ihres Buches erinnerte ich mich an unseren Nachmittag im Nagelstudio. Nach außen wirkten wir wie alte Freundinnen, während wir uns gegenseitig unsere Geschichten erzählten. Es hat mich sehr ermutigt, Lauren zuzuhören, denn sie hat auf ihrem Lebensweg viel über Hoffnung gelernt.

Jeder, der dieses Buch liest, wird von Laurens Kraft und Motivation angesteckt. Wir wollen uns nicht unterkriegen lassen, egal welche Katastrophen auf uns warten. Lauren hat Lebensmut so definiert: „Auch wenn das Leben schwer ist, geh ich weiter." Da kann ich mir noch eine Scheibe abschneiden.

Ich freue mich darauf, Laurens weiteren Lebensweg zu verfolgen und vielleicht auch noch so manches Abenteuer mit ihr zu erleben.

Aloha,
Bethany Hamilton
Autorin des Bestsellers „Soul Surfer. Meine Geschichte"

Auftakt

Lauren

Er sah eigentlich nicht wie ein Engel aus, aber in den folgenden Jahren fragte ich mich immer wieder, ob dieser heruntergekommene Mann vielleicht tatsächlich ein Engel gewesen war.

Mit lässig übereinandergeschlagenen Beinen saß er vor einem Sportgeschäft in Plano, Texas, zurückgelehnt auf einer Bank und starrte in den Himmel. Als Erstes fiel mir seine abgewetzte Hose auf, dann bemerkte ich den Tintenfleck auf seinem Hemd und schließlich blieb mein Blick an dem durchsichtigen, wiederverschließbaren Plastikbeutel hängen, der neben ihm lag. Ich wollte nicht neugierig wirken; trotzdem sah ich lange genug hin, um eine Männerunterhose, eine Zahnbürste und ein sorgfältig gefaltetes Hemd im Beutel zu erkennen. Es war ein herrlicher Tag im Jahr 2002, das Wetter traumhaft, am blauen Himmel zogen ein paar weiße Federwolken vorbei, die Sonne schien warm. Ich war fünfzehn.

„Ist das nicht Josua?", murmelte mein Vater erstaunt und zögerte, als wir uns der Bank näherten. Er blieb stehen. „Josua, sind Sie das?"

„Ja. Auch ich erkenne Sie wieder, mein Freund. Ich habe letzten Sonntag Ihren Bibelunterricht besucht." Er kam eindeutig nicht aus Texas, das hörte man sofort. Im Gegensatz zum breiten Akzent eines Südstaatlers klang sein melodischer Tonfall eher nach jemandem, der vor einiger Zeit in Kenia oder Uganda gelebt hatte.

„Stimmt, ich habe Sie in der Gemeinde gesehen“, erinnerte sich mein Vater. Eigentlich wollte er mit mir ins Sportgeschäft gehen. Meine Zwillingsschwester Brittany war mit unserer Mutter zu Hause geblieben. „Warten Sie auf jemanden?“, fragte mein Vater unbedarft und ohne jedes Vorurteil.

„Wie? – Ach so … nein, mein Freund, ich genieße einfach nur diesen herrlichen Tag.“

Aus dem Augenwinkel beobachtete ich meinen Vater, der den alten Mann nun intensiver musterte: „Wohnen Sie hier in der Nähe?“

„Nein, nicht direkt.“ Er antwortete langsam, als suche er nach den passenden Worten. „Ich lebe weiter dort hinten. Unter der Brücke.“

Mein Vater zuckte zusammen. „Josua, darf ich fragen … Haben Sie heute schon etwas gegessen?“

Josua schüttelte den Kopf.

Vater nickte. „Dann kommen Sie doch zum Essen mit zu uns.“

Ich strich mir eine Haarsträhne hinters Ohr, blieb ruhig und überließ meinem Vater das Reden. Brittany und ich hatten Papa schon einige Male zu Straßeneinsätzen in die Altstadt von Dallas begleitet, aber noch nie hatten wir einen Obdachlosen mit nach Hause genommen. Wir waren eine typische Familie aus der Mittelschicht, besaßen zwei Autos, liebten das Dallas-Cowboy-Football-Team und ein weißer Lattenzaun hätte gut zu unserem Vorgarten gepasst. Einerseits bewunderte ich Papa dafür, dass er diesen Obdachlosen einfach nach Hause einlud, andererseits war mir dabei etwas mulmig zumute. Das war eine neue Situation und ich wusste nicht, wohin sie führen würde.

Josuas Augen strahlten: „Ich würde mich sehr über eine Mahlzeit freuen, aber nur, wenn es auch für Ihre Frau in Ordnung ist.“

„Ich rufe Cheryl sofort an.“ Vater zog sein Handy aus der Tasche und wählte ihre Nummer. „Sie hat ganz bestimmt nichts dagegen.“

Ich muss dazu sagen, dass mein Vater häufig mit fremden Leuten spricht. Er ist sehr offen und warmherzig. Trotzdem war es sehr ungewöhnlich, dass er einen einzelnen Gemeindebesucher bewusst wahrnahm und Tage später wiedererkannte. Unsere Gemeinde war nicht so klein, dass jeder Fremde aufgefallen wäre. Allein zu Papas Bibelgruppe kamen Hunderte von Leuten, wie es hier in der Gegend so üblich ist. Vor dem Sonntagmorgengottesdienst fanden viele Bibelgruppen statt, von denen jede so groß war wie anderswo eine ganze Gemeinde.

An diesem Abend kam Josua mit zu uns nach Hause. Wir saßen um den Küchentisch und unterhielten uns so angeregt, als wäre Josua ein alter Freund der Familie. Auch er war unkompliziert und redete wortgewandt und ein wenig vornehm.

Doch irgendwie war er auch seltsam. Er aß unseren Salat, den Braten und die Kartoffeln, trank den gesüßten Tee und bedankte sich für alles. Gleichzeitig stellte er viele Fragen über die Zubereitung und Herkunft der Lebensmittel und achtete peinlich darauf, dass sich Fleisch und Gemüse auf seinem Teller nicht berührten. Hielt er sich vielleicht an irgendwelche Vorschriften einer fremden Kultur? Nach dem Essen fragte er, ob er duschen dürfte. Während Mama noch unsicher auf ihrem Stuhl herumrutschte, stand Papa auf, zeigte Josua das Bad und brachte ihm Zahnpasta, Deo und frische Wäsche.

An diesem Abend fand in unserer Gemeinde eine besondere Veranstaltung statt, ein Missionsabend oder etwas Ähnliches. Dorthin nahmen unsere Eltern Josua mit, während Brittany und ich zu Hause blieben und Schulaufgaben erledigten. Als sie zurückkamen, war Schlafenszeit. Mutter warf Vater fragende Blicke zu. Er zuckte nur mit den Schultern, ging zum Wäscheschrank, nahm Bettwäsche heraus und brachte Josua ins Gästezimmer.

Mir war nicht wohl bei dem Gedanken, dass dieser Obdachlose in unserem Haus schlafen sollte. Er war zwar nicht sehr groß, auch nicht so breit gebaut wie unser Papa und wirkte überhaupt nicht gewalttätig, aber vielleicht hatte er trotzdem ein Messer dabei? Selbst wenn Papa uns heute Nacht vor ihm beschützen würde, wie sollte das dann morgen weitergehen, wenn er eine zweitägige Geschäftsreise unternehmen musste? Ich verbrachte eine unruhige Nacht.

Am nächsten Morgen frühstückte Josua mit uns. Wieder stellte er viele Fragen über das Obst und die Pfannkuchen und trank nur Orangensaft, keinen Kaffee. Papa beschloss, ihn in ein Hotel zu bringen, und versprach, nach seiner Rückkehr mit ihm in die Nachbarstadt McKinney zu fahren, wo es ein Obdachlosenheim gab. Es hieß „Samariter" und half den Menschen, wieder auf die Beine zu kommen.

Wir umarmten Josua und wünschten ihm alles Gute. Vater brachte ihn zum Hotel und trat dann seine Reise an. Brittany, meine Mutter und ich blieben im Haus zurück. Ich war gerade dabei, mir die Zähne zu putzen, und wollte gleich zur Schule gehen, als ich Brittanys Stimme aus dem Gästezimmer hörte, wo sie gerade das Bett abzog. „Mama! Komm mal, ich habe hier etwas!" Ihre Stimme klang schrill. Mutters Schritte eilten über den Flur. Ich folgte ihr. Brittanys Augen waren weit aufgerissen. Aufgeregt hielt sie einen Briefumschlag hoch.

Darin steckte ein handgeschriebener Brief von Josua. Die Handschrift war zierlich und sehr gleichmäßig. Soweit ich mich erinnern kann, waren es sieben Seiten. Wir lasen sorgfältig Blatt für Blatt. Ich konnte kaum glauben, was da stand. Josua hatte unsere Familie haargenau beschrieben, ging aber in seiner Schilderung weit über die Gegenwart hinaus. Ein unheimliches Gefühl beschlich mich. In seinem Brief steckten auch viele Bibelzitate und er beschrieb mit großer Präzision, was wir selbst nur vage ahnten. Es war, als sähe er uns in einem klaren Spiegel, während wir uns selbst nur sehr verschwommen wahrnehmen konnten. Seine Zeilen erinnerten an die Formulierungen eines Arbeitszeugnisses; er schrieb über die kommenden Jahre und die Dinge, die sich bis dahin entwickeln würden. Vielleicht hatte er die Nähe und Innigkeit, die in unserer Familie herrschten, lange vermisst und dieses Gefühl irgendwie schriftlich verarbeiten müssen?

„Eure beiden Töchter erschienen mir wie Engel, sowohl in ihrem Verhalten als auch in ihren Worten", begann sein Brief und es folgten viele freundliche Sätze über jedes Familienmitglied. Seite um Seite hatte dieser Obdachlose gefüllt, so klar und bestimmt wie ein biblischer Prophet. Schon stellte ich ihn mir im Kamelfell vor, mit Heuschrecken im Mundwinkel und Honig im Bart.

Über meine Schwester schrieb er: „Brittany ist das Salz in der Familie. Sie wird durch ihre Freundlichkeit auffallen und die Unterstützung ihres Mannes wird sie weit nach oben bringen. Ihr Leben wird von Erfolg gekrönt sein und ihrer zukünftigen Familie wird es in allen Dingen gut gehen."

Dann kam ich an die Reihe: „Ihre Schwester wird eine Kriegerin sein. Sie wird Kämpfe gewinnen, für gute Nachrichten sorgen und hohe Qualität hervorbringen. Prominente werden sie umgeben. Ihre Fähigkeiten und ihre Liebe zur Familie und zur Natur werden durch den Umgang mit wichtigen Persönlichkeiten ergänzt. Reisen wird in ihrem Leben eine große Rolle spielen. Ihre Worte werden für viele bedeutende Menschen von großem Gewicht sein. Das Zusammensein mit guten Freunden wird ihr wohltun. Sie ist eine Erfinderin … und sie wird in ihrem Bereich eine Pionierin sein."

Ich konnte damit nicht viel anfangen. In meinem Leben gab es keine einzige wichtige Persönlichkeit und ich fühlte mich ganz bestimmt nicht als Kriegerin.

Wie konnte dieser seltsame Obdachlose überhaupt etwas von mir wissen? Ich verstand das nicht. Aber die Gedanken in seinem Brief waren mir mitten ins Herz gegangen und begannen dort Kreise zu ziehen. Er hatte vorausgesagt, dass mein Leben mich nach oben führen würde und dass Gott große Dinge für meine Zukunft plante. Neues erfinden, reisen, schreiben und der Umgang mit wichtigen Leuten erwarteten mich, dazu ein Kampf, der viel größer sein würde als alles, was ich mir damals vorstellen konnte.

Es klang aufregend, aber ich war auch auf der Hut. Wie konnte ich wissen, ob die Prophezeiung dieses Fremden sich jemals erfüllen würde? Sollte er jedoch recht behalten, dann würde sich das, was da auf mich zukam, unaufhaltsam und mit großer Wucht in meinem Leben entfalten – sei es gut oder böse.

Kapitel 1

Eine düstere Vorahnung

Lauren

Papa war kreidebleich.

Er sah aus wie die farblose Version seiner ansonsten so bunten Persönlichkeit. Alles an ihm war blass, nur die Ringe unter seinen Augen traten dunkel hervor.

„Cheryl." Seine Stimme klang jämmerlich. Er hustete und setzte erneut an: „Ich weiß nicht, ob ich das heute Abend überhaupt schaffe."

„Willst du heimfahren?", fragte Mama. „Weit ist es nicht."

Papa saß am Steuer. Er nahm den Vorschlag seiner Frau sofort an, wendete hustend und fuhr nach Hause. Schweißperlen standen auf seiner Stirn.

Es war Samstag, der 3. Dezember 2011, gegen 16 Uhr.

Wir waren von West Plano, wo wir wohnten, unterwegs nach Flower Mound, einem anderen Vorort von Dallas. Dort war unsere Gemeinde, in der wir den Gottesdienst besuchen wollten. Es war Advent und die Vorfreude auf Weihnachten lag in der Luft. Ich beugte mich nach vorn zu meinem Vater und tätschelte seine Schulter: „Du brauchst jetzt eine Hühnerbrühe", sagte ich, „vielleicht auch ein bisschen Oregano-Öl und Orangensaft. Das ist gut gegen den Infekt. In der Speisekammer müsste noch etwas sein."

Vater hustete erneut und lächelte matt.

Es kam selten vor, dass ich mich um meine Eltern kümmern musste, schon gar nicht um meinen Vater. Doch es gab immer häufiger Momente, in denen ich mich mit ihnen auf Augenhöhe befand. Immerhin war ich dreiundzwanzig und kein Kind mehr. Andererseits war ich vor Kurzem wieder zu Hause eingezogen, um in Ruhe meine Online-Modezeitschrift *Lolo Magazin* auf den Weg zu bringen. Aber das war nur vorübergehend. Ich hatte mein Studium mit guten Ergebnissen abgeschlossen, zwei Praktika in New York absolviert und in dieser ganzen Zeit selbstständig gelebt. Ich war in Paris, Montreal und New York gewesen und hatte von den jeweiligen *Fashion Weeks* berichtet – diesen aufregenden sieben Tagen, in denen sämtliche neuen Modetrends der kommenden Saison präsentiert werden. Ich hatte zahlreiche Videos gedreht, in denen ich Schauspieler, Prominente und Insider der Modebranche interviewte. Fast neun Jahre waren vergangen, seit jener Obdachlose mir ein großartiges Leben und einen großen Kampf vorausgesagt hatte. Ich bewegte mich mittlerweile tatsächlich in einer faszinierenden Welt, aber wirklich Weltbewegendes hatte ich nicht zustande gebracht. Bis jetzt jedenfalls nicht.

Der Grund, warum ich wieder nach Hause gezogen war, lag auf der Hand: Meine Eltern waren so großzügig, mir Kost und Logis gratis zu gewähren, bis mein Modejournal Gewinn abwerfen würde. Ich arbeitete Tag und Nacht daran. In der Regel begann ich morgens um acht Uhr mit der Arbeit und hörte erst um Mitternacht wieder auf. Neben mir gab es noch eine weitere Mitarbeiterin, Shannon Yoachum. Sie war eine junge Journalistin, die ein paar Stunden von uns entfernt in Austin lebte. Wir beide hatten uns mit Haut und Haaren diesem Projekt verschrieben. Unser Slogan war „Live Out Loud“ (etwa: „In vollen Zügen leben“), und genau nach diesem Motto nahmen wir unsere Arbeit in Angriff. Die Musik lief immer auf voller Lautstärke. Schon seit Kindergartenzeiten waren Shannon und ich eng befreundet. Nun schrieben wir Artikel, brachten regelmäßig Beiträge bestimmter Autoren heraus, baten Presseagenturen um Fotos, interviewten Designer, hatten mit Leuten aus der Wirtschaft zu tun und suchten nach freien Mitarbeitern, die für uns schreiben konnten. Unsere Onlinezeitschrift war erst ein paar Monate alt, aber sie hatte bereits Tausende von Lesern, und ebenso viele Menschen klickten sich regelmäßig in meinen Modeblog ein.

Wir setzten Papa zu Hause ab, damit er sich hinlegen und seine Erkältung auskurieren konnte, und Mama und ich fuhren wieder zur Gemeinde. Ich freute mich immer über Zeit zu zweit mit meiner Mutter. Sie war sehr klug und einfühlsam. Mit Papa zusammen arbeitete sie als Eheberaterin. Die beiden reisten quer durchs Land und erzählten überall ihre Geschichte. Außerdem hatten sie ein Buch geschrieben, das vielen Ehepaaren half, ihre Beziehung zu verbessern.

Als wir in der Gemeinde ankamen, war es noch recht früh. Wir besetzten Plätze für Mike und Shannon und weitere Freunde meiner Eltern. Nach dem Gottesdienst wollten wir alle zu Mike und Shannon gehen, um Chili zu essen. Ich hatte schon oft auf die Tochter der beiden aufgepasst, ihr bei den Hausaufgaben geholfen oder das Haus gehütet, während die Familie verreist war. Ich fühlte mich dort fast wie ein Teil der Familie.

Mamas und Papas Freunde setzten sich zu uns und die Band betrat die Bühne. Wir erhoben uns zum Lobpreis und sangen alle kräftig mit. Dann ging ein Gastredner namens Paul David Tripp nach vorne ans Pult.

„Ich weiß nicht, ob ihr jemals darüber nachgedacht habt“, begann er, „aber wir sind alle auf Hoffnung gepolt. Es stimmt nicht, dass wir unserem Instinkt folgen. Jede Entscheidung, die wir treffen, ist von Hoffnung motiviert. Wie wir mit bestimmten Situationen umgehen, hängt davon ab, was wir uns erhoffen. Auch die Ausgestaltung unserer Beziehungen wird davon bestimmt. Jede Lebensgeschichte ist eine Geschichte der Hoffnung. Unsere glücklichsten Augenblicke erleben wir dann, wenn sich unsere Hoffnungen erfüllen, die traurigsten Momente sind die, in welchen sich unsere Hoffnungen zerschlagen. Wir brauchen immer Hoffnung. Wir suchen immer nach etwas, auf das wir unsere Hoffnung setzen können.“[1]

Ich ahnte nicht, was für eine Reise der Hoffnung vor mir lag; dennoch sprachen Pauls Gedanken mich an. Ich hoffte auf vieles. An erster Stelle stand natürlich die Hoffnung, dass mein Modemagazin erfolgreich sein würde. Dabei waren mir aber nicht nur Zahlen wichtig, sondern dass meine Zeitschrift dazu beitragen würde, das Leben vieler Menschen zu verbessern. In erster Linie ging es darin zwar um Mode, gutes Aussehen und inneres Wohlbefinden. Aber wir wollten auch Selbstvertrauen vermitteln. Die Leserinnen sollten lernen, zu sich selbst zu stehen, und wir wollten ihnen Mut machen, ihre Ziele zu verfolgen und sich für Dinge von bleibendem Wert zu interessieren.

Natürlich hoffte ich auch, bald Mister X kennenzulernen, wie das bei Mädchen in meinem Alter eben so ist. Erst ein paar Monate davor hatte ich mit meinem Freund James Schluss gemacht. Von meinem Gefühl her war die Entscheidung richtig gewesen, auch wenn alle Tatsachen dagegen gesprochen hatten. James war groß, hatte braune Haare, einen durchtrainierten Körper und kam bei den Mädchen super an. Er war einer dieser perfekten Jungs, die immer für andere da sind und denen nie ein falsches Wort über die Lippen kommt.

Aber warum hatte ich die Beziehung dann gelöst? Irgendwo in meinem Kopf spukte noch das Bild eines anderen Mannes herum, eines Traumprinzen, den es vermutlich nicht gab. Doch meine Vorstellung von ihm war sehr konkret. Er war groß, sah unverschämt gut aus, war gleichzeitig cool und voller Dynamik, zärtlich und fürsorglich, witzig und wahrhaftig, mit einem Herzen, das Gott liebte, und mit einem klaren Ziel im Leben. Gleichzeitig wollte ich mir aber auch nichts vormachen. James war wirklich toll und eigentlich konnte mir nichts Besseres passieren, als ihn zum Freund zu haben – es sei denn, mein Traumprinz würde auftauchen. Dann wäre meine Trennung von James richtig gewesen und das Warten hätte sich gelohnt. Ein bisschen warten wollte ich schon noch. Vielleicht war es aber auch gefährlich, auf Mister X zu hoffen, der nicht realer war als das retuchierte Foto eines Models in meiner Onlinezeitschrift.

James konnte auch damit, dass ich unsere Beziehung beendet hatte, super umgehen. Wir versicherten uns gegenseitig, Freunde zu bleiben, was wir auch hielten. In der Vergangenheit hatten wir schon einmal die Beziehung beendet und waren dann doch wieder zusammengekommen. „Versprich mir, dass du sehr vorsichtig sein wirst, Lo", sagte er an unserem letzten Abend, während er mich nach Hause fuhr, „ich kann es nicht genau erklären, aber ich habe so ein Gefühl, als ob dir etwas Schlimmes bevorstehen würde."

Ich nickte, wir umarmten uns und ich zitterte ein wenig. James war immer für mich da gewesen. Er erlebte Gottes Liebe und Fürsorge in guten und in schweren Situationen. Wie konnte ich mir nur einen besseren Partner wünschen?

*

Als der Gottesdienst zu Ende war, gingen wir zu Mike und Shannon nach Hause. Sie wohnten in McKinney, etwa zwanzig Minuten von uns entfernt. Für Menschen, die nicht aus Texas kommen, ist es vielleicht schwer, unsere Größenverhältnisse zu verstehen. Wenn man hier zum Beispiel in ein Lokal geht und ein Getränk bestellt, dann wählt man nicht zwischen klein, mittel und groß, sondern es gibt mittel, groß und „Texas-Size". Hier ist alles etwas üppiger als anderswo.

Mike und Shannon waren da keine Ausnahme. Alles, was Mike tat, hatte „Texas-Size". Mike kaufte und verkaufte Unternehmen und besaß außerdem eine Immobilienfirma. Sein Haus gehörte zu den etwa hundertdreißig Häusern, die um einen privaten Flugplatz herumgebaut worden waren. Manche Leute stellen ihre Häuser neben einen Golfplatz, Mikes Hobby war eben das Fliegen, und dementsprechend hatte er auch drei Flugzeuge.

Wir saßen um den langen Holztisch im Esszimmer von Mike und Shannon und aßen Salat und Chili. Es kamen noch weitere Freunde dazu, bis wir etwa ein Dutzend Leute waren. Im Hintergrund lief Weihnachtsmusik, alle redeten und lachten. Alkohol wurde nicht getrunken, das war bei diesen Treffen nicht üblich.

„Hey Mike, hättest du etwas dagegen, wenn ich mir mal eine deiner Maschinen ausleihe?", fragte einer von Mikes Freunden.

„Kein Problem", antwortete Mike, „du kennst dich ja aus." Der Freund hatte genau wie Mike einen Pilotenschein, das wusste ich.

„Hat jemand Lust mitzufliegen?", fragte der Freund. „Die weihnachtlich geschmückte Stadt sieht von oben bestimmt sehr schön aus." Einige Hände schnellten nach oben.

Warum ausgerechnet ich als Erste mitfliegen durfte, weiß ich nicht. Die anderen ließen mir einfach den Vortritt. So ging ich hinter Mikes Freund her über die Einfahrt zum Hangar hinter dem Haus. Ein weiterer Freund, der ebenfalls Pilot war, kam mit, um mir beim Einsteigen zu helfen. An der vom Haus abgewandten Seite des Hangars befand sich ein riesiges Garagentor, durch das das Flugzeug zuerst auf ein großes asphaltiertes Rollfeld, dann auf die Rollbahn und schließlich auf die Start- und Landebahn gelangte.

Ich kletterte um die Stabilisierungsstangen herum und stieg in den Sitz hinter dem Piloten. Die Maschine war sehr klein und hatte nur zwei Plätze. Wir setzten Kopfhörer auf, um während des Fluges miteinander reden zu können. Der Pilot prüfte alle Funktionen, startete den Motor, ließ ihn warmlaufen und rollte aus der Halle.

Es war dunkel und regnerisch. Dicke Wolken jagten über den Nachthimmel, Sterne waren nicht zu sehen. Ich fror. Unsere kleine Kabine war beheizt, doch das half nicht gegen diese Art von Kälte, die mich zittern ließ. Ich atmete tief durch und sah aus dem Fenster auf die Stadt hinunter.

„Sind die Lichter nicht schön?", fragte der Pilot.

„Mmh."

Ein kalter Schauer jagte über meinen Rücken. *Ich bin so blöd*, dachte ich. *Total bescheuert.* Nicht das Fliegen selbst machte mir Angst, sondern dieses Gefühl einer drohenden Gefahr, das meinen ganzen Körper erfüllte. Mike hatte davon gesprochen, dass dieser Freund ein erfahrener Pilot war, der viele Zusatzscheine erworben hatte und auch ein eigenes Flugzeug besaß. *Reiß dich zusammen, Lo*, sagte ich zu mir selbst, *entspann dich!*

Während wir höher stiegen, wurde es draußen etwas ruhiger. Der Regen ließ nach und ging in einen leichten Nebel über. Es gab weder

Blitz noch Donner, auch keinen Wind. Das gleichmäßige Brummen des Motors und ein gelegentliches Knacken im Kopfhörer waren die einzigen Geräusche, die noch zu hören waren. Trotzdem hielt mich diese grässliche Angst in ihrem Griff.

Ich konnte nichts dagegen tun.

Meine Muskeln waren angespannt, ich atmete flach. Mein Herz hämmerte wie verrückt. So kannte ich mich gar nicht. Ich liebte Abenteuer aller Art und hätte einen solchen Rundflug normalerweise eher als harmlos eingestuft. Ich fuhr gerne Fahrrad, Ski und Wasserski. In meinem Zimmer stand ein cooles Longboard mit einem Sonnenuntergang von Hawaii als Motiv darauf. Damit war ich jahrelang durch unsere Stadt geskatet. Schon mit fünf Jahren, als unser Vater uns in Vail in Colorado, dem größten Skigebiet der USA, das Skifahren beigebracht hatte, bretterte ich über die schwarzen Buckelpisten, während Brittany vorsichtig am Kinderhang herumrutschte. Umso unerklärlicher war diese Angst, die mich jetzt erfasst hatte. Mit beiden Händen klammerte ich mich an meinem Sitz fest. Plötzlich wusste ich es: *Wir werden abstürzen.* Mein Herz raste wie wild. *Jesus*, betete ich, *diese Maschine wird abstürzen und der Pilot und ich werden sterben.* Ich war mir jetzt ganz sicher. *O Gott, hilf meinen Eltern und meiner Schwester. Bitte sei bei ihnen. Jesus. Jesus! Egal was passiert, mein Leben ist in deiner Hand.*

Vermutlich sah die Weihnachtsbeleuchtung in jener Nacht schön aus, aber ich nahm davon in meiner Panik nichts wahr. Ich kann mich nicht erinnern, irgendetwas gesehen zu haben, weder Sehenswürdigkeiten noch große Werbetafeln. Nur Finsternis, Lichter und die Felder und Straßen rings um McKinney. Wir drehten einen großen Kreis.

Dann landeten wir.

Ich atmete meine ganze Anspannung heraus, als wäre ich ein Lkw-Reifen mit einem Loch. Wir waren in Sicherheit. Es war nichts passiert. Der Flieger rollte auf Mikes Haus zu, hielt auf dem Rollfeld vor dem Hangar an, drehte sich in Windrichtung und war bereit für den nächsten Fluggast. *Was ist bloß mit mir los gewesen?*, fragte ich mich. *Ich bin ja total durchgedreht da oben.*

Ich weiß nicht mehr, ob der Pilot direkt etwas zu mir sagte. Ich kann mich nicht erinnern, ob er überhaupt etwas sagte. Ohne Kopfhörer war es schwer, ihn zu hören. Solange der Motor läuft, ist es ziemlich laut in der Kabine, auch wenn das Flugzeug auf dem Parkplatz steht.

Ich weiß noch, wie ich aus dem Flieger kletterte und meine Füße festen Boden berührten. Der Himmel war schwarz, ich befand mich auf der unbeleuchteten Seite des Flugzeugs. Diese Dinge nahm ich im Bruchteil einer Sekunde wahr, die Zeit, die man braucht, um zwei Schritte zu gehen.

Es war der 3. Dezember 2011. Von diesem Augenblick an weiß ich nichts mehr.

Kapitel 2

Horror

Cheryl (Laurens Mutter)

Shannon schrie.

Ich sah von meiner Kaffeetasse auf. Zusammen mit einem anderen Ehepaar saß ich im Haus von Mike und Shannon, wo wir zu Abend gegessen hatten.

Schreie. Laute Schreie.

Ich setzte meine Tasse ab und stand auf. Was war los? „Ihre linke Hand! Die Hand ist ab! Es ist Lauren! Lauren!“ In Panik rannte Shannon auf das Haus zu.

Jetzt kam Bewegung in meine Beine. Ich stürmte hinaus, rannte durch den Hangar und auf das Rollfeld vor dessen großem Tor. Es war eine pechschwarze Nacht. Ich entdeckte das Flugzeug. Der Propeller drehte sich noch. Lauren lag auf dem Asphalt, zusammengekrümmt, mit dem Gesicht nach unten. Der linke Arm lag unter ihrem Körper. Ich konnte weder den Arm noch die Hand sehen. Mike kniete schon neben ihr. Sie bewegte sich nicht. Aber die Blutlache, in der sie lag, wurde immer größer. Leblos lag sie in der roten Pfütze. Ohne darüber nachzudenken, betete ich laut, während ich zu Lauren rannte. Ich ließ mich neben ihr auf die Knie fallen, legte meine Hand auf ihre Schulter und keuchte: „Lauren, ich bin's, Mama. Kannst du mich hören?“

Lauren stöhnte und versuchte, sich zu bewegen. Ich strich ihr die Haare aus der Stirn. Als ich meine Hand zurückzog, war sie voller Blut. Wieder stöhnte Lauren. Sie wollte sich aufrichten, aber Mike drückte sie zurück. „Bleib liegen, Lauren", murmelte er. „Gleich kommt Hilfe. Bleib ganz ruhig, Liebes, beweg dich nicht." Lauren sank zurück und lag einige Augenblicke lang reglos da, dann versuchte sie wieder, ihre Lage zu verändern. Wie konnte ich ihr bloß helfen? Mir wurde schwindelig und alles verschwamm vor meinen Augen. Ich hörte Stimmen, Schritte. Menschen rannten herum. Mein Körper zitterte und ich hatte Angst, ohnmächtig zu werden. Die ganze Zeit hörte ich nicht auf zu beten. Ich stand unter Schock und hörte das Telefongespräch mit dem Rettungsdienst wie aus weiter Ferne.

Shannon: „Ein junges Mädchen ist in den Propeller eines Kleinflugzeugs gelaufen. Ich brauche sofort einen Krankenwagen."

Einsatzzentrale: „Wo befinden Sie sich?" (Die Stimme stellte viele Fragen). „War der Propeller in Bewegung, als das Mädchen hineinlief?"

Shannon: „Ja. Ich glaube, ihre linke Hand wurde abgetrennt."

Unscharf nahm ich wahr, wie Shannon das Telefon an eine andere Person weiterreichte, die erklärte, dass Lauren ansprechbar war und stark blutete, wir aber nicht erkennen konnten, wo das Blut herkam.

Einsatzzentrale: „Ist sie bei Bewusstsein?"

Ein Mann: „Ja."

Shannon kam zu mir und kniete sich neben mich. Lauren begann nun immer lauter zu jammern. Ich betete und betete.

Ein Mann: „Dürfen wir zulassen, dass sie sich umdreht?"

Einsatzzentrale: „Versucht sie das?"

Ein Mann: „Ja, sie versucht es."

Einsatzzentrale: „Gut, sie soll nicht mehr Schmerzen haben, als nötig."

Ein Mann: „Einverstanden."

Ich sah auf meine Uhr. Es war 20:54. Die Feuerwehrwache befand sich ganz in der Nähe von Mikes Haus. Da kam schon das Feuerwehrauto, bog in den Weg neben dem Haus und fuhr bis zu dem Platz hinter dem Hangar. Es war erst wenig Zeit vergangen, seit sich der Unfall ereignet hatte, vielleicht fünf oder sechs Minuten. Der Krankenwagen kam fast zeitgleich mit der Feuerwehr. Eine Minute verstrich, dann noch eine. Laurens Klagen steigerte sich in laute Schmerzenslaute. Über uns kreiste ein Hubschrauber. Im nächsten Moment war die Besatzung des Rettungsfliegers schon bei uns. Eine Hand legte sich auf meine Schulter: „Gehen Sie jetzt bitte zur Seite", sagte jemand. Die Stimmen klangen scharf. Mike führte mich vom Rollfeld weg und in den Hangar. Durch das offen stehende Tor hörten wir alles. Lauren stieß schrille Schmerzensschreie aus. Mike versuchte mich abzulenken. Das Schreien war entsetzlich, schier unerträglich. Auch die Sanitäter machten einen erschütterten Eindruck. Während sie sich an Lauren zu schaffen machten, hörte ich sie laut beten.

„Es ist gut, dass sie bei Bewusstsein ist", versuchte Mike mich zu beruhigen. Seine Stimme war rau. „Sie konnte den Sanitätern sagen, dass sie Lauren Scruggs heißt und an einem Flughafen ist."

Das Adrenalin schoss durch meinen Körper. Ich war so hilflos. Mir blieb nichts anderes übrig, als hier im Hangar zu stehen und niemanden bei der Arbeit zu stören. Plötzlich sah ich Laurens Gesicht vor mir. Sie war zwei Jahre alt und rollte auf ihrem Spielzeugpferd über die Terrasse hinter dem Haus. Plötzlich verlor sie an einer unebenen Stelle das Gleichgewicht und landete mit dem Kinn auf dem Betonboden. Die Wunde musste nicht genäht werden, Lauren hatte sich bloß erschreckt und eine Schürfwunde eingehandelt. Wie jede gute Mutter das in der Situation tun würde, nahm ich sie in meine Arme und tröstete und küsste sie, bis der Schmerz vergessen war. Wie gerne hätte ich das jetzt auch getan!

„Sie wird entweder in die Parkland-Klinik oder zur Baylor-Klinik gebracht werden", hörte ich Mike sagen. „Sobald sie in der Luft sind, werden sie uns Bescheid geben."

„Kann ich mitfliegen? Ich will bei meinem Kind sein!"

„Du kannst nicht in den Hubschrauber", meinte Mike, „aber das ist nicht schlimm. Wir fahren mit dem Auto hinterher. Es ist wichtiger, dass der Notarzt und die Sanitäter mitfliegen." Leichter Regen fiel vom nächtlichen Himmel. Es war nasskalt und neblig. Shannon eilte ins Haus und brachte mir eine Jacke. Ich zitterte.

Nun wurde Lauren auf die Trage gehoben. „Was ist das Weiße an meiner Hand?", unterbrach Lauren plötzlich ihre Schmerzensschreie. „Ich sehe meine Hand nicht! Ich sehe meine Hand nicht!" Die Sanitäter hatten ihr Shirt über ihre Hand gezogen.

Ich wollte zu Lauren rennen, aber Mike hielt mich fest. Die ganze Zeit betete ich. Nun rannten die Sanitäter mit Lauren auf der Trage zum Hubschrauber und schoben sie hinein.

„Warum heben sie nicht ab?", wunderte sich Mike leise, als wollte er nicht, dass ich seine Frage hörte. „Was ist mit dem Hubschrauber los? Warum fliegt er nicht los?"

Ein Sanitäter schritt langsam den Unfallort ab. Er leuchtete mit einer Taschenlampe über den Asphalt. Ein weiterer ging über den Rasen, der die Rollbahn säumte, ebenfalls mit einer Taschenlampe in der Hand.

Immer noch stand der Hubschrauber still, nur der Propeller drehte sich.

Nun kam der erste Sanitäter zu uns in den offen stehenden Hangar. Er bückte sich. Sein Blick streifte Mike. Er war etwa zwölf Meter vom Unfallort entfernt.

„Kann ich Ihnen helfen?", rief Mike. Seine Stimme klang sehr beunruhigt.

Der Sanitäter legte seinen Zeigefinger über die Lippen, bedeutete Mike zu schweigen und sah zu mir herüber, als ob ich nicht zurechnungsfähig wäre. Instinktiv verstand ich und blickte weg. Der Sanitäter wollte nicht, dass ich sah, was er aufhob.

Er hatte Laurens Hand gefunden.

Kapitel 3

Schnell ins Krankenhaus

Jeff (Laurens Vater)

Eben saß ich noch zu Hause in meinem gemütlichen Sessel und sah fern.

Einen Augenblick später kauerte ich am Boden.

Der Anruf von Shannon, Mikes Frau, hatte mich erreicht. Mit verzerrter Stimme und unter heftigem Keuchen hatte sie mir mitgeteilt, was geschehen war. Ich verstand nicht alles, aber es wurde deutlich, dass meine Tochter schwer verletzt und auf dem Weg zur Baylor-Klinik war. Es war etwas mit den Rotoren eines Kleinflugzeuges passiert. Sie würde möglicherweise sterben.

Eine halbe Stunde davor hatte ich etwas gegen die Erkältung eingenommen. Ob es daran lag, weiß ich nicht, aber kaum hatte ich das Telefon aus der Hand gelegt, da hörte ich einen klagenden Schrei. Er erfüllte das Haus, hallte von den Wänden wider und traf mich mitten ins Herz. *Wer weint denn da?*, dachte ich. Da bemerkte ich, dass der Schrei aus meinem Mund gekommen war.

Plötzlich stand ich in der Küche. Dann war ich im Bad. Ich krümmte mich über der Toilette zusammen. Augenblicke später ging ich durch den Flur und in die Garage. Ziellos hastete ich umher. Ich wusste nicht, was ich als Nächstes tun sollte. Ich weinte, betete und stürzte aufgeregt hin und her. Dabei schrie ich laut zu

Gott: „Herr, bitte rette meine Tochter!“ *Beruhige dich, Jeff,* sagte ich zu mir selbst. *Reiß dich zusammen! Ruf irgendwo an! Es muss jetzt jemand zu dir kommen. So kannst du unmöglich Auto fahren.*

Ich rief meinen guten Freund Chris Crawford an. Er ist Hautarzt. Chris und seine Frau Dana sind unsere engsten Freunde, sie sind für Cheryl und mich wie Geschwister. Sie saßen gerade mit ihrer Tochter Candice in einem Restaurant im Norden von Dallas, als ich sie erreichte. Candice ist nur wenig älter als Lauren. Später erzählten sie mir, dass sie zunächst gedacht hatten, ich würde sie zu uns nach Hause einladen wollen. Sie waren oft bei uns. Als ich anrief, hatten sie gerade die Vorspeisen und „geschwärzten Fisch“ bestellt, unser aller Lieblingsessen. „Hey, alter Junge, was gibt's?“ Chris war guter Dinge.

Ich brachte keinen Ton heraus.

Dann war da wieder dieser schreckliche, klagende Schrei. Woher kam das? Die Wände meines Zimmers warfen den Klang zurück. Wieder musste ich feststellen, dass dieses Geräusch aus mir selbst kam.

„Jeff? Wo bist du? Was ist los? Bist du verletzt?“

Mühsam stieß ich ein einziges Wort aus: „Nein.“ Mehr ging nicht. Ich wollte sagen: „Lauren hatte einen Unfall“ und „Rotorblätter“, und „Bitte komm zu mir“, aber ich weiß nicht, wie viel ich davon wirklich hervorbrachte. Chris reagierte sofort: „Bleib, wo du bist, Jeff, ich bin gleich bei dir.“

Ich lief weiter auf und ab, betete und klagte. Dann rief ich Chris Wilson, einen weiteren engen Freund an. Wir machten zusammen Sport, er hatte Kraft wie ein Bulle und war genau der Beistand, den ich jetzt in meiner Not brauchte. Bei ihm ging sofort der Anrufbeantworter an. Kaum hörte ich den Pfeifton, schrie ich in den Hörer: „Wo bist du? Warum gehst du nicht ran? Lauren hatte einen Unfall. Sie ist verletzt, sehr schwer verletzt.“

Ich nahm meine unruhigen Runden wieder auf. Schon rief Chris mich zurück. „Jeff, bleib ganz ruhig! Ich bin gleich bei dir.“

Dann rief ich Brittany, unsere zweite Tochter, an. Sie war gerade mit ihrem Mann Shaun im Stadtzentrum bei einer Aufführung des „Nussknackers“. Bestimmt hatten sie ihre Handys ausgeschaltet.

„Vater, bist du das?“, hörte ich Shaun. Im Hintergrund war der Lärm vieler Stimmen zu hören. „Die Pause hat eben begonnen, ich habe gerade mein Telefon eingeschaltet. Warum schreist du denn so?“

Die Verbindung war weg. Ich wählte erneut, dieses Mal war Brittany am Apparat.

„Papa, beruhige dich. Ich verstehe dich gar nicht. Warte, ich gebe Shaun das Telefon.“

Ich redete von einem Flugzeug, einem Propeller und davon, dass Lauren im Krankenhaus sei.

„Wir sind gleich da“, war Shauns knappe Antwort.

Chris Crawford und Chris Wilson fuhren gleichzeitig in unsere Einfahrt. Es war mir ein Rätsel, wie Chris Crawford so schnell von Dallas nach Plano gekommen war. Autotüren wurden zugeschlagen. Beide Männer rannten die Eingangstreppe hoch und stürzten durch die offene Tür ins Haus.

„Sie bringen sie zur Baylor-Klinik“, stieß ich hervor. Ich hatte schon meinen Mantel angezogen. „Könnt ihr mich hinfahren?“

„Meine Güte, du bist ja schneeweiß“, stellte Chris Wilson fest. „Fahr du mal lieber beim Doktor mit. Ich fahre hinter euch her.“

Chris Crawford packte mich in seinen Sedan und drehte den Zündschlüssel. Der Motor heulte auf. Er ließ die Reifen quietschen und beschleunigte wie in einem Rennwagen. Vor meinen Augen verschwamm alles. Wir rasten durch Nebenstraßen, die schließlich in die Stadtautobahn von Dallas in Richtung Innenstadt mündeten. Es war nur wenig Verkehr und ich sah, wie sein Tacho auf über 170 km/h stieg.

Ich durchlebte unterschiedliche Zustände. Mal weinte ich laut, mal war ich wie versteinert. Chris betete laut. Teilweise betete ich mit ihm. In mir ging alles durcheinander. „O Gott, o Gott, o Gott, wie konnte das nur passieren?“ Dann tauchte ich wieder in meine eigene Welt ab. Ich wiegte mich in meinem Sitz hin und her, vor und zurück. Übelkeit erfasste mich. War ich zu Hause, erkältet, vor dem Fernseher? Nein, die Wirklichkeit war hier, auf dem Beifahrersitz von Chris. Wir fuhren auf der Stadtautobahn zum Krankenhaus. Das Auto von Chris Wilson war im Rückspiegel nicht mehr zu sehen. Vermutlich hielt er sich an die Verkehrsregeln und fuhr etwas langsamer.

„Jeff, bitte beantworte mir ein paar Fragen." Chris klang jetzt wie ein Arzt.

„Was hat Shannon dir genau gesagt? Weißt du etwas über die Schwere des Unfalls?"

„Nein, nicht wirklich." Es fiel mir immer noch schwer, klar zu denken. „Shannon sagte etwas über die Hand."

„Hat der Propeller sie auch am Kopf oder im Gesicht getroffen?"

„Ja, das hat sie gesagt. Ihr Kopf ist verletzt, daran kann ich mich erinnern. Sie hat gesagt, es sei sehr ernst."

Mir war klar, was Chris dachte. Ärzte stellen sich immer das Schlimmste vor. In ihrem Beruf ist der Tod stets gegenwärtig. Das ist bei Hautärzten nicht anders. Sein Kopf qualmte förmlich. Vermutlich berechnete er den möglichen Schweregrad einer Kopfverletzung nach dem Zusammenstoß mit einem Propeller. Zunächst kam es auf die Kraft des Motors an, multipliziert mit mehreren Tausend Umdrehungen pro Minute. Dann muss die Empfindlichkeit des weichen Gewebes im Gehirn berücksichtigt werden, Nervenzellen, Knochen und Haut. Vermutlich erinnerte er sich an Fotos von schweren Verletzungen in medizinischen Fachbüchern, von einer durch einen Rasenmäher abgetrennten Hand oder von einem Arm, der in eine landwirtschaftliche Maschine geraten war … Chris spürte den Ernst der Lage, aber er sprach nicht darüber.

Ich malte mir das Schlimmste aus. Lauren konnte einen solchen Unfall nicht überleben. Ehe wir im Krankenhaus waren, würde alles vorüber sein. „Tut uns leid", würden die Chirurgen sagen, „sie hat es leider nicht geschafft. Wir konnten nichts mehr tun."

„Ich muss mich übergeben", stöhnte ich und rutschte tiefer in meinen Sitz.

Chris sah in den Rückspiegel und fuhr auf den Seitenstreifen. „Hier können wir anhalten."

„Nein!" Ich richtete mich wieder auf. „Wir müssen ins Krankenhaus!"

Chris betete wieder laut, diesmal klang er auch beim Beten wie ein Arzt. „Jesus, bitte hilf ihnen, sie zu stabilisieren, bitte lass den Blutdruck steigen. Es darf nicht die Karotis-Arterie sein, bitte lass die Karotis unverletzt sein, Herr! Halte sie am Leben, bitte!"

Meine Gedanken und Gefühle bewegten sich wie Wellen auf und ab. Eine Zeit lang war ich ruhig, dann riss mich die Verzweiflung wieder in die Tiefe. Ich jammerte und weinte laut, dann schwieg ich wieder. Phasenweise sprudelten die Worte nur so aus mir heraus: „Ich hatte die ganze Zeit schon kein gutes Gefühl bei der Fliegerei. Irgendwann musste es ja passieren. Wenn ich doch dabei gewesen wäre. Ich hätte ihr helfen können." Dann schrie ich wieder zu Gott: „Gott, bitte rette das Leben meiner Tochter!"

Ein Anruf erreichte uns. Der Hubschrauber hatte die Richtung geändert. Sie flogen jetzt zum Parkland Memorial Hospital, nicht mehr zur Baylor-Klinik. Chris wechselte auf die andere Spur. Zum ersten Mal an diesem Abend sah ich den Hauch eines Lächelns in seinem Gesicht. „Gott sei Dank, dass sie ins Parkland fliegen", sagte er. „Das ist für Schwerverletzte die beste Adresse der Stadt. Dort hat sie am ehesten Chancen."

Wir verließen die Stadtautobahn, bogen in den Harry Hines Boulevard ein und erreichten schließlich den Parkplatz des Krankenhauses. Während wir aus dem Auto sprangen, hörten wir den Hubschrauber, der gleichzeitig mit uns ankam und auf dem Landeplatz aufsetzte. Perfektes Timing. Gott hatte diesen Augenblick für uns arrangiert. Es war gut, vor Ort zu sein. Wenigstens würde Lauren nicht ohne ihre Familie in diesem Gebäude sein.

Wie immer drängten sich viele Menschen am Eingang der Klinik. Ein Polizist stand an der Tür und sorgte für einen reibungslosen Ablauf. Chris und ich passierten die Glastür und stellten uns dem Mann an der Rezeption vor. Er zeigte uns den Warteraum der Notaufnahme. Parkland ist das Bezirkskrankenhaus, die erste Anlaufstelle für alle Kranken aus der Gegend. Auf einer Tafel im Eingangsbereich war zu lesen: „Gegründet im Jahr 1894".

Die Stühle im Warteraum waren kalt und hart, blankes Metall. Früher waren sie rot gewesen, aber der Lack blätterte ab. Mir kam es so vor, als würde ich auf einem Grabstein sitzen. Der Raum war voller Menschen, doch ich verstand nicht, worüber sie sprachen. Chris wich nicht von meiner Seite.

Dann kam eine Seelsorgerin. „Ich bin heute Ihre Ansprechpartnerin“, erklärte sie uns. „Ich weiß, dass Lauren hier ist und dass sie lebt.“ Sie betete mit uns.

Nur etwa zehn Minuten später kamen auch Cheryl und Shannon. Sie hatten den weiteren Weg gehabt. Seit dem Unfall hatte ich nicht mit meiner Frau gesprochen. Alles, was ich wusste, hatte Shannon mir gesagt. Sobald Cheryl uns sah, fing sie an zu weinen. Wir rannten aufeinander zu, schlangen die Arme umeinander und begannen heftig zu schluchzen. „Wir waren dort“, sagte sie, „ich habe es gesehen.“ Cheryls Bluse war blutig.

Meiner Frau zuliebe rang ich um Fassung. Bis zu einem gewissen Grad gelang mir das auch. Immer mehr Freunde und Bekannte aus der Gemeinde kamen: Steve und Mary Farrar, unser Pastor Matt Chandler und Dana, die Frau von Chris, mit ihrer Tochter Candice. Die Seelsorgerin führte uns in einen kleineren Raum, den wir für uns alleine hatten. Immer mehr Leute trafen ein. Shaun und Brittany kamen zusammen mit Chris Wilson – sie waren gleichzeitig auf den Parkplatz gefahren und betraten gemeinsam unseren Raum. Es wurde langsam eng. Jemand führte uns in ein größeres, fensterloses Besprechungszimmer am Ende des Flurs. Hier standen auch ein paar Tische. Wir waren dankbar für diese Aufmerksamkeit, während unsere Gruppe ständig wuchs. Der Strom von Menschen riss nicht ab. Das Zimmer füllte sich rasch. Wir waren fünfundsiebzig, dann achtzig, bald fast hundert Personen.

„Freunde, lasst uns dafür beten, dass bald jemand kommt und uns sagt, dass Laurens Zustand stabil ist“, bat Chris Crawford. „Davon hängt jetzt alles ab. Lasst uns beten, dass wir diese Nachricht bekommen, bevor es Morgen wird.“ Der Raum war von Gebet erfüllt.

Die Zeiger der Uhr wanderten unaufhaltsam vorwärts, ohne dass die erlösende Nachricht kam. Ich fühlte mich wie in einem Albtraum. *Das kann einfach nicht sein*, dachte ich. Die meiste Zeit saß ich auf dem Boden, teilweise legte ich mich auch hin, zitterte unkontrolliert und verlor die Fassung. Auch Cheryl schluchzte laut und warf sich auf ihrem Stuhl heftig vor und zurück. Dana war bei ihr, massierte ihren Rücken und umarmte sie.

Kurz vor Mitternacht kam ein Arzt. Er räusperte sich: „Kann ich die Eltern sprechen?“ Er wirkte angespannt.

Augenblicklich wurde es leise.

„Alle dürfen wissen, was Sie uns zu sagen haben“, erklärte ich, „alle gehören zur Familie.“

„Alle achtzig?“ Er zog die Augenbrauen hoch.

Ich nickte.

„Laurens Zustand hat sich stabilisiert“, sagte er. Ein achtzigfaches Aufatmen war zu hören. Die Spannung im Raum ließ spürbar nach. Vielleicht hörte ich auch einen leisen Jubel. „Ihre Herztöne sind regelmäßig, der Blutdruck ist normal, sie atmet selbstständig. Damit ist sie außer Lebensgefahr.“ Doch dann sprach der Arzt weiter: „Aber es liegt noch ein schwerer Weg vor uns. Wir werden sie voraussichtlich die ganze Nacht über operieren. Ehe wir die Narkose einleiten, dürfen die engsten Angehörigen kurz zu ihr.“

Cheryl sah mich an, ich nickte. Wir erhoben uns und folgten dem Arzt den langen Gang entlang, zu einem kleinen Raum, etwas entfernt von der Notaufnahme. Brittany, Shaun und Chris Crawford begleiteten uns. An den Wänden reihten sich zahllose eiserne Wägen, fahrbare Betten und andere medizinische Gerätschaften. Wir traten ein.

Als Erstes sah ich Laurens Lippen.

Ihr Gesicht war geschwollen und aufgequollen von den vielen Infusionen. Man hatte ihr eine weiße Halskrause aus Plastik angelegt, die den unteren Teil ihres Gesichts umrahmte und unter dem Kinn spitz zulaufend endete. Dadurch wurden ihre Lippen zusätzlich betont. Ihr Mund war geschlossen, der linke Mundwinkel war etwas nach oben gezogen. Weder ein Lächeln noch ein Stirnrunzeln waren auszumachen. Lauren lag einfach nur da. Dennoch waren ihre Lippen unverändert und wunderschön. Das prägte sich mir am deutlichsten ein.

Unendlich viele graue, rote und grüne Schläuche und Kabel hingen rund um ihr Bett. Auf einer Seite war ihr Kopf rasiert, ein Auge war abgedeckt. Ihre linke Schulter steckte in einem dicken, weißen Verband. Auf der Decke lag nur ihre rechte Hand, bedeckt von Schürfwunden, die sie sich beim Sturz auf den Boden eingehandelt haben musste. Ihr linker Arm war vollständig zugedeckt. Monitore und Geräte, die ich nicht kannte, umgaben sie. An einer Seite ging ständig ein rotes Licht an und aus, an und aus.

„Alles in allem sieht sie super aus", erklärte Chris. Er versuchte das Ganze als Arzt zu betrachten. Uns allen war klar, dass es auch noch viel schlimmer hätte kommen können. Immerhin hatte Lauren immer noch ein nahezu unversehrtes Gesicht. Der Propeller hätte ihr auch Fetzen aus dem Gesicht und vom Kopf reißen können, wie ein Golfschläger die Rasenstücke aus der Wiese reißt.

Ich berührte sie nicht, weil ich so stark erkältet war und sie nicht anstecken wollte. Aber am liebsten hätte ich sie in meine Arme geschlossen. Ich wollte ihr sagen, dass alles gut werden würde und ihr die Lieder ins Ohr flüstern, die ich für sie gesungen hatte, als sie klein war.

Cheryl beugte sich über sie und küsste sie auf die Wange. „Mama ist da", flüsterte sie. „Wir sind bei dir. Es wird alles gut werden." Cheryl war jetzt ganz ruhig. Sie sprach für uns beide. Dabei war sie von einer Kraft erfüllt, die nur vom Himmel kommen konnte.

Kein Geräusch war zu hören. Lauren reagierte nicht. Der schwere Weg, den wir gehen mussten, hatte gerade erst begonnen.

Kapitel 4

Unerwartetes Leben

Cheryl

Während wir zurück zum Warteraum gingen, durchschritten wir dieselben Flure wie wenige Minuten davor. Die Wände des Klinikums strahlten immer noch in kühlem Weiß, unterbrochen von gelegentlichen grünen Abschnitten. Es roch ebenso nach Desinfektionsmittel wie auf dem Hinweg. Der Boden glänzte genauso poliert und war so abgewetzt wie zuvor. Aber für mich hatte sich alles verändert. Zum ersten Mal seit Stunden konnte ich wieder ganz normal atmen.

Meine Uhr zeigte kurz nach Mitternacht. Es war Sonntag, der 4. Dezember 2011. Der erste neue Tag nach Laurens Unfall hatte soeben begonnen. Jeff fasste nach meiner Hand und zog mich zu sich, sodass sich unsere Schultern berührten, während wir den Gang entlangschritten. Gemeinsam würden wir alles durchstehen, was vor uns lag. Wir würden es schaffen, zusammen mit all den vielen Menschen, die Lauren offensichtlich so sehr liebten. Dieses Gefühl war neu. Irgendwie würde alles wieder gut werden. Unterstützt und getragen von unseren Freunden würden wir durch diese Zeit gehen. Wir waren nicht allein.

In unserem Aufenthaltsraum berichtete Chris Crawford den Wartenden, wie wir Lauren angetroffen hatten und wie er ihre Lage einschätzte. Mehrere chirurgische Fachteams würden sich in dieser Nacht um sie kümmern. Gehirn, Auge, Hand, Gesicht und Schulter mussten operiert werden. Dabei wussten wir gar nicht genau, wie viele Operationen nötig sein würden.

Ein Mitarbeiter der Klinikverwaltung kam mit einem Stapel von Formularen, die Jeff und ich ausfüllen sollten. Wir taten unser Bestes, wobei ich mich nicht wirklich konzentrieren konnte. Dann kam ein weiterer Mann und brachte noch mehr Papiere, Formulare und Einwilligungen. Wir unterschrieben Seite um Seite, ohne im Einzelnen zu verstehen, was wir taten. Dann saßen wir wieder herum oder gingen auf und ab, bis der nächste Verwaltungsangestellte kam. Wir unterschrieben weitere Einwilligungen. Es war fast, als ob wir ein Haus kauften.

Die Zeiger der Uhr wanderten langsam vorwärts, von ein Uhr nach zwei Uhr, dann drei. Einige Freunde verließen uns, um schlafen zu gehen. Die meisten blieben. Es bildeten sich kleine Grüppchen, die zusammen beteten. Michael Bleecker, der für die Musik verantwortliche Pastor unserer Gemeinde, sang leise Anbetungslieder. Wir beteten und warteten.

Jeff tat mir so leid. Schon vor dem Unfall hatte er sich miserabel gefühlt, weil er so erkältet war. Während die Nachtstunden verstrichen, spürte ich, wie Kraft und Zuversicht in mir zunahmen. Allmählich konnte ich wieder klar denken. Aber Jeff ging es von Stunde zu Stunde schlechter. Er versuchte zu schlafen, indem er sich auf dem Boden auf einen Mantel legte, aber es ging nicht. Also lief er wieder auf und ab. Als er müde wurde, setzte er sich hin und stützte den Kopf in die Hände. Dann weinte er.

Stunde um Stunde harrten Chris Crawford und Chris Wilson an der Seite meines Mannes aus. Sie redeten mit ihm, hörten ihm zu und beteten mit ihm. Ich wusste, dass er seine Freunde in dieser Nacht mindestens so dringend um sich brauchte wie mich. Über viele Jahre hatten sie ihre Freundschaft gepflegt, treu nach dem biblischen Prinzip, wonach Eisen durch Eisen geschärft wird. Nun kämpften sie sich gemeinsam durch das Entsetzen dieser Nacht. Sie waren wie Brüder, Kampfgefährten und Soldaten im Krieg.

Meine Gedanken wanderten in die Vergangenheit zurück. Die Wartezeit lud mich förmlich dazu ein, meinen Gedanken nachzuhängen. Dazwischen betete ich und redete mit anderen Leuten. Aber es gab auch lange Phasen der Ruhe, in denen mein Kopf wie leer war und die Erinnerungen mich einholten. Während ich mich an verschiedene Episoden in Laurens Leben erinnerte, bemerkte ich kaum, wie die Zeit verging. Gesprächsfetzen kehrten in mein Bewusstsein zurück, Bilder vergangener Jahre, lustige Dinge, die sie gesagt oder getan hatte.

Allein schon ihre Geburt war ein einziges Wunder. Gott hatte einen bestimmten Plan für dieses Kind, das wusste ich schon, bevor sie geboren wurde. Jetzt, als junge Erwachsene, hatte sie gerade erst begonnen, an der Oberfläche dieser Pläne zu kratzen. Gott kannte jeden Schritt meiner Tochter und er hatte jeden ihrer Tage geplant. Er würde sie am Leben erhalten, bis sie das ausgeführt haben würde, wozu er sie berufen hatte. Lauren würde gesund werden, dessen war ich mir ganz sicher. Mein Glaube bestärkte diese Gewissheit.

*

Die Umstände, die zu Laurens Empfängnis geführt hatten, waren äußerst ungewöhnlich gewesen. Alles schien sich gegen ihre Geburt verschworen zu haben. Zunächst hätte ich um Haaresbreite einen anderen Mann geheiratet. Es war 1981 und ich war Anfang zwanzig. Ich hatte gerade meinen Collegeabschluss erworben, lebte in Memphis State und war mit einem jungen Mann namens Bill zusammen. Abends arbeitete ich in einem gehobenen Restaurant, um mein Studium zu finanzieren. Eines Abends kam ein großer, stattlicher junger Mann herein und setzte sich an einen der Tische, für die ich zuständig war. Kaum hatte er bestellt, fragte er mich schon, ob er sich mit mir verabreden dürfte. Natürlich konnte ich mich nicht darauf einlassen. Lächelnd lehnte ich ab, obwohl mich der Mann insgeheim sehr neugierig machte.

Vielleicht würde ich den großen Fremden nie wiedersehen, dachte ich, aber in Wahrheit war der Lauf der Dinge nicht mehr aufzuhalten. Bill und ich trennten uns. Einige Wochen später betrat Jeff wieder das Restaurant. Mein Herz klopfte aufgeregt. „Das Angebot steht noch", erklärte er und fragte, ob ich meine Meinung geändert hätte.

Als wir das erste Mal ausgingen, spielten wir Racquetball und aßen zu Mittag. Es war nicht besonders romantisch, aber das störte mich nicht. Jeffs warmes, freundliches Lächeln und sein fantastisches Aussehen hatten es mir angetan. Er kam mit allen klar und konnte sich über jedes Thema unterhalten. Dazu kam, dass er mindestens so ehrgeizig war wie ich. Genau wie ich wollte er alles genießen, was das Leben zu bieten hatte. Unsere Ziele waren beruflicher Erfolg, viel Geld, ein schönes Haus, die richtigen Autos und jede Menge Spaß. Jeff war ein Jahr älter als ich und hatte sein Studium an der Furman Universität in Greenville, South Carolina, schon abgeschlossen. Jetzt eilte er die Karriereleiter nach oben und war im Begriff, bei Riegel Textilien befördert zu werden. Er war mein Traummann, dazu ein Mann zum Heiraten, genau der Typ, den man seinen Eltern als zukünftigen Schwiegersohn präsentieren möchte. Nach unserer ersten Verabredung rief ich meine Mutter an, um ihr mitzuteilen, dass ich meinen zukünftigen Mann gefunden hätte.

„Und was ist mit Bill?", fragte meine Mutter.

„Ich habe einen anderen kennengelernt", erklärte ich. „Er ist der Mann, den ich heiraten werde."

Von da an verbrachten Jeff und ich jede freie Minute zusammen. Nach dem College begann ich in einer Firma für Büroausstattung als Verkaufsmanagerin zu arbeiten. Ein Jahr nach unserer ersten Begegnung heirateten wir und zogen nach Los Angeles, wohin Jeff versetzt worden war.

Wir stürzten uns in unser neues, gemeinsames Leben. Ich fand eine neue Anstellung im Vertrieb und wir setzten uns voller Eifer an unseren neuen Arbeitsstellen ein. Jeff war fünfundzwanzig, ich vierundzwanzig. Obwohl wir noch so jung waren, verdienten wir sehr gut. Wir kauften uns eine Eigentumswohnung, aßen in den schönsten Restaurants, kauften in den teuren Boutiquen in Beverly Hills und Santa Monica ein, gingen ins Kino, besuchten Konzerte und verbrachten die Wochenenden am Strand.

Vier Jahre später, im Jahr 1986, kauften wir uns in einer teuren Wohngegend namens Palos Verdes ein eigenes Haus mit vier Schlafzimmern und einem atemberaubenden Blick aufs Meer. Alles lief nach Wunsch.

Das Einzige, was unsere Freude etwas trübte, waren unsere leeren Kinderzimmer. Doch auch dieses Problem wollten wir umgehend lösen. Wir wussten, wie man das Leben anpackte. Fehlte uns etwas, so besorgten wir es. Alles, was wir anstrebten, bekamen wir auch. Nun war es an der Zeit, eine Familie zu gründen, und ich setzte die Pille ab. Einigermaßen überrascht hörte ich ein halbes Jahr später von meinem Frauenarzt, dass etwas nicht in Ordnung war. Mein Arzt war spezialisiert auf Fortpflanzungsmedizin. „Es gibt da ein Problem“, erklärte er.

Er spritzte Farbe in meine Eileiter und stellte fest, dass sie völlig undurchlässig waren, so verstopft wie die Straßen in LA im Berufsverkehr. Die Nachricht war niederschmetternd, ich fühlte mich als Versagerin. Wegen mir würde mein Mann nie Vater werden. Bis dahin war in unserem Leben alles perfekt gelaufen, doch nun stellte sich heraus, dass bei mir etwas nicht funktionierte.

Es gab die Möglichkeit, meine Eileiter operativ zu öffnen. Im Anschluss an die OP würden wir sechs Wochen Zeit haben, ein Kind zu zeugen, bevor das entstehende Narbengewebe die Durchgänge wieder verschließen würde. Wenn es mir jedoch nicht gelingen würde, in diesem Zeitfenster schwanger zu werden, stünden die Chancen schlechter als davor. Wir entschieden uns gegen diesen Weg.

Die zweite Möglichkeit war weniger natürlich, radikaler und umstrittener: ein Retortenbaby, also eine künstliche Befruchtung.

Jeff und ich ließen allerhand Tests über uns ergehen, um festzustellen, ob Jeff fruchtbar war und die folgende Prozedur überhaupt Sinn machte. Doch bei Jeff war alles in Ordnung, so legten wir los. Unsere Ehe verwandelte sich in ein wissenschaftliches Projekt. Neun Monate vergingen, in denen mein Körper vorbereitet wurde. Ich bekam Hormonspritzen und unzählige Blutproben wurden untersucht, Werte wurden ermittelt und verändert. Gleichzeitig erfuhren wir von zahllosen künstlichen Befruchtungen, von denen manche erfolgreich waren, andere nicht. Freunde von uns hatten sich auch zu diesem Weg entschlossen. Nachdem sie lange vergeblich auf eine künstliche Schwangerschaft gehofft hatten, adoptierten sie ein Mädchen. Dann wurde die Frau schwanger und bekam Vierlinge.

Der Versuch, auf künstlichem Weg schwanger zu werden, kann für eine Ehe sehr belastend sein. Deshalb empfahl die Klink uns, eine speziell dafür eingerichtete Eheberatung in Anspruch zu nehmen, aber wir lehnten ab. Bisher waren wir immer und in allem erfolgreich gewesen. Genauso würden wir auch diese Herausforderung meistern.

Schließlich war mein Körper startklar, wie uns die Ärzte eines Tages erklärten. Das günstige Zeitfenster ging auf. Ich bekam Hormone, die den Eisprung hervorriefen. Eines Abends gab Jeff mir die letzte Hormonspritze. Am nächsten Morgen fuhren wir zur Klinik, die Eizellen wurden entnommen und mit den Samenzellen zusammengebracht. Dann wurden mir sechs befruchtete Eizellen eingepflanzt. Die folgenden vier Tage sollte ich im Bett verbringen und die Beine hochlegen.

Damals war ich nicht gläubig. Ich war katholisch erzogen worden, aber der Glaube war mir im Laufe der Zeit abhandengekommen. Ich kreuzte zwar noch die Religionszugehörigkeit auf den medizinischen Formularen an, aber mehr war von meinem Christentum nicht übrig geblieben. Jeff war von Hause aus Baptist, aber in den Jahren an der Highschool und am College hatte auch er sich weit davon entfernt. Wie im Gleichnis vom „verlorenen Sohn“ liefen wir beide von unserem Vater im Himmel weg und es sollte noch lange dauern, bis wir wieder bei ihm ankommen würden.

Dennoch kann ich mich ganz genau an einen bestimmten Moment während dieser vier Tage im Bett erinnern, den ich als übernatürlich erlebte. Das Schlafzimmerfenster stand offen und eine leichte Meeresbrise wehte von der Insel Catalina direkt in mein Zimmer. Zusammen mit der frischen Luft strömte ein unbeschreiblicher Friede herein, den ich nie zuvor erlebt hatte. Ich musste an einen kräftigen Löwen denken, der seinen warmen Atem direkt vom Himmel auf mich herabstieß. Der Löwe thronte auf einem Hügel, irgendwo in einer Landschaft, die ich mir nicht vorstellen konnte. Sein Atem trug mir ein Abenteuer zu, das am anderen Ende des Meeres seinen Ursprung genommen hatte. Das Abenteuer machte mir keine Angst, es war nicht bedrohlich, sondern warm, hell und beglückend.

Ich war schwanger.

Diese Gewissheit erfüllte mich bis ins Innerste. In diesem Moment war ich mir absolut sicher, schwanger zu sein, so sicher, wie ich meinen Namen kannte. Zum ersten Mal in meinem Leben war da etwas, das außerhalb meiner Macht stand, mich beschenkte und damit zugleich demütig machte. Die medizinische Wissenschaft hatte dazu beigetragen, diese Schwangerschaft zu ermöglichen, aber eine Macht, die weit über der Wissenschaft stand, hatte neues Leben geschaffen. Die vier Tage waren noch lange nicht um, aber ich wusste ohne den Hauch eines Zweifels, dass in meinem Körper auf wunderbare Weise ein Kind entstanden war. Es wurde einzigartig gebildet. Wer auch immer seinen Atem durch mein Fenster gehaucht hatte, er sah dieses winzige, bis jetzt noch formlose Wesen in meinem Körper und kannte schon jeden seiner Tage.

Die Statistiken widersprachen uns. Künstliche Befruchtungen gelangen selten auf Anhieb, auch wenn alles nach Plan lief. Aber das interessierte uns nicht. Wir waren erfolgsgewohnt, zupackend und klassische Gewinnertypen. Ich dachte nicht eine Sekunde daran, dass ich das Baby wieder verlieren könnte.

Von den schwierigen Zeiten, die uns bevorstanden, ahnte ich nichts.

Kapitel 5

Knapp vorbei

Jeff

Eineinhalb Wochen nach der künstlichen Befruchtung fuhren wir wieder zum South Bay Hospital in Redondo Beach, wo die Ärzte einige Tests machten. Anschließend sollten wir eine Dreiviertelstunde warten. Wir gingen einmal um das Gelände und die kalte Herbstluft, die vom Meer her wehte, färbte unsere Wangen rot. Dann gingen wir auf die Station zurück. Die Schwester empfing uns mit einem strahlenden Lächeln: „Herzlichen Glückwunsch, Sie sind ganz schön schwanger!"

„Ganz schön schwanger", wiederholte ich. „Was meinen Sie damit?"

„Sie bekommen vielleicht Drillinge, auf jeden Fall sind es mindestens Zwillinge."

Cheryls Knie knickten ein. Natürlich wussten wir, dass bei künstlichen Befruchtungen häufig Mehrlinge entstanden, aber wir hatten bis jetzt noch nicht daran gedacht, dass wir zwei oder drei Babys gleichzeitig bekommen könnten. Froh, überhaupt Nachwuchs zu erwarten, freuten wir uns umso mehr über zwei. Es passte: Wenn wir etwas anpackten, dann machten wir es auch richtig!

Soweit ich das als Ehemann beurteilen konnte, verlief die Schwangerschaft ohne Probleme. Alle Untersuchungen brachten gute Ergebnisse. Das Geschlecht der Kinder wollten wir vorher nicht wissen, sondern suchten uns einen Jungen- und einen Mädchennamen aus. Brittany Marie – dieser Name stand bald fest. Der Klang von Brittany gefiel uns beiden sehr, und Marie war Cheryls zweiter Name. Bekämen wir einen Jungen, wollten wir ihn entweder Mark Thomas oder Adam David nennen. Für den Fall, dass es zwei Mädchen wären, würden wir spontan entscheiden müssen; einen zweiten Mädchennamen hatten wir nicht vorbereitet.

Während der ganzen Zeit der Schwangerschaft war Cheryl guter Dinge, aber auch sehr vorsichtig. Zwillinge werden oft schon in der 36. statt in der 40. Woche geboren, viele auch noch früher. Zu früh geborene Kinder haben wenig Gewicht, was viele weitere Probleme nach sich ziehen kann. Cheryls extreme Vorsicht belastete unsere Ehe etwas, doch ich konnte damit umgehen. Einer schwangeren Frau muss man allerhand nachsehen, beruhigte ich mich, aber nach der Entbindung würde bald alles wieder sein wie früher.

Cheryl machte ihre Sache großartig und trug die Babys achtunddreißig Wochen lang aus, zwei Wochen mehr als erwartet. Wir freuten uns sehr darüber. Für den 18. Juli 1988 wurde der Kaiserschnitt geplant und wir begaben uns pünktlich in die Klinik.

Und da kamen sie: zwei Mädchen!

Jedes wog fast dreieinhalb Kilos. Sie waren vollkommen gesund. Blutig, glitschig, weinend und mit zerknitterten Gesichtchen kamen sie in unserer Welt an. Die Hebamme reichte mir eines nach dem anderen. Für mich waren es die schönsten Babys, die ich jemals gesehen hatte.

Unsere erste Tochter wurde um Punkt 13 Uhr geboren. Sie sah aus wie ein Engel, hatte dunkle Haare, ein wunderschön geformtes Köpfchen, ein hübsches Gesicht und eine süße Nase. Sie sollte Brittany Marie heißen.

Unsere zweite Tochter war um 13:01 Uhr da. Sie hatte keine Haare, ihre Haut war pfirsichfarben und sie sah aus wie eine Prinzessin. Da wir keinen weiteren Mädchennamen vorbereitet hatten, schrieb die Hebamme ‚Baby B' in die Akte. Bei diesem Namen blieb es einige Tage lang. Ich war unendlich stolz auf meine beiden Töchter.

Wäre ich Raucher gewesen, hätte ich schachtelweise Zigarren verschenkt.

Ein paar Tage später einigten wir uns auf den Namen Lauren Nicole. Lauren klang elegant und erinnerte uns an das erfüllte Leben der Schauspielerin Lauren Bacall. In der Gemeinde, in der ich aufgewachsen war, gab es ein kleines Mädchen namens Nicole. Alle mochten sie. Die beiden Namen passten gut zusammen: Lauren Nicole.

Bald darauf trugen wir unsere Töchter nach Hause und begannen unser neues Leben als Familie. Cheryl blieb sechs Wochen lang zu Hause, bis sie wieder arbeiten ging. Etwas anderes hatten wir für sie nie in Betracht gezogen. Allerdings hatten wir auch nie darüber geredet. Wo wir jetzt zwei Familienmitglieder mehr hatten, brauchten wir auch unser zweites Einkommen. So stellten wir ein Kindermädchen aus El Salvador ein. Sie hieß Zoila, wohnte mit in unserem Haus und kümmerte sich tagsüber um die Mädchen. Die zwei waren sehr unkompliziert. Brittany war etwas lebhafter und konnte richtig laut und heftig weinen. Wir hatten schnell einen guten Draht zueinander. Brittany war stets entschlossen, ihre Ziele zu erreichen – so schnell wie möglich! Damit passte sie hervorragend zu uns. Lauren hingegen war eher schüchtern und zurückhaltend. Man hörte nicht viel von ihr. Ich liebte sie von ganzem Herzen, aber es dauerte eine Weile, bis sie Vertrauen zu mir fasste. Von Anfang an war sie besonders eng mit ihrer Mutter verbunden.

Cheryl schien mit ihrer neuen Rolle super zurechtzukommen. Sie ging oft einkaufen und brachte schöne Sachen für ihre Mädchen nach Hause, Kleidchen und Spielsachen. Sie hatte die Kinder oft auf dem Schoß, kuschelte mit ihnen und las ihnen Bücher vor, für die sie eigentlich noch viel zu klein waren. Sie war immer mit den beiden zusammen und zeigte ihnen ihre Liebe und Hingabe. Die Beziehung zwischen Cheryl und mir war noch nicht wieder auf dem Niveau, das wir vor der Schwangerschaft hatten, aber ich wartete geduldig, schließlich musste sie sich erst in ihrer Mutterrolle zurechtfinden.

*

Eines Tages, als die Mädchen etwa sechzehn Monate alt waren, sprach Zoila beim Abendessen ständig davon, dass Lauren so blass sei. Wir verstanden nicht gleich, was sie meinte. Vielleicht hatte Lauren gerade einen Wachstumsschub; bei Babys weiß man ja nie so genau, was gerade in ihnen vorgeht. Doch am nächsten Tag sagte unsere Nachbarin das Gleiche: Als sie Lauren im Hof gesehen hätte, sei sie ihr so dünn vorgekommen, und ihre Haut sei fast gelblich gewesen.

Noch am gleichen Nachmittag brachten wir Lauren zum Arzt, wo ihr Blut abgenommen wurde. Wenn irgendetwas Ungewöhnliches gefunden würde, bekämen wir am nächsten Tag einen Anruf, wurde uns gesagt.

An jenem Abend klingelte um 21 Uhr das Telefon. „Ich habe für Sie gleich für morgen früh einen Termin beim Kinder-Onkologen vereinbart", teilte uns der Kinderarzt mit. „Machen Sie sich nicht verrückt, wenn Sie dort viele krebskranke Kinder sehen."

Krebs?

Das Wort ließ uns erschaudern.

Am nächsten Tag fuhren wir mit Lauren dorthin. Sie wurde gründlich durchgecheckt. Bald folgten weitere Untersuchungen und Tests. Zwei oder drei Wochen lang mussten wir alle zwei oder drei Tage zur Blutentnahme fahren. Jedes Mal bekam Lauren ein besonderes Kinderpflaster für ihr Fingerchen. Gesundheitlich baute sie sichtlich ab, aber die Untersuchungen brachten keine Ergebnisse. Dennoch hörten wir einen Begriff immer häufiger. Zuerst fiel er nur im Nebensatz, als eine sehr unwahrscheinliche Möglichkeit. Aber wir hörten ihn immer wieder, bis er allmählich fast zur Gewissheit wurde.

Leukämie.

Eine Liquorprobe sollte unserem Baby entnommen werden.

„Sie müssen das Kind festhalten", erklärte mir der Arzt. „Drücken Sie das Kind nach unten und achten Sie darauf, dass es sich keinen Millimeter bewegt."

Lauren lag mit dem Gesicht nach unten auf dem Behandlungstisch. Meine Hände drückten auf ihren kleinen Rücken. Sie wehrte sich, schrie und versuchte ihr Gesicht umzudrehen und zu sehen, warum ich sie so unangenehm festhielt. Der Arzt schob die riesige Nadel in ihren Rücken. Lauren gab einen langen, fast tonlosen Schrei von sich. Dann brach sie in entsetzliches Jammern und Weinen aus.

Die Liquoruntersuchung ergab, dass Lauren keine Leukämie hatte. Wir waren einerseits sehr erleichtert, andererseits aber weiterhin beunruhigt.

„Wir werden ihr Bluttransfusionen geben", meinten die Ärzte.

Ich lehnte spontan ab. Zwar ging es ihr gesundheitlich immer schlechter, aber zu jener Zeit tauchten ständig neue Schreckensmeldungen über mit HIV verseuchte Blutkonserven in den Medien auf. Solange die Transfusion nicht absolut notwendig war, wollten wir das Risiko nicht eingehen. Stattdessen sehnten wir uns nach Antworten. Warum war unsere Tochter so krank? Wir warteten unruhig auf eine Antwort. Die Hilflosigkeit quälte uns. Wir begannen in der Nachbarschaft und im Bekanntenkreis nach möglichen Blutspendern für Lauren zu suchen.

Endlich kam der abschließende Bericht mit der endgültigen Diagnose.

Lauren hatte … *nichts.*

Sie war vollkommen gesund.

Bis heute weiß ich nicht, was damals mit ihr los war. Es gibt aber einen langen lateinischen Namen für das, was sie hatte, etwas, das nur bei einem von fünf Milliarden Menschen vorkommt. Im Wesentlichen ging es wohl darum, dass Laurens Hämoglobin-Wert nach einer Virusinfektion nicht mehr anstieg. Wir hätten einfach nur abwarten müssen, nach der Infektion hätten sich die Werte von selbst wieder normalisiert.

Tatsächlich kehrte Laurens rosige Gesichtsfarbe allmählich wieder zurück und sie nahm wieder an Gewicht zu. Trotzdem gingen wir noch monatelang zur onkologischen Station, um ihr Blut untersuchen zu lassen, oft sogar mehrmals pro Woche. Nie wurde irgendetwas Auffälliges gefunden. Was auch immer unsere Familie damals erschreckt hatte, es verschwand ebenso schnell und unbemerkt wieder, wie es gekommen war.

Dort im Krankenhaus begegneten uns viele schwer kranke kleine Kinder mit eingefallenen Gesichtern und kahlen Köpfchen. Jedes Mal, wenn ich an ihnen vorbeiging, hatte ich diesen Kloß im Hals: *Das hätte auch unsere Lauren sein können*, dachte ich immer.

Wir hatten in einen Abgrund gesehen und uns damit befassen müssen, dass eines unserer Kinder sterben könnte. Der Schrecken saß tief. Doch in den folgenden Jahren schien unsere Welt heil zu sein. Trotzdem drückte ich Lauren oft bewusst an mich und konnte mich nicht gegen das Bedürfnis wehren, sie besonders zu beschützen. Unsere Tochter war dem Tod nahe gewesen, und ich hatte mir unbewusst geschworen, alles in meiner Macht Stehende zu tun, um sie in Zukunft vor allen Gefahren des Lebens und vor allem Bösen zu beschützen.

Ich konnte ja nicht ahnen, welche Gefahren noch auf unsere Familie lauerten. Auch als die Zerstörung schon in Gang war, bemerkte ich lange nichts davon. Ohne Vorwarnung brach für mich plötzlich die ganze Welt zusammen.

Kapitel 6

Unerwartetes Leid

Jeff

Es war an einem Samstag im März 1990. Cheryl und ich starteten zu einer Fahrradtour entlang der Küste. Diesen Weg waren wir schon unzählige Male gefahren. Wir schnallten die Zwillinge in ihren Autositzen an, die Fahrräder waren auf dem Dachgepäckträger. Dann fuhren wir von unserem Haus in Palos Verdes die wenigen Kilometer hinunter zum Redondo Beach. Dort hoben wir die Fahrräder aus den Ständern, setzten den Mädchen die Helme auf, und jeder von uns packte ein Kind in seinen Fahrradsitz auf dem Gepäckträger. Cheryl nahm Brittany, ich nahm Lauren. Während ich ihre Gurte prüfte und sicherstellte, dass sie sicher auf dem Rad saß, kitzelte ich sie unter dem Kinn. „Noch mal, Papa!", lachte sie und kicherte.

Die Mädchen waren warm eingepackt und sahen in ihrem modischen Outfit von OshKosh B'gosh sehr putzig aus. Sie trugen die gleichen Sachen in unterschiedlichen Farben, Brittany in Lila, Lauren in Rosa. Der Stil der Kindersachen von OshKosh B'gosh mit den praktischen Latzhosen, den kuschligen Vliespullis und den farbenfrohen Strickpullis gefiel uns sehr gut; schon seit fünf Jahren arbeitete ich in dieser Firma als Vertriebsleiter. Ich war dort nicht nur sehr erfolgreich, sondern auch überzeugt, einen guten Zweck zu verfolgen, trugen wir doch dazu bei, dass es in den Familien bunt und fröhlich zuging. Doch am wichtigsten war mir natürlich, dass ich in dieser Firma hervorragende Aufstiegschancen hatte. Je mehr ich arbeitete, desto mehr verdiente ich. Das passte genau zu meinen Lebenszielen.

Die Sonne schien mir ins Gesicht und ich lachte leise vor mich hin. Mein Leben war wirklich großartig, es entwickelte sich genau nach Plan. Ich hatte alles, was ein Mann sich wünschen konnte, so glaubte ich zumindest. Meine beiden Töchter waren einfach wunderbar. Der Krebs, der eine von ihnen bedroht hatte, war nicht ausgebrochen. Ich war mit einer Traumfrau verheiratet und wir verstanden uns ausgezeichnet. Cheryl arbeitete mit voller Kraft im Außendienst eines Technologieunternehmens. Unsere beiden Einkommen ermöglichten uns ein sorgenfreies Leben. Wir konnten uns alles leisten, was wir wollten. Unser Weg hatte uns steil nach oben geführt.

So radelten Cheryl, die Mädchen und ich die Uferpromenade entlang. Ich fuhr voraus, Cheryl war hinter mir. Das Lachen und Schnattern der Mädchen übertönte den Fahrtwind. Sie konnten sich schon unterhalten, in ihrem eigenen Krabbel-Babbel-Wortschatz. Ich staunte, wie sie sich offensichtlich wirklich verständigten. Oft führte eine von ihnen den Satz der anderen zu Ende, als könnten sie gegenseitig ihre Gedanken lesen. Cheryl und ich strampelten den kurvigen Weg entlang, der dem Verlauf des Strandes folgte und nach Hermosa hinaufführte.

„Ich bin ein bisschen müde“, hörte ich Cheryl hinter mir. „Können wir mal anhalten und einfach ein bisschen reden?“

„Wir sind schon bald in Manhattan Beach“, rief ich über meine Schulter zurück, „wenn wir uns ins Zeug legen, können wir es bis zum State Park schaffen.“

Ich würde auf keinen Fall anhalten. Es war ein perfekter Morgen. Der Wind war schwach, die Sonne spiegelte sich in den Wellen und ließ die Feuchtigkeit am Strand verdunsten. Die Kinder waren glücklich. Wir waren hierhergekommen, um Fahrrad zu fahren. Ich hatte ein Ziel und wollte es erreichen. Cheryl sagte nichts mehr und ich hatte ihre Frage bald vergessen.

Wir kamen erstaunlich früh im State Park an, wendeten Richtung Süden und radelten in die Stadt. Nach wenigen Straßenzügen waren wir schon bei dem Restaurant, in dem wir besonders gerne frühstückten. Nach der anstrengenden Tour hatte ich einen Bärenhunger und bestellte ein Bauernfrühstück mit zwei Scheiben Schinken, drei Sorten Wurst, drei Eiern, Kartoffelpuffern und Toast. Den Mädchen schmeckten ihre Waffeln und sie tranken Milch aus ihren Trinkflaschen. Cheryl aß ein halbes Brötchen und ein Stückchen Obst.

„Jeff", setzte sie an.

„Was ist?" Ich sah kurz auf, während ich mein Ei aß.

„Hm." Cheryl strich über ihre Serviette. „Es ist so … ach, egal."

„Was?"

„Nichts." Sie lächelte schwach. „So ein schöner Morgen, wollte ich sagen."

Damit wandte sie ihre Aufmerksamkeit wieder den Mädchen zu, hob die Milchflasche vom Boden auf, die Brittany heruntergefallen war, und wischte die krümelige Schnute von Lauren sauber.

Seltsam, dachte ich. *Vielleicht ist Cheryl müde. Oder sie hat mal wieder eine dieser Stimmungsschwankungen*. Ich liebte diese Frau von ganzem Herzen. Aber nicht immer verstand ich, was in ihr vorging. Manches Mal, wenn ich nach Hause kam, wischte sie sich schnell die Augen oder putzte sich verstohlen die Nase, als ob sie gerade geweint hätte. Nie sprach sie über das, was sie bedrückte. Wenn ich versuchte, es herauszufinden, hörte ich nur, dass alles in Ordnung sei.

Wir radelten zum Auto zurück und fuhren nach Hause. Für den folgenden Tag hatte ich mit einigen Kumpels eine Verabredung zum Golf, während Cheryl bei den Mädchen bleiben sollte. So packte ich am Sonntagnachmittag meine Golfausrüstung zusammen und ging dann nach oben, um Cheryl zu sagen, dass ich jetzt ginge. Die Schlafzimmertür war zu. Ich blieb kurz davor stehen. Cheryl telefonierte mit jemandem. Wahrscheinlich dachte sie, ich sei schon gegangen. Sie sprach leise und mit unterdrückter Stimme, als fürchtete sie, gehört zu werden. Ich trat ein.

„Das war meine Mutter“, sagte sie und legte auf.

Cheryl hatte geweint.

„Schatz, was ist denn los?“, fragte ich und sah gleichzeitig auf die Uhr. Ich wollte nicht zu spät kommen.

„Jeff …“ Sie zögerte. Dann brach es aus ihr heraus. „Ich glaube, ich kann nicht mehr“, sagte sie.

„Wovon redest du?“ Ich versuchte, in ihrem Gesicht zu erkennen, was sie meinte, doch sie wandte sich ab.

Dann hörte ich die Worte, die unser weiteres Leben komplett veränderten.

„Jeff, ich glaube nicht, dass ich dich liebe. Ich fürchte, ich habe dich nie geliebt.“ Die schonungslosen Worte meiner Frau durchschnitten die Luft im Schlafzimmer wie Säbelhiebe.

Ich war sprachlos. Wir führten eine glückliche Ehe. Meine Kumpels sagten oft genug, dass sie Cheryl und mich um unsere stabile Beziehung beneideten. Wahrscheinlich war Cheryl einfach nur müde. „Was sagst du denn da? Das denkst du doch nicht im Ernst?“ Ich versuchte, mehr aus ihr herauszubekommen, aber vergeblich. Sie war nur wenige Zentimeter von mir entfernt. Doch sie hatte sich auf die Seite gedreht und ihr Gesicht von mir abgewandt. Das Gespräch war beendet.

Da ich hier offenbar nichts mehr ausrichten konnte, ging ich zu meinen Freunden. Cheryls Worte ließen sich nicht abschütteln. Gleichzeitig hatten sie mich so unvorbereitet getroffen, dass sie mir fast unwirklich vorkamen. Entweder ich war der ahnungsloseste aller Männer oder Cheryl war eine hervorragende Schauspielerin. In den folgenden Tagen versuchten wir mehrfach, miteinander zu reden, aber unsere Gespräche blieben sehr oberflächlich. Ich konnte Cheryl dazu überreden, eine Eheberatung aufzusuchen. Am besten war es doch, sich dem Problem zu stellen. Ich fand einen guten Therapeuten, und wir gingen ein-, zweimal zu ihm. Aber es erschien uns beiden sehr unnatürlich, vor einem Fremden solche emotionalen, intimen Dinge auf den Tisch zu legen. Cheryls Antworten waren ausgesprochen einsilbig und ungenau, als wollte sie absichtlich oberflächlich bleiben. Schnell erkannte ich, dass diese

Termine Geldverschwendung waren, und so brachen wir den Versuch ab.

Einige Wochen danach rief mich eines Montags mein Chef in sein Büro. Auch dieses Gespräch war unverblümt und sehr kurz. „Ich brauche Sie in Dallas“, erklärte mein Vorgesetzter. „Sie müssen baldmöglichst umziehen.“ Ich hätte erwartet, dass diese Nachricht Cheryl schwer treffen würde, immerhin hatten wir uns hier in Los Angeles unser Traumleben aufgebaut. Aber als ich sie vorsichtig über den notwendigen Umzug informierte, war sie nicht nur einverstanden, sondern reagierte ausgesprochen positiv. Fast wirkte sie erleichtert.

„Eine Veränderung ist sicher gut“, war ihre Antwort, bei der sie mich flüchtig umarmte. Ich freute mich, dass ihr meine Karriere anscheinend wichtig genug war, um dafür einen Umzug in Kauf zu nehmen. In mir keimte Hoffnung auf. Wir hatten seither kaum über unsere Ehe geredet, aber vielleicht würde der Umzug uns ja helfen.

Es war April 1990, als mein Chef mich über die Versetzung informierte. Bald darauf verkauften wir das Haus. Im Juli feierten wir den zweiten Geburtstag der Mädchen, Anfang August zogen wir nach Dallas. Zunächst bezogen wir eine Eigentumswohnung, während wir einen Architekten beauftragten, unser Traumhaus zu entwerfen. Es sollte direkt am Golfplatz sein, am Queens Course des Gleneagles Country Clubs.

Cheryl, die sehr gerne Golf spielte, würde diese Lage viel Freude bereiten. Ihr Vater besaß in Lodi, Ohio, einen Golfplatz mit neun Spielbahnen. Dort war Cheryl aufgewachsen. Ihr Elternhaus befand sich direkt am Golfplatz und Cheryl hatte in ihrer Kindheit und auch während ihrer Studienjahre sehr viel Golf gespielt. Nun würde sie wieder direkt vor dem Haus Golf spielen können, wann immer sie wollte.

Ein paar Wochen lang schien alles gut zu gehen, allerdings weinte Cheryl immer noch viel. Ich vermutete, dass die ganze Arbeit, die mit dem Umzug und den beiden kleinen Kindern verbunden war, sie belastete. Doch ich glaubte immer noch, dass der Ortswechsel wie ein neuer Anfang für unsere Ehe war.

Unsere neuen Freunde luden uns zur Kirche ein. Sie waren Presbyterianer, eine Glaubensrichtung, die mir fremd war. Aus Höflichkeit folgten wir der Einladung. Andererseits dachte ich auch daran, dass die Kirche uns vielleicht helfen konnte, falls es immer noch Probleme in unserer Ehe gab. Ich hatte nichts gegen den Glauben, Gott oder Jesus. Es gab für all das lediglich nicht viel Platz in meinem Leben. Diese Kirche, die wir damals kennenlernten, war nicht gerade faszinierend. Der Gottesdienst war eher liturgisch und alles wirkte viel steifer, als ich es aus meiner Kindheit in West Virginia kannte. Aber Cheryl schien es zu gefallen und ich war zu allem bereit, das ihr guttat.

Unser Kindermädchen hatten wir in Los Angeles zurückgelassen, auch hatte Cheryl keine Arbeit mehr, so kümmerte sie sich jetzt um die Kinder. Das war nicht schlimm, denn meine Arbeit war sehr erfolgreich. Ich war äußerst beliebt bei OshKosh und meine Karriereleiter führte steil nach oben.

Fünf Monate nach dem Umzug war unser Traumhaus bezugsfertig. Wir gaben die Eigentumswohnung auf, ließen die eingelagerten Möbel bringen und bezogen unser neues Haus. Es war fantastisch. Wir hatten unendlich viel Platz. Zum Valentinstag 1991, unmittelbar nach dem Einzug, überraschte ich Cheryl mit dem neuesten und teuersten Satz von Golfschlägern, den es damals zu kaufen gab.

Ich versteckte mein Geschenk in unserem Bett, unter Cheryls Decke. Als sie an diesem Abend zu Bett ging, schnappte sie kurz nach Luft und lächelte dann breit. „Jeff, das sind tolle Schläger", sagte sie, „ganz, ganz toll." Mehr sagte sie nicht, sie küsste mich auch nicht. Trotzdem klopfte ich mir selbstzufrieden auf die Schulter und hielt mich für den weltbesten Ehemann.

Ein Monat war seither vergangen. Ich befand mich im oberen Stockwerk und las den Mädchen gerade eine Gutenachtgeschichte vor, als es klingelte. Da Cheryl unten war, ging ich davon aus, dass sie die Tür öffnen würde. Es klingelte erneut. Ich blätterte um. Das Kätzchen und das Pferd waren gerade auf dem Weg zum Zirkus. Ich ärgerte mich halblaut, als es zum dritten Mal klingelte.

„Warum geht sie denn nicht zur Tür?", brummte ich leise und

wandte mich dann an meine Mädchen: „Wartet kurz, ich bin gleich wieder zurück."

„Ich will mit", erklärte Lauren und umklammerte meinen Arm. Es klingelte zum vierten Mal.

„Na gut", willigte ich ein, „dann komm." Ich nahm Lauren auf den Arm und ging die Treppe hinunter. Durch das Glas im oberen Teil der Haustür konnte ich die Mütze eines Polizisten sehen.

„Sind Sie Jeff Scruggs?", fragte der Mann, als ich die Tür öffnete.

„Ja, der bin ich." Ich sah ihn fragend an. „Ist etwas passiert?" Er war der Polizeichef unseres Bezirks.

„Das ist für Sie." Er reichte mir einen Stapel Papiere. „Bitte unterschreiben Sie hier, hier und hier." Er zeigte auf die entsprechenden Stellen. Ich zögerte kurz, dann gehorchte ich. Wortlos machte er kehrt und ging zu seinem Streifenwagen zurück.

Ich konzentrierte mich darauf, die Tür hinter ihm zu schließen.

Dann drückte ich Lauren noch fester an mich und trug sie wieder nach oben in ihr Zimmer.

Es gelang mir, sie und ihre Schwester ins Bett zu bringen, ich konnte sogar noch die Geschichte zu Ende lesen: Kätzchen und Pferd fanden den Zirkus und erlebten dort eine wunderbare Vorstellung. Ich sang mit den beiden ihr Gutenachtlied, schaltete ihr Nachtlicht ein und küsste ihre kleinen Münder, die nach Zahnpasta rochen.

Mein Herz raste, als ich die Kinderzimmertür hinter mir schloss und die Treppe hinunterrannte. Die Schlafzimmertür war zu. Ich stürzte ins Zimmer.

„Cheryl! Das kann nicht dein Ernst sein!"

Meine Frau lag auf dem Bett, die Augen halb geschlossen. Sie sah mich kalt an und schwieg. Dann schüttelte sie den Kopf und sagte keinen Ton.

Es hatte im Vorfeld keinen einzigen Wortwechsel gegeben.

Wir waren nicht am Ende einer langen Serie von Auseinandersetzungen angekommen.

Keiner hatte den anderen jemals angeschrien.

Ohne irgendeine Vorwarnung hatte mir meine Frau an diesem Abend die Scheidungspapiere zukommen lassen.

*

Im Juni 1992 verkauften wir das Traumhaus am Golfplatz. Cheryl kaufte sich ein deutlich kleineres Haus und ich mietete mir ein Haus in ihrer Nähe, um möglichst nahe bei den Kindern zu bleiben. Das Wort *Scheidung* erwähnten wir den Kindern gegenüber nie. Sie waren noch zu klein, um die Tragweite dieses Begriffes zu erfassen, so dachten wir. Aber wir setzten uns mit ihnen zusammen und erklärten ihnen behutsam die Situation: „Mama und Papa werden in Zukunft nicht mehr zusammenwohnen." Brittany rannte in ihr Zimmer und schlug die Tür zu. Lauren versteckte sich in einer Ecke des Gästebads und kam nicht mehr heraus. Sie hatten genau verstanden, was das für uns alle bedeutete.

„Sie werden damit klarkommen", meinte Cheryl.

„Natürlich werden sie das." Ich war so wütend, ich hätte ihr am liebsten ins Gesicht gespuckt. „Es wird alles ganz wunderbar werden."

Keiner von uns zog früher aus als nötig. Natürlich schliefen wir von da an in getrennten Schlafzimmern. Am Umzugstag fuhren zwei große Möbelwagen vor und die Einrichtung unseres Traumhauses wurde Zimmer für Zimmer in zwei Hälften geteilt. Sitzgarnituren, Kommoden, Schreibtische, Tische, Kleidung, Lampen, Fernseher, Golfschläger – unser ganzes Leben wurde auseinandergerissen und auf zwei Lkws verteilt. Selbst die Möbelpacker konnten es kaum aushalten: „Das ist das Traurigste, was ich jemals gesehen habe", sagte einer von ihnen zu mir. Er war verschwitzt, hatte eine Glatze und einen dicken Bauch. „Meine Güte, Sie beide sind doch das perfekte Paar. Haben Sie ihr denn nie Blumen gekauft?"

„Danke für den Hinweis", knurrte ich. „Dafür ist es jetzt wohl zu spät."

Am 21. August 1992, einen Monat nach dem vierten Geburtstag unserer Zwillinge, war die Scheidung amtlich. Zehn Jahre waren wir verheiratet gewesen. Nun war die Ehe offiziell zu Ende, Mr und Mrs Scruggs gab es nicht mehr.

Wir entwarfen einen Umgangsplan nach den damals üblichen Regeln für geschiedene Familien. Am ersten, dritten und fünften Wochenende des Monats waren die Kinder bei mir, außerdem an den Mittwochen und Donnerstagen der Wochen, an denen sie das Wochenende bei mir verbrachten und an den Montagen und Dienstagen der Wochen, an denen sie das Wochenende bei ihrer Mutter verbrachten. Auf den ersten Blick klang das kompliziert, aber wir gewöhnten uns schnell daran.

Cheryl gab sich liebenswürdig, war höflich und entgegenkommend. Sie war die perfekte Exfrau. Wir hatten auch jetzt nie Streit. Obwohl unser Familienglück zerstört war, wollten wir immer noch in allen Dingen exzellent sein. Selbst unsere Scheidung verlief bilderbuchmäßig.

Ich brachte den ersten Monat hinter mich, dann den zweiten. Ein halbes Jahr verging, dann acht Monate. Schließlich lag ein Jahr hinter uns. Es war Wirklichkeit geworden, grausame Realität. Wir waren eine zerbrochene Familie. Auch eine perfekte Scheidung ist ein Albtraum.

Zusammen mit einem Freund kaufte ich mir ein kleines Haus am See, ein paar Fahrstunden von Dallas entfernt. Dort wollte ich in den kommenden Jahren die schulfreien Tage mit meinen Mädchen verbringen und mit ihnen Wasserski fahren, schwimmen und Kanu fahren. Ich kaufte das Haus am See aus Liebe zu meinen Mädchen, aber es schwang auch eine Portion Wut auf meine Exfrau bei der Entscheidung mit. Dort war ich weit genug von ihr entfernt, sie würde niemals dort auftauchen. Damit hatte ich einen einzigen Ort auf dieser Welt, den sie mir nicht zerstören konnte.

Es war eigenartig, aber Cheryl und ich gingen weiterhin zur Kirche. Sie erzählte mir von einem Frauenbibelkreis, dem sie sich angeschlossen hatte. Zwar war sie nicht ganz kirchenfern aufgewachsen, aber die Bibel hatte sie bis dahin noch nie gelesen. Jetzt hörte sie zum ersten Mal davon, dass man durch Jesus mit Gott eine persönliche Verbindung haben konnte. Das alles schien irgendwie Sinn zu machen, so erklärte sie mir. Ich nickte nur. *Das hilft uns jetzt nichts mehr, dafür ist es jetzt zu spät*, dachte ich.

Auch ich begann mich für die geistlichen Dinge zu öffnen und schloss mich einer Gemeinde an. Als der Jugendpastor mich fragte, ob ich in der Highschool-Jugendgruppe mitarbeiten wollte, sagte ich zu. Zunächst war ich vor allem als Aufsichtsperson im Einsatz. Immer mittwochabends brachte ich die Kinder vom Sportplatz zum Gruppenraum und half den Leitern bei ihrem Programm. Ein Jahr später fragte mich der Jugendpastor, ob ich nicht eine eigene Jungengruppe übernehmen wollte, um mit ihnen ein Buch zu lesen. So kaufte ich zehn Exemplare des Buches „Mann mit Profil. Das biblische Bild des Mannes“ von Kent Hughes und gab jedem der Jungen eines. Von da an las ich immer sonntagabends ein Kapitel in dem Buch, das ich dann am Mittwoch mit den Jungs besprach. „Wir müssen unseren geistlichen Menschen genauso trainieren wie unseren Körper“, erklärte ich und las vor: „Übe dich vielmehr darin, den Willen Gottes zu tun! Sich in körperlichen Entbehrungen zu üben bringt nur wenig Nutzen. Aber sich im Gehorsam gegen Gott zu üben ist für alles gut; denn es bringt Gottes Segen für dieses und für das zukünftige Leben“ (1. Timotheus 4,7-8; GNB). Ich lernte sehr viel aus jenem Buch. „Wisst ihr“, offenbarte ich den Jungs eines Abends, „ich bin zwar schon 36 Jahre alt, aber was den Stoff dieses Buches betrifft, bin ich euch gerade mal drei Tage voraus.“

Es war Samstagmorgen, etwas mehr als ein Jahr nach der Scheidung, als ich mit den Mädchen zum städtischen Park ging. Ich kaufte eine kleine braune Papiertüte voller Käsewürfel, Kräcker und Getränke. Nach dem Picknick wanderten wir an dem Bach entlang, der sich durch den Park schlängelte. Dort entdeckten wir Flusskrebse und einen Frosch mit hervorstehenden Augen. Wir betrachteten ihn aufmerksam, versuchten aber nicht, ihn zu fangen. Im braunen Sand des Stadtparks suchten wir nach Fußabdrücken von Dinosauriern und sammelten kleine Steine, in denen wir uralte Pfeilspitzen sahen.

Nach einer halben Stunde wanderten wir zurück ins Zentrum des Parks und von einer Bank aus sah ich den Mädchen zu, wie sie über den Spielplatz rannten. Brittany erklomm das Klettergerüst, Lauren stürmte auf die höchste Rutsche zu.

„Lauren!“, rief ich. „Sei vorsichtig! Du auch, Brittany – passt schön auf!“

Sie fielen an diesem Tag weder vom Klettergerüst noch von der Rutsche. Als sie ihren Blick zu mir, ihrem Vater, wandten, da waren ihre Augen voller Freude – und zugleich voller Traurigkeit. Wir hatten ihre Seelen tief verletzt.

Kapitel 7

Schöne schwere Jahre

Brittany (Laurens Zwillingsschwester)

Als sich unsere Eltern scheiden ließen, waren wir vier Jahre alt. Damals übernahm ich die Rolle der älteren Schwester, die für den Schutz der jüngeren zuständig war, obwohl ich nur eine Minute älter war als Lauren. Seither fühlte ich mich für meine Zwillingsschwester verantwortlich. Durch die Trennung unserer Eltern gab es unzählige große und kleine Unsicherheiten in unserem Leben. So sehr wir auch nach Antworten suchten, wir konnten uns das Ganze nicht erklären. Egal wie weh es tat, wir mussten als getrennte Familie weiterleben.

Als Schwestern waren wir von Anfang an unzertrennlich gewesen, doch nach der Scheidung hielten wir noch fester zusammen. Es gab uns viel Sicherheit, dass wir immer zu zweit waren. Von Geburt an standen wir uns sehr nahe. Was auch immer geschah, Streit hatten wir nie, wir kannten auch keine Eifersucht. Die Auseinandersetzungen, die die meisten Geschwister führen, kamen bei uns nicht vor. Wenn wir einander in die Augen sahen, wussten wir sofort, was die andere gerade dachte. Wir konnten einander ohne Worte zum Lachen bringen und uns dabei immer weiter hochschaukeln, bis wir uns vor Gelächter bogen. Ohne es auszusprechen, konnten wir uns dasselbe Bild vorstellen. Deshalb hatten andere Kinder, die mit uns spielten, bei manchen Ratespielen keine Chance. Lauren und ich waren immer einer Meinung. War Lauren nicht an meiner Seite, dann wusste ich nicht, wie ich mich verhalten sollte. Manchmal kam es mir so vor, als wären wir eine Person.

In der Unfallnacht, während wir alle für Lauren beteten, brachten uns die Chirurgen immer wieder gute und weniger gute Nachrichten in den Warteraum. Zwar wussten wir dann nach einigen Stunden, dass sich ihr Zustand stabilisiert hatte und sie überleben würde, aber der volle Umfang ihrer Verletzungen wurde erst nach und nach bekannt. Die Neurochirurgen teilten uns die schlimmste Nachricht mit: Der Propeller hatte ihren Kopf mit mehreren Rotorblättern getroffen. Obwohl ihr Körper direkt nach der ersten Berührung zur Seite geschnellt war, hatte die Zeit für eine schwere Schädelverletzung gereicht. Der Knochen war in dem betroffenen Bereich zerschmettert, die Knochensplitter drückten ins Gehirn. „Gehirnverletzungen sind immer sehr schwer einzuschätzen", sagte uns der Neurochirurg im Warteraum mit ernstem Gesicht. Wir spürten, dass es ihm schwerfiel, uns zu sagen, wie es um Lauren stand. „Es kann sein, dass Lauren nie wieder einen vollständigen Satz formulieren kann. Selbst wenn sie sich körperlich gut erholt, ist es möglich, dass sie ein anderes Wesen haben wird."

Das konnte ich mir nicht vorstellen. Es war unmöglich. Ich brauchte meine Schwester unbedingt, und zwar als genau diese schöne, sprühende Persönlichkeit, die sie immer gewesen war, körperlich und geistig. Ich musste wissen, ob sie nach dem Unfall immer noch Lolo war.

Lolo nannten wir sie, als wir noch klein waren. Wenn es schnell gehen musste, sagten wir oft auch nur *Lo* zu ihr. Wir waren vielleicht drei Jahre alt, als Mama den Spitznamen einführte. Lauren wurde diesen Namen nicht mehr los. Wir nannten sie gerne so. Nach der Scheidung kaufte Papa oft rohe Ravioli in einem Spezialitätengeschäft, das direkt neben seinem Büro lag. Er brachte sie nach der Arbeit mit nach Hause und zu dritt waren wir dann in der Küche beschäftigt und taten so, als wären wir die großartigsten Köche im erlesensten Feinschmeckerrestaurant Italiens. Papa legte sein Gesicht in Falten, sah möglichst hochnäsig aus und erklärte mit breitem italienischen Akzent: „He da, ihr da, ihr seht ja beide so schön aus. Von heute an werde ich dich Lorenissima nennen." Er zeigte mit dem Pfannenwender auf Lauren. „Und dich werde ich Brittschessi nennen." Damit sah er mich an.

„Geht klar, Papa", lachte ich, „wir sagen zu dir dann Papässi."

Wir trauerten nicht die ganze Zeit, nein, es ging oft lustig bei uns zu. Zwar waren unsere Eltern nicht mehr zusammen, aber es war auch bei Papa alleine lustig, und es war auch bei Mama alleine lustig. Unsere Eltern liebten uns unverändert, das wussten wir genau. Sie taten alles, was in ihrer Macht stand, um uns eine schöne Kindheit zu ermöglichen.

Als wir erwachsen wurden, gingen Lauren und ich schließlich getrennte Wege. Aber wir trennten uns nur bis zu einem gewissen Grad. Während Lauren ein Praktikum in der Modeindustrie machte, machte ich ein Praktikum bei der Stadtverwaltung. Mit 22 Jahren heiratete ich Shaun Morgan, den besten Mann der Welt, den ich schon seit dem College kannte. Jahrelang hatte ich nicht mehr daran gedacht, aber die Vorhersage des seltsamen Obdachlosen hatte sich erfüllt. Er hatte gesagt, ich würde durch meine Freundlichkeit auffallen, und die Unterstützung meines Mannes würde mich weit nach oben bringen. Shaun war dieser Mann, das wusste ich ganz sicher. Aber obwohl ich keinen Zweifel an meiner Entscheidung hatte, erlebte ich in der Woche vor der Hochzeit doch einen kleinen Zusammenbruch. Es war für mich plötzlich ebenso undenkbar, Lauren alleine zurückzulassen, wie ich mir nicht vorstellen konnte, ohne ihre Nähe zu leben. Immer wieder fragte ich mich, wie Lauren ohne mich klarkommen würde. Endlich hatte ich den Mut, ihr meine Gedanken zu sagen, und es kam zu einem wirklich guten Gespräch. Am Ende lachte sie herzlich und versicherte mir: „Brittany, ich werde klarkommen. Ich freue mich wirklich für euch beide!"

Das Witzige an der Geschichte war, dass Shaun von seiner Persönlichkeit her tatsächlich sehr ähnlich war wie Lauren. Ich hatte die männliche Ausgabe meiner Schwester geheiratet. Für Shaun war es auch kein Problem, mit der Hälfte eines Zwillingspaares verheiratet zu sein. Wenn wir Geburtstag hatten, dachte er sich für uns beide eine Überraschung aus. Es war ihm von Anfang an klar, dass dieser Tag für uns immer ein gemeinsamer Tag sein würde, wir sprachen nur von *unserem* Geburtstag, keine von uns sprach jemals von *ihrem* Geburtstag.

Lauren nahm Shaun herzlich in unsere Familie auf. Nach dem Unfall wurde es besonders deutlich, wie viel sie einander bedeuteten. Als es Lauren etwas besser ging, gehörte Shaun zu den Menschen, auf die sie am meisten hörte. Zuerst klangen ihre Worte noch sehr verzerrt, während sie das Sprechen wieder üben musste. Manchmal verdoppelte sie die Silben, als wäre Englisch für sie eine Fremdsprache. Auch Redewendungen fielen ihr oft nicht richtig ein. Damals sagte sie zu Shaun oft „Bosser Cracker". Wir vermuteten, dass sie damit „boss" und „crack the whip" (Lass die Peitsche knallen, Chef) meinte. Jeden Morgen verbrachte Shaun eine Stunde im Krankenhaus, während unsere Eltern in ihr Hotel gingen oder ich zu uns nach Hause ging, um zu duschen oder etwas zu schlafen. Er besuchte Lauren immer morgens, auf dem Weg zur Arbeit, während sie gerade wach wurde. Das war oft die Zeit, in der sie besonders klar denken und reagieren konnte. „Hallo, Bosser Cracker", begrüßte sie ihn mit schleppender Sprache. Shaun lächelte ihr entgegen, massierte ihre Stirn auf der unverletzten Seite und übte einige einfache Bewegungen mit ihr, bis sie wieder in leichten Schlaf fiel.

Während die Tage vergingen, wusste ich Shauns Einsatz für meine Schwester immer mehr zu schätzen. Er fühlte sich für Lauren ebenso verantwortlich wie ich und schlüpfte immer mehr in die Rolle des älteren Bruders. So wie ich gedanklich immer mit Lauren verbunden war, auch wenn ich nicht in ihrer Nähe war, so hatte auch er angefangen, für sie Verantwortung zu übernehmen.

Natürlich musste Lauren nicht ständig beaufsichtigt werden. Als Erwachsene organisierte sie ihr eigenes Leben. Auch als Kind war sie immer sehr geschickt in allem gewesen, intelligent, lustig und kreativ. Trotzdem hatte es sich von klein an so eingespielt, dass ich auf sie achtete. Durch die Trennung unserer Eltern wurde das zwar verstärkt, aber auch als wir noch Babys waren, war ich ihr immer vorausgegangen. Ich verhielt mich ihr gegenüber wie eine kleine Mutter. Sie lernte vor mir das Laufen, mit neun Monaten rannte sie sogar schon. Aber mit dem Sprechen fing sie erst an, als sie es richtig gut konnte, im Alter von etwa zwei Jahren. Ich lernte das Laufen erst zu unserem ersten Geburtstag, aber schon lange davor plapperte ich munter drauflos. Lauren war immer etwas schüchtern und vorsichtig, während ich zuversichtlich und mutig voranging und Lauren den Weg zeigte. Wenn wir nach unseren Namen gefragt wurden, antwortete ich für uns beide: „Ich bin Brittany", sagte ich, „und das ist Lolo."

Die Leute erzählten uns, wir wären so süß gewesen wie zwei kleine Prinzessinnen. Wahrscheinlich waren wir das tatsächlich. Damals schnitt Mama uns noch die Haare und Lauren und ich hatten die gleiche Frisur: schulterlanges Haar mit einem dicken Pony. Lauren war lang und dünn, fast zerbrechlich. Sie hatte lange Zeit Mühe, Gewicht zuzulegen. Ich war kräftiger und stärker.

Im Herbst nach unserem fünften Geburtstag kamen wir in die Grundschule in Plano, nur ein paar Straßen von Mutters Haus entfernt. Für unseren ersten Schultag hatte Mama uns zwei identische Kleider in unterschiedlichen Farben gekauft.

Ich weiß nicht, warum, aber die Verantwortlichen in der Schule dachten, es sei besser, uns zu trennen. So kam ich in den einen Raum, Lauren in einen anderen. Mir war die Vorstellung, dass Lauren alleine war, unerträglich. Wer würde jetzt auf meine Schwester aufpassen? Am ersten Morgen forderte unsere Lehrerin uns auf, vor den Tischen in einem Halbkreis auf dem Teppich zu sitzen, damit sie uns durchzählen konnte. Dann hielt sie inne und sagte: „Mir scheint, wir haben ein Kind zu viel in der Klasse."

Ich hob meine Hand: „Meine Schwester ist bei mir", sagte ich pflichtbewusst, „wir lassen uns niemals trennen." Lauren war aus ihrem Zimmer geflüchtet und hatte sich neben mich gesetzt.

Die folgenden Jahre waren nicht schlecht. Im Sommer waren wir mit Papa am See. Mit vier Jahren lernten wir schon Wasserski fahren. Papa hielt uns im Wasser, während sein Freund das Boot steuerte. Es war immer spannend und lustig, zu dem Haus am See zu fahren. Wir schliefen in Stockbetten, die wir mit Decken und Kissen zu Höhlen und Schlössern umbauten. Dort verwandelten wir uns in Prinzessinnen, Ritter und Drachen. Am Seeufer bauten wir Matschburgen und gruben orangefarbenen Lehm aus, wenn der Wasserspiegel sank. Aus dem Lehm ließen sich Gefäße formen, die wir in der Sonne trockneten. Vaters Freund hatte zwei Kinder, die oft gleichzeitig mit uns ihre Ferien im Haus am See verbrachten. Sie hießen Emma und Carson. Emma war etwas älter als wir, Carson etwas jünger. Eines unserer Lieblingsspiele war es, uns vor Carson zu verstecken. Er war ein liebenswürdiger kleiner Junge, hatte aber auch immer Ideen, wie er uns ärgern konnte. Wir durften Papa helfen, als er in dem hohlen Stamm einer zweihundert Jahre alten Eiche ein Baumhaus für uns baute. Mit Seil und Eimer brachten wir unsere Schätze nach oben. Als eines Tages ein Wirbelsturm die alte Eiche umknickte, weinten wir alle. Wie konnte so ein starker Baum einfach umfallen? Warum musste etwas so Schönes sterben?

Mit Mama besuchten wir sonntags den Kindergottesdienst. Sie veränderte sich zusehends, auch wenn wir das nicht in Worte fassen konnten. Ständig las sie in der Bibel. Sie schrieb Tagebuch, betete und ging zu Bibelgruppen. Als ich in der zweiten Klasse war, schloss ich mich ihrem neuen Weg an und bat Jesus, auch mein Gott zu werden. Bäume können entwurzelt werden und Eltern können sich scheiden lassen, so überlegte ich mir, aber auf Gott kann man sich verlassen. Lauren hatte dieselben Gedanken und erzählte mir auch davon. Wir waren damals erst sieben Jahre alt, aber unsere Entscheidung war echt und sollte unser ganzes Leben bestimmen.

Bald darauf bekam jede von uns eine Bibel und ein Tagebuch von Mama. Sie erklärte uns, dass wir unsere Gebete aufschreiben konnten, dann würden unsere Gedanken nicht abgelenkt. In ihrem Haus stand ein großes, gemütliches Sofa mit Blumenrankenmuster. Abends machten wir es uns darauf bequem und lasen, sahen fern oder unterhielten uns.

„Mama“, fragte ich eines Abends ganz unvermittelt, „glaubst du, dass Papa und du jemals wieder zusammenkommen werden?“

Sie lächelte. „Das wäre ein Wunder“, meinte sie schlicht. Mehr sagte sie dazu nicht.

Später an jenem Abend hielten Lauren und ich, versteckt unter unseren Decken, eine geheime schwesterliche Beratung ab. Wenn ein Wunder nötig wäre, na, dann würden wir für ein Wunder beten. Wir versprachen uns, jeden Abend dafür zu beten, dass Mama und Papa wieder heirateten. Wenn nötig, würden wir bis an unser Lebensende dafür beten. Doch kaum hatten wir uns das gegenseitig versprochen, mussten wir lachen. War das nicht zu unvorstellbar? Dieses Wunder würde wirklich sehr groß sein müssen. Nur Gott selbst würde etwas so verrückt Großes schaffen können.

Wir beschlossen, Gott bei seinem Wunder auf jede erdenkliche Weise zu helfen. Lo und ich sahen eines Tages „Die Vermählung ihrer Eltern geben bekannt“, einen alten Film von 1961 mit Hayley Mills in der Doppelrolle der Zwillinge, denen es gelingt, ihre Eltern wieder zusammenzubringen. Es ist die Disney-Bearbeitung von Erich Kästners Roman „Das doppelte Lottchen“. Wir waren hellauf begeistert von der wunderbaren Idee dieses Filmes und überlegten eifrig, wie sie sich auf unsere Situation anwenden ließ. Tagelang schmiedeten wir streng geheime Pläne. Am folgenden Freitag, als Mama uns bei Papa absetzte, baten wir unsere Eltern, uns beide gleichzeitig zu umarmen und jeder von uns einen dicken Kuss zu geben. Kaum wollten unsere Eltern uns den Wunsch erfüllen, zählten Lauren und ich auf drei und duckten uns dann weg. Wir hofften, sie würden sich aus Versehen gegenseitig küssen.

Schade! Sie waren nicht in unsere Falle getappt.

Es gab noch ein weiteres Problem, das unserem Plan im Wege stand. Mama hatte einen Freund. Er hieß Todd und wollte einfach nicht verschwinden. Er wohnte in einer anderen Stadt und wir wussten kaum etwas von ihm, aber von Zeit zu Zeit war er in unserem Haus. Mama sprach nie mit uns über ihn, aber wir wussten schon, dass er auch irgendeine Rolle spielte.

Auch Papa traf sich immer wieder mit Freundinnen. Eine war blond, hatte ein feines Gesicht und erinnerte sehr an unsere Mutter. Ich kann mich nicht mehr an ihren Namen erinnern, aber einmal kam sie sogar mit zu unserem Haus am See. „Warum ist sie da?“, fragten Lauren und ich, sobald sie außer Hörweite war. Wir erhielten keine Antwort. So war unsere Familie nun einmal und wir mussten damit klarkommen. Auf diese Weise vergingen die schönen, schweren Jahre.

Wir erlebten viel Schönes, spielten im Hof, fuhren Fahrrad, lernten Softball und Fußball, gingen zum Turnen und hatten privaten Kunstunterricht. Jahrelang bekamen wir auch Klavierunterricht. Jedes Jahr gab es einmal ein Konzert, bei dem wir ein vierhändiges Stück spielten. Aber Lauren war nie wirklich vom Klavier begeistert, ganz im Gegensatz zu mir. Wenn es mir nicht gut ging, dann setzte ich mich ans Klavier, hämmerte auf die Tasten ein und ließ meine Gefühle durch dieses herrliche Instrument fließen, das jeden meiner Töne hörbar machte.

Während ich mich am Klavier ausdrücken konnte, liebte Lauren die Zeichenstunden. Ihre Lehrerin war eine breit lächelnde Hippie-Frau namens Dawn. Sie war sehr kreativ und hatte ständig Ton unter ihren Fingernägeln, mit dem sie ihre Töpferschcibc belud. „Sei so frei, wie du nur kannst“, ermutigte sie Lauren immer und beeinflusste sie damit stark. Unter der Anleitung von Dawn ließ Lauren ihre Schüchternheit hinter sich. Niemand sonst hätte das bei Lauren so bewirken können. Lauren verbrachte viele Stunden in dem Atelier und vertiefte sich in Zeichnungen, Skizzen, Acrylfarben und Töpferarbeiten. Es wurde für Lauren zu einer echten Therapie. Wenn wir sie dort abholten, kam sie nie gerne mit. Jede Woche zählte sie die Tage, bis sie wieder zu Dawn gehen konnte. Ihr Lieblingstier war das Schwein, das fand sie besonders lustig. Andere Mädchen ihres Alters begeisterten sich für Pferde, Häschen oder Welpen. Aber Lauren sah das Besondere im Schwein. Sie mochte die rosarote Farbe. Dawn ermutigte Lauren, alle Schweine zu malen, die sie sich überhaupt nur vorstellen konnte: wilde Schweine, fliegende Schweine, Schweine, die tanzten, funkelten und lachten. Lolo malte sie alle.

*

Unsere allabendlichen Gebete schienen an der Decke abzuprallen. Wie sehr wir es auch versuchten, wir konnten uns einfach nicht damit abfinden, dass unsere Eltern wirklich, endgültig und unwiderruflich getrennt waren. Auch die Zeit heilte die Wunde nicht, der Schmerz blieb. Für uns fühlte sich die Trennung immer falsch an, auch nachdem Jahre vergangen waren. Bei Papa vermissten wir Mama. Waren wir in Mamas Haus, vermissten wir Papa. Unsere Eltern gaben sich wirklich alle Mühe und wir waren ihnen dankbar dafür. Solange es um uns Kinder ging, arbeiteten sie hervorragend zusammen. Uns zuliebe wohnten sie nur fünf Minuten auseinander. Ständig telefonierten sie, weil ein Buch oder ein Kleidungsstück in der falschen Wohnung war. Wenn eine von uns nicht schlafen konnte und den anderen Elternteil vermisste, dann riefen sie einander an, und Mama kam in Papas Haus, um uns zuzudecken und Gute Nacht zu sagen oder umgekehrt.

Trotzdem war es nicht leicht.

Wir waren unseren Eltern nicht böse, sondern wir litten unter der ständigen Sehnsucht nach dem fehlenden Elternteil. Als Kinder von getrennten Eltern waren wir immer mit Koffern unterwegs. Wir hatten kein Zuhause, wir hatten *zwei* davon. Eigentlich hätten wir uns auch darüber freuen können, alles doppelt zu haben. Aber wir wollten keine zwei Wohnorte, wir wollten nur ein einziges Zuhause.

Am schwersten waren Ferien und Feiertage. Besonders in Erinnerung geblieben ist mir jener 4. Juli (der amerikanische Unabhängigkeitstag), als wir acht Jahre alt waren. Wir waren planmäßig bei Papa und er hatte vor, das lange Wochenende mit uns im Haus am See zu verbringen und dort das Feuerwerk anzuschauen. Aber Lauren weigerte sich. Eigentlich wusste ich, dass sie sich auf das Wochenende am See freute. Doch sie hatte beschlossen, nicht mitzufahren. „Brittany, Mama ist am Wochenende ganz allein", flüsterte sie mir zu.

„Ich weiß, aber es ist unser Papa-Wochenende. Mach dir keine Sorgen, es wird bestimmt schön werden."

„Schon, aber Mama tut mir so leid. Ich will nicht, dass sie alleine ist."

Ich seufzte. „Ja, mir tut sie auch leid.“

Im Verlauf dieses Freitags, noch bevor wir uns auf die Reise machten, formte sich ein Gedanke in meiner kleinen Zwillingsschwester. Sie traf ihre eigene mutige Entscheidung, zum ersten Mal überhaupt. Dieses Mal brauchte sie mich nicht, um für sich zu sprechen. Sie teilte ihren Entschluss selbst mit. Er stand absolut fest.

„Ich bleibe bei Mama.“ Lauren sah sehr entschlossen aus. „Du gehst mit Papa. Er wird das verstehen.“

Mama versuchte nicht, Lauren umzustimmen, Papa auch nicht. Soweit wir das beobachten konnten, gab es ohnehin nie einen offenen Konflikt zwischen ihnen. Lauren blieb bei Mama und die beiden schauten sich das Feuerwerk irgendwo mitten in Dallas an. Ich ging mit Papa und wir saßen auf dem Steg, während der Himmel rund um den See in tausend Farben explodierte, die sich im dunklen Wasser spiegelten.

Jenes Wochenende war weder traurig noch fröhlich. Es zeigte einfach die Realität unseres Lebens: Wir waren eine geteilte Familie. In dieser Nacht wachte ich schweißgebadet auf und kämpfte mich aus meiner Decke. Als ich die Nachttischlampe fand, schaltete ich das Licht ein und stellte fest, dass das Bett über mir, in dem Lauren sonst immer schlief, leer, kalt und verlassen war. Ich presste mein Kissen zusammen und betete intensiver als jemals zuvor, das gleiche Gebet, das Lauren und ich jeden Abend beteten. Doch wieder einmal war mir klar geworden, dass wir uns mit der Scheidung unserer Eltern abfinden mussten, sie war wirklich endgültig. Es war sehr dunkel in jener Nacht und ich konnte mir kaum noch vorstellen, dass jemals ein neuer Morgen für unsere Familie anbrechen würde.

Kapitel 8

Das Glück ist zurück

Lauren

Nach dem Unfall befand ich mich einige Tage lang in einem sehr kritischen Zustand, wie man mir später erzählte. Die meiste Zeit über war ich bewusstlos. Ich lag nicht direkt im Koma, aber ich war auch nicht richtig wach. Ich bekam starke Medikamente, außerdem stand ich unter Schock.

An diese Zeit meines Lebens kann ich mich überhaupt nicht erinnern. Ich sah kein Licht, hörte keine Klänge, ich war nicht im Himmel und sprach auch nicht mit Gott. Mein Zeitgefühl war weg, ich wusste nicht mehr, was eine Stunde oder ein Tag ist und hatte keine Ahnung, wie viel Zeit seit dem Unfall vergangen war. Ich konnte auch nichts mit dem Gedanken anfangen, dass die Zeit vergehen würde. Ich konnte nichts denken. Nicht einmal Dunkelheit war mir bewusst. Meine Gedanken, meine Erinnerungen, meine Hoffnungen und Ziele – alles war wie wegradiert.

Dann versuchte ich mich wieder zu orientieren, was sich so anfühlte, als ob in meinem Kopf der Strom wieder eingeschaltet würde – allerdings eher wie mit einem Dimmer oder wie bei einer alten Lichterkette, die knistert und flackert, bevor sie richtig leuchtet. Der undurchdringliche Nebel in meinem Kopf machte mir Angst. Aber ich konnte mich auch kaum daran erinnern, was Angst überhaupt war. Verzweifelt versuchte ich herauszufinden, was es bedeutete, am Leben zu sein. Wer war ich? Während das Flackern und Knistern zunahm, verstand ich langsam, dass ich lebendig war. Aber ich konnte nicht begreifen, was mich von einem leblosen Gegenstand wie einem Bettpfosten oder einer Müslischale unterschied.

Nach und nach begann ich wieder zu sehen. Schatten, Formen, Bewegungen, alles war noch sehr unklar und verzerrt. Träumte ich? Was waren das für Schatten, die sich um mich herum bewegten? Der Nebel in meinem Kopf war so dick. Ich war wie leergefegt … Ich fürchtete, nie wieder in die Welt zurückzukehren, aus der ich gekommen war, nie wieder *ich selbst* zu werden. Eine meiner ersten bewussten Erinnerungen an die Zeit im Krankenhaus war das Gefühl, jemandem etwas sagen zu wollen. Ich wollte einer Person, die ich kannte, wichtige Worte sagen. Aber ich hatte vergessen, was eine Person war, und wusste auch nicht mehr, was Worte waren. Wie ging eine Unterhaltung? Ich weiß auch nicht, ob diese Gedanken schon bewusst waren oder nicht. Das klingt alles ziemlich verrückt. Alles, was ich damals wollte, soweit ich schon Willenskraft hatte, war weiterzukämpfen, mich aus dem allem herauszukämpfen.

Als Kind erlebte ich einmal eine ähnliche, schwer zu beschreibende Angst. Es war keine blanke, frontale Angst, wie im Krieg oder wenn sich die Eltern anschreien. Diese Angst war leise und dunkel. An manchen Abenden, wenn das Licht ausgeschaltet war, lauerte etwas Bedrohliches im Haus meiner Mutter. Ich spürte diese böse Gegenwart. Einmal, es war gegen Mitternacht, spürte ich sie besonders deutlich. Gelähmt vor Angst lag ich in meinem Bett. Verzweifelt betete ich zu Gott, dann schrie ich laut vor Angst, bis meine Mutter angerannt kam. „Hier ist jemand!“, rief ich. „Du musst überall suchen, unter dem Bett, in den Schränken, überall!“ Mama durchsuchte das ganze Haus, fand aber nichts. Die böse Macht war weg. Doch was ich damals wahrgenommen hatte, war mehr als nur die kindliche Angst vor dem schwarzen Mann. Da war wirklich etwas sehr Finsteres in unserem Haus gewesen, das uns berauben, töten oder zerstören wollte. Ich wüsste nicht, wie ich das anders beschreiben sollte.

Unsere Eltern strengten sich beide sehr an, um Brittany und mir ein sicheres Leben zu bieten – so gut das eben ging, wenn man geschieden war. Solange wir klein waren, schliefen wir an den Mama-Tagen meistens in Mamas Bett. In Papas Haus überredeten wir ihn, das Bett von Brittany in mein Zimmer zu schieben. Wir konnten ihm überzeugend erklären, dass wir das zweite Zimmer komplett als Spielzimmer brauchten, was nicht gelogen war. Aber vor allem wollten Brittany und ich nicht ganz alleine einschlafen müssen.

Bis heute schlafe ich sofort ein, wenn ich einen Wäschetrockner höre. Waren wir bei Mama, so wachte ich oft früh auf und hörte, wie sie sich anzog. Dann schlich ich mich ins Badezimmer und legte mich neben ihre Füße auf den Teppich, während sie vor dem Waschbecken stand. „Ruh dich noch ein bisschen aus, Lauren“, sagte sie und streichelte mich mit ihren Zehen. Es dauerte nicht lange und ich war fest eingeschlafen, dort auf dem Badezimmerboden. Manches Mal schaltete sie dann den Wäschetrockner ein und ließ die warme Luft über mich wehen. Es war das entspannteste, tröstlichste Gefühl der Welt.

Papa war ein Künstler, wenn es darum ging, uns zu Bett zu bringen. Eines Abends, als wir noch sehr klein waren, baten wir ihn, uns ein Gutenachtlied zu singen. Er versuchte sich an ein paar Zeilen einer Rocknummer aus den Siebzigerjahren zu erinnern, aus seiner Studentenzeit. Dann fiel sein Blick auf uns, seine kleinen Mädchen. Er brach das Lied ab und wechselte abrupt die Stilrichtung. Mit voller Kraft sang er das einzige Kinderlied, das ihm einzufallen schien: „Edelweiß“ aus dem Musical *The Sound of Music*. Da er sich nicht mehr so richtig an den Text erinnern konnte, dichtete er spontan eigene Zeilen selbst. Den letzten Satz behielten wir von da an in Erinnerung, denn uns war damals sofort klar, dass Papa sich diesen Teil ausgedacht haben musste: „Segne Brittany und Lauren auf ewig.“ Damit wurde das Lied, von unserem Papa gesungen, zu einem festen Bestandteil der abendlichen Abläufe. Das blieb so, bis wir auf die weiterführende Schule, die Junior Highschool kamen. Von da an hielten wir uns für zu groß, um noch ein Lied von Papa zum Einschlafen zu brauchen.

Mama und Papa überlegten sich viele alltägliche Abläufe, die uns Sicherheit geben sollten. Sie hatten uns beide sehr lieb, das zeigten sie uns auf vielfältige Weise. Trotzdem sehnte ich mich immer nach dem Leben meiner Klassenkameraden, deren Eltern nicht getrennt waren. Gab es ein Fest an der Schule, dann kamen zwar beide Eltern dazu, aber einer von ihnen musste am Ende doch alleine nach Hause gehen. Wenn mich eine Freundin einlud, ein paar Tage später bei ihr zu übernachten, dann musste ich scharf überlegen, in wessen Zeit dieser Termin fiel, bevor ich wusste, wen ich um Erlaubnis fragen musste.

Aber Brittany und ich gaben die Hoffnung nie auf. Jeden Abend beteten wir für unsere Eltern. Wir beteten und beteten, immer für das gleiche Anliegen. Hin und wieder gab es kleine Hoffnungsschimmer, wenn Mama und Papa zusammen aßen. Manchmal sagten sie, es sei schwierig, für eine Person einzukaufen und zu kochen. Brachte uns der eine zum Haus des anderen, war es finanziell einfach sinnvoll, auch noch gemeinsam zu essen. Manchmal blieb der Elternteil, der zum Essen beim anderen war, noch ein bisschen länger, was Brittany und ich unterstützten, indem wir den entsprechenden Elternteil dann immer baten, uns ins Bett zu bringen. Das war Teil unseres Planes. Manchmal waren wir auch mutig genug, um den anderen Elternteil anzurufen und direkt zum Essen einzuladen: „Papa, komm zu uns“, riefen wir fröhlich, „es gibt heute dein Lieblingsessen, *Ravioli!*“ Wenn wir ins Kino oder zu einem Baseballspiel gingen, kauften wir gleich vier Karten und gingen als gesamte Familie dorthin. Einmal feierten wir Weihnachten alle zusammen in Papas Haus. Unsere Eltern meinten, das wäre sinnvoll, weil sie dann die Weihnachtsgeschenke nicht hin- und hertransportieren müssten. Einmal nahm Papa uns mit nach Colorado und Mama kam auch mit. Zuerst waren wir ganz erstaunt, weil uns nichts über die Reise erklärt wurde. Wir freuten uns schon sehr. Aber dann wurde es überhaupt nicht schön, Papa war die meiste Zeit über schlecht gelaunt und wir fragten uns, ob es daran lag, dass Mama dabei war.

Wir hofften so sehr, dass sie das Kriegsbeil begraben und Frieden schließen würden. Warum konnten sie nicht einfach tun, was nötig war, um ihre Probleme aufzuarbeiten und wieder zusammenzukommen? Anstatt mich daran zu gewöhnen, fand ich es im Laufe der Jahre immer unerträglicher, ständig mit einem Koffer unterwegs zu sein. Eines Abends, als wir elf Jahre alt waren und gerade bei Papa waren, kam unsere Freundin Erika zu Besuch. Wir verkleideten uns und nannten unser Spiel „Umstyling". Ich brauchte unbedingt ein bestimmtes Oberteil, das perfekt zu der Hose passen würde, die ich gerade trug. Aber das Oberteil war in Mamas Haus, die Hose in Papas Haus. Für meinen elfjährigen Verstand gab es kein einziges Oberteil in Papas Schrank, das stattdessen auch gepasst hätte. Selbst Brittany gelang es nicht, mich wieder herunterzuholen. Für mich war dieser Moment symptomatisch für unsere ganze unmögliche Situation. Die Sachen, die gerade besonders wichtig gewesen wären, waren immer im anderen Haus. Ich begann zu weinen und ließ mich nicht mehr beruhigen. Papa kam, um mich zu trösten: „Schatz, du kannst bestimmt auch ein anderes Oberteil dazu anziehen", meinte er.

Wir kannten Erika schon viele Jahre. Sie war so alt wie wir, hatte rotbraune Haare, war temperamentvoll und sagte immer geradeheraus, was sie dachte. Unsere Freundschaft war so tief und wir waren uns so nahe, dass sie fast wie ein Familienmitglied für uns war. Während Papa versuchte, mich zu besänftigen, platzte es plötzlich aus Erika heraus. Das hatte nun überhaupt nichts mehr mit unserem Verkleidespiel zu tun. „Jeff, das Ganze ist doch total lächerlich. Ich verstehe einfach nicht, warum du und Cheryl getrennt seid. Du weißt doch selbst, dass du sie liebst und sie liebt dich ebenso. Ihr kommt besser miteinander aus als die meisten verheirateten Paare, die ich kenne."

Papa stand fassungslos vor ihr. Sein Kinn hing schlaff herunter. Dann straffte er sich, drehte sich um und ging, ohne ein Wort zu sagen, in sein Schlafzimmer. Er schloss die Tür hinter sich.

Ich bin mir sicher, sein Weinen gehört zu haben.

Erika war in diesem Moment einfach ein Geschenk des Himmels. Sie hatte genau das gesagt, was uns schon seit Jahren bewegte. Ich liebte sie für ihren Mut.

*

Im folgenden Sommer nahmen Brittany und ich wieder am Sky-Ranch-Sommerlager teil. Es fand etwa zwei Autostunden entfernt statt. Wir waren damals in unserer Entwicklung irgendwo zwischen Kind und Teenager. Meine Haare waren auf Kinnlänge geschnitten, aber ich trug immer noch den dicken Pony. Ich war in die Länge gewachsen, aber noch sehr dünn und flach wie ein Brett. Brittany hatte etwas mehr „Babyspeck", wie sie es nannte, und trug immer einen Pferdeschwanz. Wir hatten beide keinen Ehrgeiz, uns hübsch zu machen. Natürlich hatten wir schon bemerkt, dass es auch Jungs gab. Aber für uns waren das die Lebewesen, die in der Mittagspause Ball spielten. Wir hingegen interessierten uns vor allem für Süßigkeiten, waren gern mit unseren Freundinnen zusammen und wollten Spaß haben.

Die Woche im Ferienlager verbrachten Brittany und ich genauso wie jedes Jahr. Es gab Pferde zum Reiten, wir wanderten, freuten uns über den Duft der Pinien, die rund um das Lagerfeuer standen, und aßen gegrillte Marshmallows, die wir zwischen zwei Schokokekse klebten. Als die Zeit um war, standen wir auf dem Parkplatz, kickten nach den herumliegenden Steinen und fragten uns, wer uns wohl abholen würde. Wir waren müde und glücklich, auch ziemlich dreckig, wie man sich nach einer Woche Lagerleben eben so fühlte.

„Ich dachte, Mama würde uns holen", meinte ich.

„Nein, Papa ist dran, ich bin mir ganz sicher", widersprach Brittany.

Dann tauchte Papas Auto auf. „Die sind ja beide gekommen", stellte ich fest. Brittany und ich sahen uns an. Wir umarmten sie, warfen unsere Taschen in den Kofferraum und ließen uns auf die Rückbank fallen.

„Meine Güte", stöhnte Mama, „nehmt es mir nicht übel, aber ihr könntet mal wieder duschen. Lo – dir klebt noch ein Gummibärchen in den Haaren!"

Ich grinste nur. Papa fuhr und Brittany und ich erzählten überschwänglich, zum Beispiel dass unsere Gruppenleiterin ihr Augenlid nach außen klappen konnte. Dann stimmten wir eines der Lieder an, die wir neu gelernt hatten, bis Papa uns plötzlich unterbrach. Seine Augen funkelten seltsam. „Mama und ich haben eine Überraschung für euch“, erklärte er und beobachtete uns im Rückspiegel. „Aber wir können es euch erst zu Hause verraten.“

„Was ist es denn?“, fragte Brittany sofort.

„Ja, sag's uns!“, stimmte ich ein.

„Nein, jetzt noch nicht“, erklärte Mama. Ihre Augen funkelten nicht weniger.

Wir zuckten mit den Schultern und sangen weiter, in voller Lautstärke: „König Jesus ist alles für mich“. Ich vermutete, dass sie uns mit einer weiteren Ferienreise überraschen wollten, die sich gleich an unser Jugendlager anschließen würde. Vielleicht würde Mama mitkommen. Vielleicht würden wir nach Colorado fahren. *Colorado im Sommer, das wäre schön*, dachte ich.

Kaum war Papa auf seinen Hof gefahren, sprangen wir aus dem Auto und brachten unsere Taschen in die Waschküche. Papa räumte die Autoschlüssel weg, Mama goss uns Orangensaft ein.

Brittany drängte: „Also, was ist jetzt eure große Überraschung?“

Papa wurde ganz still. Er stellte sein Glas mit Orangensaft auf den Tisch. „Nun, während ihr beiden im Ferienlager wart, haben eure Mama und ich über vieles geredet.“

Ich hielt die Luft an. Mein Herz begann wie wild zu schlagen.

Papa schluckte. „Es ist so. Eure Mama und ich lieben uns wirklich sehr.“ Eine lange Pause folgte. „Und … nun … also wir haben beschlossen, wieder zu heiraten.“

Genau eine Sekunde lang stand die Zeit still. Die Erde hörte auf, sich zu drehen. Das Universum erstarrte.

Brittany schnappte hörbar nach Luft, dann rastete sie total aus, weinte, schrie und brach in den Armen von Mama und Papa zusammen.

Ich stieß zuerst so etwas wie „Was? Wirklich? Das gibt's doch nicht!“ hervor, dann flippte auch ich aus, raste durch das ganze

Haus, sprang über die Stühle, flog um den Esstisch herum, hüpfte, tanzte und jubelte: „*Juhuuuuu!*"

Sieben Jahre lang waren Mama und Papa geschieden gewesen. Durch die Beschäftigung mit Gott hatten sich beide verändert und es wurde möglich, was wir alle lange Zeit für unmöglich gehalten hatten. Unsere Eltern hatten sich tatsächlich versöhnt.

Drei Monate später waren wir in einer kleinen Kapelle in den Bergen von Colorado. Wir durften für eine Woche dort die leer stehende Wohnung von Freunden benutzen. Meine Eltern wollten ihre zweite Hochzeit so klein wie möglich feiern. So waren wir nur zu viert, plus einem Pastor, als wir in jener Kirche den Neuanfang besiegelten.

Neben der Kirche floss ein kleiner Bach, an dessen Felsbrocken wir vor dem Gottesdienst Fotos machten. Brittany und ich trugen zueinander passende Kleider aus Spitze, aber an diesem Tag dachten wir kaum an uns. Die Sonne strahlte, es war ein frischer, klarer Oktobertag. Als wir die Kapelle betraten, floss das helle Sonnenlicht durch die Fenster und tauchte den vorderen Teil der Kirche in leuchtend bunte Farben. Die Sonne schickte ihre Strahlen einzeln durch die Scheiben, die in den Farben des Regenbogens auf uns fielen. Ich war so überglücklich, als wäre ich in einer anderen Welt.

Brittany begleitete unseren Festgottesdienst auf dem Klavier. Sie spielte uns den ganzen langen Kanon in D-Dur von Pachelbel. Ich beherrschte mich, aber Mama und Papa weinten. Ich war die Einzige in der Familie, die versuchte, alles unter Kontrolle zu halten.

Aber glücklich war ich auch, sehr, sehr glücklich.

Was ich erlebte, war mehr als Glück, es war unbeschreiblich, fast unwirklich. Die Nacht war zu Ende, endlich war es Morgen geworden. Gott hatte unsere Gebete, die einst so unrealistisch gewirkt hatten, tatsächlich erhört. Was wir kaum zu träumen gewagt hatten, erlebten wir jetzt. Mama und Papa waren wieder zusammen. Der Morgen war angebrochen, von jetzt an würde alles in unserer Familie einfach nur noch perfekt weitergehen, es konnte nicht anders sein, da war ich mir absolut sicher.

Kapitel 9

Untreue

Cheryl

Die Frage traf mich so unerwartet, als hätte mir jemand ohne Vorwarnung ins Gesicht geschlagen.

Zwei Jahre lag die erneute Hochzeit von Jeff und mir schon zurück, die Mädchen waren inzwischen in der achten Klasse. Ich stand mit meinem Wagen an der Bordsteinkante vor der Schule, wo ich auf unsere Töchter gewartet hatte, um sie abzuholen. Brittany war mit der Frage herausgeplatzt, während sie die Beifahrertür zuschlug und sich anschnallte.

Lauren war hinten eingestiegen. Ich sah ihre vor Entsetzen geweiteten Augen im Rückspiegel, als sie die Frage ihrer Schwester hörte. Offensichtlich hatten die beiden darüber geredet, hier auf dem Rasen vor der Schule, während sie auf mich gewartet hatten. Sie hatten einander ihre Vermutungen mitgeteilt, sie waren dreizehn Jahre alt und wollten die ganze Wahrheit wissen.

„Mama, hattest du damals eigentlich eine Affäre?", fragte Brittany zum zweiten Mal.

„Ich habe die Frage schon beim ersten Mal gehört", antwortete ich gedehnt. Jetzt waren beide angeschnallt, aber mein Fuß stand immer noch auf der Bremse. Das Auto verharrte reglos am Straßenrand.

„Rebecca sagte das", fuhr Brittany fort, so lässig, wie nur Dreizehnjährige das können. „Wir hatten eine Freistunde und saßen bei den Schließfächern. Ich finde es unmöglich, dass sie so etwas von dir denkt. Deshalb dachte ich, am besten ist es, wir fragen dich einfach."

Wenn ein Paar sich scheiden lässt, steht natürlich immer die Frage im Raum, ob ein Seitensprung zur Trennung beigetragen hat. Aber ich hatte mir immer vorgestellt, dass ich mit meinen Töchtern erst über diese Dinge reden würde, wenn sie viel älter waren, vielleicht während der Zeit auf dem College. Dann könnten sie so etwas besser einordnen. Oder vielleicht auch erst in zehn oder fünfzehn Jahren, wenn sie selbst längst verheiratet sein würden, dann hätte ich mir dieses Gespräch vorstellen können. Auf jeden Fall nicht jetzt, sondern viel, viel später.

Ich schluckte. „Ja", sagte ich leise.

Damit war Brittanys Frage beantwortet. Dann kamen mir die Tränen.

Die Mädchen waren wie erstarrt. Ich fuhr los. Bis wir unser Haus erreicht hatten, schluchzte ich heftig. Keiner hatte seither ein Wort gesagt. Ich stellte den Wagen ab und schaltete den Motor aus. Keiner von uns machte Anstalten, auszusteigen. So öffnete ich mein Fenster einen Spaltbreit, um etwas Luft hereinzulassen. Ich trocknete meine Augen. Dann erzählte ich meine ganze Geschichte, dort im Auto. Mein erster Satz war: „Wenn ihr gleich wütend auf mich seid, dann kann ich das gut verstehen."

Nachdem wir zwei Jahre lang verheiratet gewesen waren, hatte ich mich zunehmend einsam gefühlt. Es war nicht leicht, den eigenen Kindern so etwas zu vermitteln, besonders nachdem ich nun wieder mit ihrem Vater verheiratet war und sie ihren Papa immer nur als strahlenden Helden sahen. Außerdem hatte er sich seit damals enorm verändert. Wir hatten uns beide verändert. Dennoch versuchte ich den beiden so gut es ging zu erklären, dass man auch in einer Ehe einsam sein konnte.

Meine Eheprobleme hatten ihren Ursprung in der Tatsache, dass Jeff und ich die falschen Ziele im Leben verfolgt hatten. Wir waren jung und ehrgeizig und strebten nach Erfolg und Wohlstand. Keiner hatte uns gesagt, dass eine gute Ehe nur möglich ist, wenn man miteinander redet, sich bedingungslos liebt und die Grundwerte der Bibel als Maßstab nimmt. Als ich Jeff heiratete, glaubte ich immer noch daran, dass jedes Mädchen irgendwann, irgendwo seinen Traummann findet. Ich jedenfalls hatte meinen Brad Pitt – oder wer auch immer gerade als der attraktivste Mann in Hollywood gilt – gefunden. Als ich Jeff kennenlernte, verwirklichte er tatsächlich alle meine Träume. Doch je länger wir verheiratet waren, desto mehr Schattenseiten entdeckte ich an ihm. Machten wir eine Fahrradtour, dann ging es ihm nur darum, das Ziel zu erreichen, das er sich gesteckt hatte. Ich hatte aber an einen Ausflug die Erwartung, dass wir uns unterhalten und eine schöne gemeinsame Zeit verbringen würden. Ich dachte, die Fehler lägen alle bei ihm, schließlich war er mein Mann und gab mir nicht, wonach ich mich sehnte.

Von Monat zu Monat fühlte ich mich einsamer. Der Gedanke, unser gemeinsames Leben könnte immer unerfreulicher werden, machte mir große Angst. Aber ich hatte keine Ahnung, wie ich ihm meine tiefsten Gedanken mitteilen konnte. Also begrub ich meine Ängste tief in meinem Herzen und hoffte, sie würden eines Tages verschwinden.

Sechs Jahre lang lebte ich so. Ich unterdrückte alle meine Gefühle. Die Mädchen kamen zur Welt und erfüllten mein Leben mit Freude. Doch auch damals blieb dieses beunruhigende Gefühl der Einsamkeit.

Im März 1990, als wir acht Jahre verheiratet und die Mädchen noch nicht einmal zwei Jahre alt waren, schickte mich meine Firma auf eine Geschäftsreise nach Florida. Dort lernte ich einen Kollegen namens Todd kennen. Er arbeitete in einem anderen Büro in einer anderen Stadt. Zunächst war unser Kontakt vollkommen harmlos. Dann erzählte er mir ein wenig von seinen Eheproblemen und ich offenbarte zum ersten Mal überhaupt einem anderen Menschen gegenüber, dass auch ich unglücklich verheiratet war. Am Ende der Reise, als Jeff und die Mädchen mich am Flughafen abholten und Jeff mich zur Begrüßung umarmte, wurde mir plötzlich bewusst, dass ich meinen Mann überhaupt nicht vermisst hatte.

Der Kollege war wieder in seiner Stadt und ich in meiner, aber von da an telefonierten wir täglich stundenlang miteinander von unseren Büros aus. Damals ging ich fest davon aus, dass wir immer nur miteinander reden würden. Schließlich war er ein verheirateter Mann und zwanzig Jahre älter als ich. Aber es war schon zu spät, es gab kein Halten mehr. Nur einen Monat später flog Todd von North Carolina zu mir nach South Carolina. Wir trafen uns in einem Hotel. An jenem Tag verwandelte sich unsere Freundschaft in eine echte außereheliche Affäre.

Ich sprach mit niemandem darüber. Kein Mensch ahnte etwas. Irgendwie war ich an diesem Tag auch gar nicht ich selbst, so versuchte ich mir weiszumachen. In Wirklichkeit würde ich doch niemals meinen Mann betrügen. Ich war eine gute Frau und katholisch erzogen. Das war nur ein Ausrutscher, eine einmalige Geschichte, beruhigte ich mich. Natürlich war unsere Begegnung im Hotel falsch gewesen, aber es brauchte ja niemand davon zu erfahren. Deshalb war ich so erleichtert, als Jeff nach Dallas versetzt wurde. Damit konnte ich diesen Fehltritt hinter mir lassen. Niemand würde jemals von meinem dunklen Geheimnis erfahren.

Nachdem Jeff, die Kinder und ich nach Dallas gezogen waren, schien zunächst alles besser zu sein. Aber mir fehlte der tiefe Austausch, den ich mit Todd gepflegt hatte. So fingen wir wieder an, miteinander zu telefonieren. Wir sprachen täglich miteinander, und ich bewegte mich auf dem abschüssigen Pfad, den ich eingeschlagen hatte, weiter bergab.

Damals fing ich an, in die Kirche zu gehen. Jemand zog an meiner Seele, das spürte ich, ohne es einordnen zu können. Leider war ich damals Jeff gegenüber so verschlossen, dass sich die Veränderung, die Gott in mir begann, nicht auf unsere Ehe auswirkte. Vielmehr war ich davon überzeugt, dass ich innerlich mit Jeff abgeschlossen hatte und Todd von ganzem Herzen liebte. Ich begann die Scheidung vorzubereiten und tat dies auf eine vollkommen falsche Weise. Der Polizeichef musste Jeff die Scheidungspapiere bringen. Das zeigte, wie unfähig ich geworden war, mit Jeff zu reden. Niemandem konnte ich sagen, wie es mir wirklich ging, nicht einmal meinem Ehemann. Deshalb beantragte ich die Scheidung heimlich. Es schien mir undenkbar, mit ihm darüber zu sprechen. So traf Jeff leider alles völlig unvorbereitet. Das gehörte zu den vielen Dingen in meinem Leben, die ich gerne rückgängig gemacht hätte. Ich war so grausam Jeff gegenüber.

Ich hatte erwartet, dass nach der Scheidung alles besser werden würde. Aber das traf nicht ein. Todd und ich fingen an, gemeinsame Pläne zu schmieden. Wir wollten in derselben Stadt wohnen und eines Tages heiraten. Ich flog zu ihm, er flog zu mir. Auch die Mädchen lernten ihn kennen. Er besuchte sie sogar in ihrer Schule. Natürlich würde er niemals den Platz beanspruchen, den ihr Vater für sie hatte, das wollte ich auch gar nicht. Ich wollte Todd auch nicht mit den Mädchen teilen. Doch dann erkannte ich, dass auch Todd mir nicht das geben konnte, wonach ich mich im tiefsten Inneren sehnte.

Was mich dann rettete, war etwas, das von außen in mein Leben kam. Bis dahin kannte ich die Bibel nicht, doch ich wollte herausfinden, was in diesem Buch stand. In der Gemeinde, die ich besuchte, war ich von sehr freundlichen Menschen umgeben, die mir mit Gnade, Vergebung und Mitgefühl begegneten, obwohl mein Leben so verworren war. So etwas hatte ich bis dahin nicht gekannt. Ich hatte nichts getan, um die Freundlichkeit dieser Leute auf mich zu ziehen, und doch erlebte ich so viel davon. Von Woche zu Woche freute ich mich auf den Gottesdienst am Sonntag. Drei Monate nachdem die Scheidung in Kraft getreten war, entschied ich mich zum Glauben an Jesus, der für mich gestorben und auferstanden war. Es war ein wichtiger Tag, der mir aber auch die Augen öffnete. Ich konnte all meine falschen Entscheidungen im klaren Licht Gottes sehen. Gott hatte mich angenommen, aber er wollte nun in vielen Bereichen meines Lebens Ordnung schaffen. Auf dem Pfad meiner Selbstverwirklichung hatte ich meine Ehe zerstört und meine Familie zerbrochen.

Auch Jeff begann sich geistlich zu entwickeln. Zu Beginn unserer Ehe waren wir nur noch an Weihnachten und Ostern zur Kirche gegangen. Doch in der Zeit unserer Scheidung fand Jeff wieder zu Gott zurück. Gleichzeitig quälte ihn eine Unmenge von Fragen. Wie konnte Gott unserer Familie etwas so Schreckliches zustoßen lassen? Lange sah Jeff gar nicht, dass auch er zum Zerbruch unserer Ehe beigetragen hatte, auch wenn sein Beitrag geringer war als meiner. Doch er war bereit, sich zu verändern und sich wieder für Gottes Pläne zu öffnen.

Jeff fing nicht nur an, eine Jugendgruppe zu leiten, er schloss sich auch einem Männerbibelkreis an. Jede Woche hörte er dort, wie gebildete, redegewandte Männer, zu denen Jeff gut passte, über die Bibel redeten. Sie lehrten klar und kompromisslos, was in der Bibel stand. Langsam verstand Jeff, dass es im Leben wichtigere Ziele gab, als Karriere zu machen und viel Geld zu verdienen.

Eines Morgens im Herbst 1992, während ich meine Bibel las, hörte ich die leise Stimme des Heiligen Geistes. Unsere Scheidung lag drei Monate zurück. Ich kann es nicht anders beschreiben, als dass ich Gottes Flüstern hörte. Es war keine akustisch hörbare Stimme, aber das klare, deutliche Wissen, dass Gott mir seinen Willen mitteilte. Ich sollte mich mit Jeff versöhnen, war der Inhalt der Botschaft. Zwei Monate lang kämpfte ich mit diesem Gedanken, bevor ich Jeff endlich anrief und ihn fragte, ob ich zum Gespräch zu ihm kommen könnte.

Zögernd willigte er ein. Gegen Ende des Gesprächs erzählte ich Jeff, dass ich zum Glauben an Jesus gefunden hätte und dass ich überzeugt sei, dass Gott unsere Ehe wieder heilen wollte. Jeff weinte, aber nicht aus Rührung, sondern vor Schmerz und Zorn. Er hatte damals eine Ehetherapie mit mir machen wollen, doch ich war total verschlossen gewesen und hatte mich geweigert, etwas zu erzählen. Er hatte immer versucht, die Ehe in Gang zu halten. Der Polizeichef hatte ihn über die Scheidung informiert. Jeff konnte mich nicht einmal anschauen. Er bat mich zu gehen.

Ich fuhr nach Hause, setzte mich in meinen Sessel und kam zu dem Ergebnis, dass ich Gott wohl falsch verstanden hatte. Wenn Jeff nichts mehr mit mir zu tun haben wollte, dann blieb mir doch nichts anderes übrig, als ohne ihn weiterzuleben. Ich verstand damals noch nicht, dass Gott mich beauftragt hatte, für die Sache zu beten. Gott hatte einen Plan für mein Leben und ich sollte mit ihm zusammen diese Zeit der Ungewissheit aushalten, ohne wieder meine eigenen Wege einzuschlagen. Also musste ich nun warten.

Das war mir noch nie leichtgefallen.

Dieses Mal musste ich jahrelang warten. Auf der Elternebene arbeiteten Jeff und ich wunderbar zusammen. Aber mehr war nicht zwischen uns. Jeder von uns entwickelte sich in seinem geistlichen Leben. Ich las solche Bibelstellen wie den Satz im Brief von Paulus an die Epheser, Kapitel 3, Vers 20, wo steht, dass Gott unendlich viel mehr tun kann, als wir jemals von ihm erbitten oder uns auch nur vorstellen können. Während ich das las, träumte ich davon, dass Jeff und ich eines Tages wieder zusammenkämen. Aber ich wusste, dass es dafür ein Wunder bräuchte.

Jeff war einsam. Er bat Gott um eine gute neue Frau. Eines Tages erzählte er seiner Männergruppe von seinem Wunsch. Monatelang wurde dafür gebetet. Irgendwann sprach ihn einer der Männer an und meinte: „Hast du schon einmal daran gedacht, dass die Frau, für die wir die ganze Zeit beten, deine Exfrau sein könnte?"

Eines Abends las Jeff den Abschnitt in Sprüche 3, Verse 5 und 6. Als Kind hatte er diese Stelle auswendig gekannt: „Verlass dich nicht auf deine eigene Urteilskraft, sondern vertraue voll und ganz dem Herrn! Denke bei jedem Schritt an ihn; er zeigt dir den richtigen Weg und krönt dein Handeln mit Erfolg." Schlagartig wurde ihm vieles klar und er beschloss sich genau an diese Aufforderung zu halten. Er wollte voll und ganz Gott vertrauen. Dies war der Abend, an dem Jeff sein Leben wieder neu in Gottes Hand legte.

Nachdem Jeff und ich nun geistlich auf dem gleichen Weg unterwegs waren, ging alles recht schnell. Ständig gab es einen Grund, warum der eine zum anderen musste. Gott zog an unseren Gefühlen und brachte uns wieder zusammen und er tat das mit großer Geschwindigkeit. Doch mein Exmann und ich lebten jetzt ein völlig anderes Leben als früher. Es wurde nicht mehr von selbstsüchtigen Zielen bestimmt. Jeder wollte das, was für den anderen das Beste war. Nur eine große Frage stand noch zwischen uns.

Als die Mädchen im Sommerlager waren, nahmen Jeff und ich uns viel Zeit, um miteinander zu reden und zu beten. Wir überlegten, ob wir noch einmal heiraten sollten. Aber dann stellte Jeff die eine große, entscheidende Frage und es war gut, dass er sie aussprach: „Cheryl, wie kann ich sicher sein, dass du nicht noch einmal das Gleiche mit mir machst?“

Ich saß ganz still da, betete leise und überlegte, was ich ihm darauf antworten sollte. *Gott, ich weiß nicht, ob ich einem anderen Menschen wirklich versprechen kann, ihn nie wieder zu enttäuschen.* Plötzlich war die Antwort da. Gott selbst stand jetzt für jeden von uns im Mittelpunkt. Das war unsere neue Realität. „Jetzt hängt nicht mehr alles nur von mir und dir ab“, antwortete ich ihm, „jetzt ist Gott mit dabei. Ich möchte tun, was er will, und er wird mir dabei helfen.“

Die weitere Geschichte ist bekannt.

Das erzählte ich meinen Mädchen dort im Auto vor meinem Haus, an jenem Nachmittag, als ich sie von der Schule abholte. Ja, ich hatte eine Affäre gehabt. Ja, es tat mir leid, es tat mir entsetzlich leid. Ja, Gott hatte alles auf wunderbare, übernatürliche Weise neu gemacht.

Nachdem ich so weit gekommen war, drehte ich mich zu meinen Töchtern um. Ich hatte immer noch Tränen im Gesicht, als ich sie fragte, wie es ihnen nun mit dieser Geschichte ginge. Es gab kaum jemals etwas Schwereres in meinem Leben, als meinen Kindern das alles zu erzählen und ihnen zu bekennen, wofür ich mich so sehr schämte.

Lauren saß ganz still auf der Rückbank. Sie war vermutlich noch damit beschäftigt, alles zu verarbeiten. Brittany redete als Erste. Wie immer sprach sie für sich selbst und für ihre Schwester, als sie sagte: „Mama, Gott hat dir vergeben. Papa hat dir auch vergeben. Also vergeben wir dir auch.“

Lauren nickte und lächelte.

Ich war Gott dankbar für diesen Tag. Auch wenn es ausgesprochen schwer gewesen war, den Mädchen meine Geschichte zu erzählen, so war ich danach doch sehr erleichtert, diese Last nicht noch jahrelang mit mir herumschleppen zu müssen. Gott hatte uns alle wieder zusammengebracht und jetzt führte er uns auf eine neue Ebene der Ehrlichkeit. Es gab kein dunkles Geheimnis mehr. Wir waren jetzt wirklich ein Team und nichts trennte uns voneinander.

*

Jahre später, als die Mädchen schon das College besuchten, war ich eines Abends oben in Brittanys Zimmer und unterhielt mich mit meinen Töchtern. Wir redeten über eine Freundin von ihnen, aber plötzlich wanderten meine Gedanken zurück zu jenem Tag, als sie noch in der achten Klasse waren und meine Geschichte hörten. Wie vernünftig sie reagiert hatten! Sie waren nicht wütend auf mich geworden, hatten mich nicht angeschrien, mit den Füßen nach mir getreten oder mich beschimpft, obwohl sie dazu jedes Recht gehabt hätten. Obwohl sie noch Kinder waren, hatten sie barmherzig und vergebungsbereit geantwortet. Ihre Worte hatten mich sehr berührt, und ich hatte mich gefragt: *Werden sie jemals ermessen können, welch ein großes Geschenk sie mir damit gemacht haben?* Bis heute staune ich über die beiden.

An jenem Abend in Brittanys Zimmer redeten wir über Casey, eine Freundin von Lauren und Brittany. Casey war so alt wie meine Zwillinge, aber sie hatte ein viel härteres Leben hinter sich. Wir staunten über ihre freundliche und selbstbewusste Art, die sie trotz der schweren Erfahrungen hatte entwickeln können.

Als die Mädchen ungefähr in der zehnten Klasse waren, hatte Caseys Vater einen Herzinfarkt erlitten und war ganz unerwartet gestorben. Ich kannte die Familie. Es waren natürliche, fröhliche Menschen, mitunter ein bisschen laut, aber auch immer sehr liebevoll im Umgang miteinander. Casey hatte in einer sehr engen Beziehung zu ihrem Vater gestanden und meine Töchter erlebten zum ersten Mal, wie es ist, wenn man mit jemandem trauert.

Es fiel der Familie schwer, ohne ihren Vater weiterzuleben. An manchen Tagen ging es Casey sehr schlecht. Mit ihren Schulkameraden ging sie dann sehr schroff um und war ganz anders als sonst. Das Mädchen war in tiefer Trauer und kämpfte mit seinen Gefühlen.

Zwei Jahre nach dem Tod des Vaters erlebte die Familie den nächsten Schicksalsschlag: Bei Caseys kleinem Bruder Cody wurde eine seltene und sehr schnell wachsende Krebserkrankung festgestellt. An Codys Steißbein hatte sich ein Tumor von der Größe einer Apfelsine gebildet. Der Junge musste eine Chemotherapie über sich ergehen lassen und wurde bestrahlt. Lange Zeit konnte keiner sagen, ob er die Krankheit überleben würde.

In dieser Zeit war Casey eine große Stütze für ihre Familie und ging ihr mit Zuversicht und erstaunlicher innerer Stärke voran.

Ich fragte meine Töchter, was wohl Caseys Kraftquelle war. Dabei hatte ich eigentlich schon die Antwort parat, aber ich wollte hören, was meine beiden dazu sagen würden. Ich dachte daran, dass das Leben einfach oft schwer ist und jeder von Zeit zu Zeit durch harte Phasen gehen muss. Manche schweren Erfahrungen haben wir uns selbst zuzuschreiben – so wie ich für meine Scheidung selbst verantwortlich war. Dann wieder treffen uns Ereignisse, für die wir absolut nichts können, wie es Casey mit ihrem Vater und ihrem Bruder gegangen war.

Brittany redete wieder einmal zuerst. Es floss nur so aus ihr heraus. „Casey erzählte uns, dass der Schmerz manchmal so groß war, dass sie am liebsten selbst sterben wollte. Aber ihr Glaube half ihr, unter all dem Kummer, den sie ertragen musste, nicht zusammenzubrechen, egal wie schlecht es ihr gerade ging. Sie war entschlossen, immer weiterzugehen."

Lauren sah auf. Sie saß in dem großen, runden Sessel, der in einer Ecke von Brittanys Zimmer stand, und strich sich eine blonde Strähne aus dem Gesicht. Keiner von uns ahnte damals, dass sie wenige Jahre später in einen Propeller geraten und so viel Not erleben würde, dass auch sie daran fast zerbrechen würde. Ich sah ihr an, dass sie mit einem wichtigen Gedanken beschäftigt war, vielleicht einer Wahrheit, die sie schon lange in ihrem Herzen getragen, aber noch nie in Worte gefasst hatte.

„Mama, ich glaube, das ist dann Mut", sagte Lauren schließlich, nachdem sie lange nachgedacht hatte, „wenn man trotzdem weitergeht, auch wenn einem etwas sehr Schlimmes passiert ist."

Kapitel 10

Die Richtung zeichnet sich ab

Lauren

Carter und ich gingen miteinander.

Na ja, eigentlich nicht.

Auf jeden Fall mochte ich Carter von allen Neuntklässlern am meisten. Wir waren vierzehn Jahre alt und schickten uns ständig SMS. Darin ging es um Schulnoten, Pausenbrote und um die schrecklichen Farben, die der andere jeweils anhatte. Manche Mädchen meinten, Carter und ich wären *total verliebt*, aber darüber konnte ich nur lachen. Wir hatten einfach nur Spaß daran, einander zu necken.

Ich hatte Carter in der Gemeinde kennengelernt. Um ehrlich zu sein, hatte ich zuerst doch ein bisschen gehofft, er würde richtig mit mir zusammen sein, weil er auch ein Zwilling war und weil er einen richtig guten Humor hatte. Mit ihm war es immer lustig. Aber um nichts in der Welt hätte ich den ersten Schritt gemacht. Auf meinem Block hatte ich seinen Namen neben meinen gekritzelt und einmal waren wir auch zusammen tanzen. Davor rief meine Mutter bei seiner Mutter an und die beiden unterhielten sich über uns, wie es gute Mütter nun einmal tun. Meine Mutter verstand sofort, warum ich Carter so nett und lustig fand. Sie und seine Mutter wurden dicke Freundinnen.

Das war zu Beginn der Highschool. Das Leben war unkompliziert und machte Spaß. Auch in unserer Familie lief es richtig gut, alles war wieder normal und wir Kinder konnten uns sicher fühlen. Unsere Eltern waren wieder zusammen und es gab keine dunklen Geheimnisse mehr. Brittany und ich konnten uns auf die Schule konzentrieren, wir spielten Softball, übten Klavier, gingen zum Zeichenunterricht, interessierten uns für Jungs und träumten von unserer Zukunft – das war unsere Welt.

Nach der Schule und an den Wochenenden waren wir mit unseren Freundinnen zusammen: Rebecca, Casey, Tiffany, McKenzie und Caroline. Auch mit vielen Jungs aus der Gemeinde kamen wir gut klar und spielten unsere eigenen Versionen von „verstecken" und „fangen". Jemand klaute einem anderen die Mütze und versteckte sie. Dann wurden Videoaufnahmen mit der Mütze an den unterschiedlichsten Plätzen der Stadt gemacht. Im Park spielten wir in der Abenddämmerung, rannten schreiend herum und versuchten, die Fahne der anderen Mannschaft zu erobern. Tiffany wohnte neben dem Golfplatz und oft schliefen alle Mädchen am Wochenende bei ihr zu Hause. Wir holten uns einen lustigen Frauenfilm aus der Videothek, kochten uns etwas und spielten in der Dunkelheit mit Taschenlampen auf dem Golfplatz. Es gab auch mal Kummer, aber nichts Ernsthaftes. Das meiste, das uns Spaß machte, hatten wir uns selbst ausgedacht. Die wilden Partys unserer Schulkameraden reizten uns nicht, Drogen und Alkohol kamen bei uns nicht vor.

Kleidung war uns allerdings sehr wichtig, was für Mädchen in dem Alter wahrscheinlich normal ist. Manchmal versuchten wir auch wirklich, uns gegenseitig auszustechen. Doch vor allem versuchte jedes Mädchen, seinen ganz eigenen Stil zu finden. Die Zeit, in der Brittany und ich die Sachen von OshKosh getragen hatten, die Papa immer für uns besorgt hatte, waren vorbei. Stattdessen wollten wir nun herausfinden, was am besten zu uns passte. Ich entdeckte die Marke „Urban Outfitters" für mich. Die Klamotten sahen kreativ und irgendwie biologisch aus, niedliche Oberteile mit Blümchenmustern aus der Hippiezeit, tolle Jeans, flache Schuhe oder Schuhe mit Keilabsätzen, insgesamt wirkte alles eher unkonventionell.

Brittany dagegen konnte sich mehr mit dem Stil der Anthropology-Ladenkette identifizieren und mochte eng anliegende Kleider mit hoch sitzender Taille – ihr Stil war etwas edler als meiner.

Aber wir hatten auch noch andere Themen. Unseren Eltern war es wichtig, dass wir nicht nur Plano kannten. So machten sie mit uns in den Schulferien allerhand Reisen und zeigten uns das In- und Ausland: North Carolina, Colorado, San Francisco, New York, Griechenland, die Bahamas und Kanada. Außerdem besuchten wir Verwandte in Georgia, Ohio und West Virginia. Bald hatten wir verstanden, was unsere Eltern uns vermitteln wollten: Nicht allen Menschen geht es so wie uns in Plano.

„Plano ist eine Ausnahme", hörten wir immer wieder von unseren Eltern, und nach und nach verstanden wir, was sie damit meinten. In West Plano ist es üblich, dass jedes Kind zum sechzehnten Geburtstag ein nagelneues Auto bekommt – doch statt sich darüber zu freuen, ärgern sich viele Kinder eher, wenn ihr neuer BMW nicht die richtige Metallicfarbe hat.

Aber unsere Familie war anders. Wir bekamen nicht alles, was wir wollten. Wir mussten bei der Hausarbeit helfen und arbeiteten als Kellnerinnen und in Boutiquen, um unser Taschengeld aufzubessern. Als wir Achtklässlerinnen waren, schlossen wir uns einer Gruppe von freiwilligen Helfern an, die sich in einem ärmeren Stadtteil von Dallas einsetzten. Wir freundeten uns dort mit den Kindern an, zeigten ihnen Spiele und bastelten mit ihnen. Das alles trug dazu bei, dass unser Horizont sich weitete. „Weil euch viel anvertraut wurde, wird auch viel von euch erwartet", sagte Papa oft und bezog sich damit auf eine Aussage von Jesus.[2] Wir vergaßen diese Lektion nie.

*

Viele unserer Freunde gingen nach Prestonwood, eine nahe gelegene christliche Privatschule. Auch wir wechselten zu Beginn der Junior Highschool dorthin. In Prestonwood trug man Schuluniformen: blau und dunkelgrün karierte Faltenröcke mit blauen oder weißen Poloshirts oder Hemdblusen und dunkelblauen Pullovern. Doch das machte Brittany und mir nichts aus. Zumindest mussten wir morgens nicht mehr überlegen, was wir anziehen sollten. Manchmal vergaßen wir sogar, uns nach der Schule umzuziehen, weil die Uniform so bequem war.

Für die Frühjahrsferien in unserem ersten Jahr an der Prestonwood-Schule organisierte unser Spanischlehrer eine Studienreise nach Kuba. Brittany und ich konnten schon ganz gut Spanisch und die Reise klang sehr abenteuerlich: Es war nicht möglich, von den USA aus direkt nach Kuba zu reisen. Wir würden zuerst nach Mexiko fliegen und von dort nach Kuba einreisen. Unsere Eltern kamen als Begleitpersonen mit, was uns nicht störte. Vor Ort wurden wir in Vierergruppen aufgeteilt und erhielten jeweils einen einheimischen Reiseführer. Mit ihm reisten wir in die ländlichen Gegenden und lernten einfache Dorfbewohner kennen, mit denen wir über alles reden konnten, was unsere Spanischkenntnisse hergaben. Wir als Familie bildeten eine Vierergruppe. Alle Leute, die uns begegneten, waren ausgesprochen freundlich zu uns. Obwohl sie sehr arm waren, luden sie uns zu Kaffee oder Tee ein und servierten uns immer auch etwas zum Essen. Sie baten uns in ihre Häuser und erzählten uns, wie schwer es war, in einem kommunistischen Land zu leben. Es gab in Kuba keine Religionsfreiheit, trotzdem schienen alle an irgendetwas zu glauben. In manchen Häusern standen Figuren, die wie Dämonen aussahen. Die Leute erklärten uns, dass sie zu diesen Skulpturen beteten. Andere Leute gehörten der Santeria an, einer Vermischung heidnischer afrikanischer Götzenkulte mit katholischer Heiligenverehrung. Als sie uns fragten, woran wir glaubten, konnten wir ihnen von Jesus erzählen. Niemand schien das zu stören. Unsere Eltern erzählten, wie Gott ihre Eheprobleme geheilt hatte. Damit konnten alle etwas anfangen.

Eines Nachmittags lud uns der Reiseführer zu sich nach Hause ein. Er lebte in einer kleinen Stadt, die um eine Zuckerrohrmühle herum gebaut worden war. In seinem Hof hatte er ein riesiges Schwein. Ich stellte es mir einfach toll vor, ein eigenes Hausschwein zu haben, und fragte den Mann nach dem Namen des Schweins. Aber schnell wurde mir klar, dass es sich hier nicht um ein Haustier handelte: Dieses Schwein würde in nicht allzu ferner Zukunft geschlachtet werden. Unser Reiseführer führte uns durch sein ganzes Haus – es bestand aus zwei Zimmern – und zeigte uns sogar seinen Kleiderschrank. Eine einsame Hose hing neben einer zerschlissenen Jacke. Mehr gab es nicht. Das waren alle Kleider, die dieser Mann besaß. Es war für uns wie eine Offenbarung: Viele Menschen auf der Erde leben in solchen Verhältnissen. Bevor wir nach Amerika zurückflogen, schenkte Papa dem Mann alles, was er in seinem Koffer hatte.

Die Leute, die unsere Reise durch Kuba begleiteten, waren Christen. Ihr Glaube war voller Kraft. Eines Tages sahen sie sehr müde aus. Wir fragten sie, was los sei. Da erklärten sie uns, dass sie in jener Nacht bis vier Uhr morgens für uns gebetet hatten. Es beschämte uns, von diesen Christen so gesegnet zu werden.

Bald stellte sich heraus, wie wichtig ihre Gebete für uns gewesen waren. Wir fuhren abends etwas später als sonst zu unserem Hotel zurück. Für unseren Kuba-Aufenthalt hatten wir einen kleinen Wagen gemietet – keine chromglitzernde Limousine aus den Fünfzigern, wie man sie in den Filmen in Havanna herumfahren sieht, sondern einen kompakten Kleinwagen, der nur die notwendigste Grundausstattung besaß und über eine Knüppelschaltung verfügte. Meine Eltern waren immer nur mit Automatikgetriebe gefahren, also rammten sie den Gang zur falschen Zeit in die falschen Stellen und unser Auto hoppelte mehr als es fuhr. Brittany und ich krallten uns an den Lehnen der vorderen Sitze fest und bissen die Zähne zusammen.

An jenem Abend fuhren wir über eine größere Landstraße. Als wir links abbiegen sollten, bremsten meine Eltern abrupt und würgten den Motor ab. Mitten auf der Kreuzung blieb der Wagen stehen, auf der Seite des Gegenverkehrs. Die Autos fuhren hupend um uns herum. Einige Fahrer erhoben im Vorbeifahren drohend die Faust. Verzweifelt versuchten meine Eltern, das Auto wieder zum Laufen zu bringen. Als ich aus meinem Fenster sah, erblickte ich einen riesigen Lkw, schwer beladen, der direkt auf uns zuhielt. Er fuhr mit maximaler Geschwindigkeit die Landstraße entlang und würde sein Fahrzeug niemals rechtzeitig zum Stehen bringen können. Es war auch nicht genug Platz da, dass er an uns hätte vorbeifahren können. „M-A-M-A!“, schrie ich von meiner Rückbank.

Da spürten wir plötzlich, wie unser Wagen vorwärtsgeschoben wurde. Im nächsten Moment brauste der schwere Lkw laut hupend hinter uns vorbei. Wir dachten zuerst, ein anderes Fahrzeug wäre von hinten in uns hineingefahren, aber als wir uns umdrehten, war niemand zu sehen. Unser Motor war noch immer nicht angesprungen. Bis heute haben wir keine Ahnung, wer damals unser Auto vorwärtsgeschoben hatte.

Nach all den Abenteuern in Kuba tat es richtig gut, wieder zu Hause zu sein. Je älter wir wurden, desto mehr schätzten wir unsere Privatschule. Fast alle Kinder an dieser Schule wollten gute Noten schreiben und lernten fleißig. Wir belegten Kurse in Chemie, Spanisch, Geschichte, Englisch für Fortgeschrittene und Mathematik für Fortgeschrittene. Mathe war mein Lieblingsfach, was wohl vor allem an unserer Lehrerin lag. Sie war von ihrem Fach begeistert und weckte in jedem von uns die Faszination für Mathematik. Das Leben solcher Menschen sollte verfilmt werden. In unseren freien Stunden gingen wir zu ihr und lernten freiwillig weiter, nur um in ihrer Nähe zu sein. Sie wurde mir zu einem großen Vorbild und ich nahm mir fest vor, mich so wie sie mit ganzer Kraft meiner späteren Aufgabe zu widmen, egal was es sein würde.

Damals hatte ich keinen Schimmer, was ich werden könnte. Als kleines Mädchen hatte ich eine Zeit lang davon geträumt, Tierärztin zu werden, weil ich Tiere sehr liebte. In der Highschool liebte ich, außer Mathe, auch alle kreativen Fächer – Fotografie, Modedesign und Kunst. Schreiben machte mir weniger Freude, obwohl ein Test in der zwölften Klasse, mit dem unsere besonderen Fähigkeiten entdeckt werden sollten, mir empfahl, Journalistin zu werden. Im Gegensatz zu vielen anderen Kindern machte mir das Schreiben damals aber keinen Spaß. Mich interessierte alles, was mit Stil, Farbe und der einzigartigen Persönlichkeit jedes Menschen zu tun hatte.

In der Abschlussklasse waren wir 88 Kinder. Brittany schloss als Zweitbeste ab und durfte bei den großen Feierlichkeiten eine Rede halten. Ich war die Elfte, was ich auch sehr gut fand. Hätte ich mich mehr angestrengt, wäre auch mehr drin gewesen. Aber im Gegensatz zu Brittany, die um jede Note gekämpft hatte, war ich weniger ehrgeizig. Mir waren gute Noten auch wichtig und ich wollte auch erfolgreich sein, aber ich sah es lockerer als Brittany, und es gab andere Dinge, die mir noch wichtiger waren.

Zu den Themen, die mir wichtig waren, zählte ein Fußballspieler namens Tim. Er war ein Jahr älter als ich und der Freund von Carter, meinem immer noch guten Freund. Eines Tages, am Ende seines Junior-Highschool-Jahres, fragte er Carter: „Würde es dir etwas ausmachen, wenn ich Lauren bitte, mit mir zum Schulball zu gehen?“ Carter war einverstanden und Tim lud mich zum Fest ein. Hätte Carter mich gefragt, wäre ich mit ihm gegangen, aber von ihm war nichts gekommen. Tim spielte Football, war 1,80 Meter groß, hatte blaue Augen und längere, lockige, blonde Haare – ein junger Mann wie aus einem Film.

In der ersten Zeit redeten wir viel und waren noch nicht offiziell ein Paar. Dann spielte Tim in einem Auswärtsspiel, wurde schwer gefoult und brach sich einen Wirbel. Er wurde sofort in die Notaufnahme gebracht und musste viele Monate lang einen Gips tragen. Football spielte er danach nie wieder. Während Tim krank war, verbrachten wir mehr und mehr Zeit miteinander. Bald waren wir so viel zusammen, dass wir eigentlich fast schon ein Paar waren. Er war klug, lustig, großzügig und kam mit allen Leuten klar – selbst wenn seine Verletzung ihm wehtat, war er noch nett zu allen. Während er sich allmählich erholte, begannen wir, richtig miteinander zu gehen.

Wir liebten auch jetzt noch unsere Freiheit und unsere Selbstständigkeit und wollten ganz bewusst auch weiterhin Dinge alleine tun. Aber wir hatten viel Spaß zusammen, waren freundlich zueinander und freuten uns, die Welt der Romantik von ihrer schönsten Seite kennenzulernen. Wir küssten uns und hielten Händchen, aber weiter gingen wir körperlich nicht. Brittany freute sich für uns,

Eifersucht kannte sie nicht. Das ganze Schuljahr über gingen wir miteinander. Dann war er mit der Schule fertig und schrieb sich an der dreieinhalb Fahrstunden entfernten Universität von Oklahoma ein. Wir wollten unsere Beziehung aber trotzdem fortsetzen.

Ich machte 2006 meinen Schulabschluss und besuchte mit Brittany zusammen ab Herbst die A&M Universität in Texas. Warum wir diese Uni ausgewählt hatten, wusste ich selbst nicht genau. Einige unserer Freunde gingen dorthin, sie hatte einen guten Ruf und einige lustige Traditionen. Wir belegten zunächst beide den allgemeinen Studiengang, da wir uns noch nicht für ein besonderes Fach entscheiden konnten.

Die Texas A&M Universität liegt in College Station, dreieinhalb Stunden von unserem Elternhaus entfernt. Wir zogen auf das Uni-Gelände. Die Wohnheime waren mit Männern und Frauen belegt, aber es ging recht gesittet zu. Die meisten Studenten waren mit ihren eigenen Dingen beschäftigt und lebten für sich. Wir kannten einige Leute noch von der Schule, mit ihnen verbrachten wir unsere freie Zeit.

Außerhalb des Universitätsgeländes ging es etwas wilder zu, aber auch das war sehr lustig. Wir besuchten sämtliche Footballspiele und jubelten mit der Menge. Die Aggies, wie sich die Angehörigen unserer Universität nannten, folgten vielen alten, lieb gewordenen Traditionen. Selbst die Anfeuerungsrufe mussten nach bestimmten Regeln erfolgen, die wir schnell lernten. Während der Spiele warfen alle die Arme in die Luft und riefen so laut sie konnten „Woop!". Dabei zeigten die Hände der Erstsemester in eine bestimmte Richtung, die Hände der älteren Studenten in eine andere. Wurde ein Student im ersten Semester dabei erwischt, dass er die Hände falsch hielt, wurde er bestraft. Alles war sehr albern, man begrüßte sich mit „Howdy!" und hatte eine Reihe anderer „Aggie"-Redewendungen, die man ständig verwendete. Diesen Teil des Studentenlebens fand ich super.

Wir entdeckten dann auch eine wirklich gute christliche Gruppe, die sich immer mittwochabends auf dem Uni-Gelände in der Basketballhalle traf. Hunderte von Studenten nahmen daran teil, und

Mein allerliebstes Kindheitsfoto von Brittany und mir (Foto privat)

An dem Tag, als meine Eltern wieder heirateten, waren wir die glücklichste Familie der Welt! (beide Fotos: © pettitphotography.com)

Mein Leben in New York fand ich besonders schön, wenn ich es mit Britt, Mama und Papa teilen konnte (Papa macht hier, wie meistens, das Foto). (Foto privat)

Universitätsabschluss! Ich war so gespannt darauf, was meine Zukunft bringen würde. (Foto privat)

Meine hübsche Schwester und ihr großartiger Ehemann am schönsten Tag ihres Lebens (© Jennefer Wilson)

Das war unser erster gemeinsamer Urlaub, nachdem Shaun Teil unserer Familie geworden war. Wir freuten uns alle sehr darüber – besonders mein Vater, weil er jetzt nicht mehr der einzige Mann in der Runde war!
(Foto privat)

Das ist das Flugzeug, das mein ganzes Leben verändert hat.
(© Marcus Brotherton)

Am 7. März, nur wenige Monate nach dem Unfall, veranstalteten Freunde unserer Familie einen unvergesslichen Abend für uns. Weil ich wegen des Unfalls nicht zur *Fashion Week* hatte fahren können, organisierten sie eine Modenschau nur für mich. Die Models trugen wunderschöne Outfits meiner Lieblingsmarken. Die Einnahmen waren komplett zur Bezahlung meiner Arztrechnungen bestimmt.

Seit dem Unfall hatte ich außer meiner Familie kaum jemanden gesehen. Ich kann gar nicht beschreiben, wie überwältigend es war, von so vielen Menschen so herzlich empfangen zu werden.

(alle drei Fotos: © 2012 Karen Roe Photography)

viele tolle Gastsprecher kamen, um uns zu ermutigen und herauszufordern. Das war wirklich gut.

Aber dennoch hatte ich immer wieder das Gefühl, fehl am Platz zu sein. Je länger ich an der Uni blieb, desto stärker wurde es.

Es dauerte einige Zeit, bis ich mir das eingestehen und in Worte fassen konnte. Nachdenklich betrachtete ich mein Leben, wie es bis dahin verlaufen war. Was hatte mir schon immer gefallen und was nicht, wer war ich, was faszinierte mich? Ich kam zu dem Ergebnis, dass ich oft lieber gegen den Strom schwamm, während diese Uni mehr für angepasste Leute ausgelegt war. Dabei ging es mir um eine Färbung, einen Stil oder auch eine Weltanschauung. Die meisten Studenten an der Texas-Uni waren konservativ, vorhersehbar und irgendwie alle gleich. Es war völlig klar, welche Erwartungen sie an das Leben hatten. Ich dagegen wollte unkonventionell sein, eigenwillig und anders als die Mehrheit, mein Leben sollte bunt, vielfältig und voller Überraschungen sein.

Diese Seite von mir trat nicht oft in Erscheinung. Doch je länger ich an der Uni blieb, desto klarer wurde mir, dass dies nicht mein Platz war. Als ich noch Schülerin war und in Texas in die Gemeinde ging, setzte jeder voraus, dass ich zum College gehen, bald heiraten, kurze Zeit arbeiten und dann Mutter sein würde. Nicht, dass ich etwas gegen diesen Lebensentwurf gehabt hätte, aber ich wurde das Gefühl nicht los, dass ich jetzt erst einmal eine ganz andere Richtung einschlagen sollte.

Eines Nachmittags gerieten Brittany und ich in Streit. Ich weiß gar nicht mehr genau, um was es dabei ging. Wir stritten uns nur sehr selten. Nachdem wir uns wieder beruhigt hatten und uns voneinander zurückzogen, dachte ich intensiv über mich selbst nach.

Als ich noch zur Schule ging, hatte ich das Buch „*Roaring Lambs*" (Lämmer, die wie Löwen brüllen) von Bob Briner gelesen, einem mit dem Emmy ausgezeichneten Fernsehproduzenten. Er schreibt über authentisches Christentum und ermutigt junge Leute, auch in Berufe zu gehen, die normalerweise von Christen nicht gewählt werden. Im Kindergottesdienst verstand ich meine Zukunft als christliches Mädchen so, dass ich entweder Missionarin werden konnte, die Frau eines Pastors oder die Mitarbeiterin einer christlichen Organisation; nur so könnte ich ein Leben für Gott leben. Schön und gut für die, zu denen das passt. Aber Briner schreibt, dass Gott ganz gezielt unterschiedliche Vorlieben in seine Leute legt, weil er nicht will, dass wir immer alle zusammenbleiben und die gleichen Berufe ausüben. Gott will, dass wir unser Bestes geben, egal in welchem Bereich der Gesellschaft wir unsere Aufgabe haben. Wir sollen unsere Gaben und Fähigkeiten überall auf der Welt einsetzen.

Diese offene Denkweise sprach mich sehr an. War ich vielleicht dazu geschaffen, der Welt der Mode oder Kunst göttliche Impulse zu geben? Natürlich bräuchte ich dafür eine gezielte Ausbildung. Vielleicht sollte ich in New York studieren? Ich hatte keine Vorstellung, wie dieser Weg verlaufen könnte. Aber dieser nicht so schöne Tag an der Uni wurde für mich zum Anfang einer neuen Ausrichtung. Meine Zeit an diesem Ort war zu Ende. Brittany und ich hatten uns schnell wieder versöhnt und sie sicherte mir ihre Unterstützung für alles zu, was auch immer ich tun würde. Später an jenem Abend rief ich meine Mutter an und erzählte ihr von meinen Überlegungen. Auch sie ermutigte mich, entschlossen voranzugehen. Einen Tag später rief ich Dana Crawford an, die Freundin meiner Mutter. Sie gab mir den gleichen Rat: Ich sollte in die Richtung gehen, in die ich mich von Gott geführt sah, wohin auch immer das sein mochte.

Am Ende des Semesters verließ ich Texas A&M. Auch Brittany war sich nicht sicher, ob sie weitermachen sollte, aber sie entschloss sich dann, das erste Jahr abzuschließen, bevor sie eine Entscheidung treffen würde. Ich verbrachte das Sommersemester an einem College in der Nähe meiner Eltern. In diese Zeit fiel auch die Trennung von Tim. Nun konnte mein Leben in einer ganz neuen Richtung weitergehen. Allerdings ahnte ich nichts von dem, was vor mir lag.

*

Der Herbst kam und ich wusste immer noch nicht, was ich tun sollte. So schrieb ich mich erneut in das College in der Nähe meiner Eltern ein und belegte allerhand pädagogische Kurse. Ich wollte etwas Naheliegendes, Vernünftiges tun, solange die Zukunft noch so unklar war.

Zu der Zeit fing meine Mutter an, über einen Trip nach New York nachzudenken. Dana wollte auch mitkommen. Ihr Sohn Chace, der drei Jahre älter war als ich, hatte vor Kurzem in der neuen Fernsehserie *Gossip Girl* eine Hauptrolle bekommen. Die Dreharbeiten fanden in New York statt. Seine Mutter schlug vor, mich mit dem Kostümbildner der Serie, Eric Daman, bekannt zu machen. „Eric ist super", erzählte sie uns, „total positiv und voller Ideen. Von ihm könntest du sehr viel lernen, wenn du mit ihm zusammenarbeiten würdest."

Im November flogen meine Mutter, Dana und ich nach New York. Wir wollten verschiedene Kunstakademien und Universitäten besuchen, die Fotografie, Kunst und Mode als Hauptfächer anboten, aber wir hatten keine festen Termine. Vor allem wollten wir die Stadt erkunden und überlegen, was mein nächster Schritt sein könnte.

Ich war auch davor schon mit meiner Familie in New York gewesen. Es ist immer aufregend, im John-F.-Kennedy-Flughafen in New York zu landen, sich ein Taxi zu nehmen und in die große Stadt einzutauchen. Unmittelbar nach unserer Landung rief Dana ihren Sohn an. Er sagte, dass er am selben Tag nachmittags einen Kostümprobentermin mit Eric Daman hätte. Wir sollten doch gleich mal vorbeikommen und ihn kennenlernen.

So fuhren wir zum Produktionsstudio und lernten Erics Assistentin Sami kennen. Sie zeigte uns die gesamte Garderobenabteilung von *Gossip Girl*. Sami war eine natürliche Schönheit mit langem, braunen Haar, das sie die meiste Zeit über hochgesteckt trug. Sie war aufgeschlossen und sehr unkompliziert uns gegenüber.

Irgendwie hatte ich mir das alles viel pompöser vorgestellt, mit viel Glanz und Luxus und unzähligen berühmten Schauspielern, die ein- und ausgingen. Doch es war total anders. Im Herbst 2007 war

Gossip Girl noch eine ganz junge Serie und die meisten Schauspieler waren noch gar nicht bekannt. Die Leute, denen ich an diesem Tag begegnete, waren alle sehr kompetent, aber auch sehr natürlich. Sie waren voller Leidenschaft, gaben alles für ihr Projekt und waren durch und durch Künstler. Trotzdem konnte man mit ihnen so normal reden, als würde man sich regelmäßig in der Nachbarschaft begegnen. Schon bald fühlte ich mich dort sehr wohl.

Eric Daman hatte die Wände in der Kostümabteilung mit Fotos beklebt, die die Schauspieler inspirieren sollten, während sie sich für die Aufnahmen anzogen. Chace erklärte uns, dass es nur selten möglich war, Eric persönlich zu begegnen. Kurz darauf machte er uns mit ihm bekannt. Wir unterhielten uns. Eric war sehr freundlich. Unser Gespräch war spontan und zwanglos. Wir verbrachten ein bisschen Zeit miteinander und er zeigte mir seine Abteilung und das Studio.

Plötzlich fragte Dana: „Eric, kann man bei Ihnen auch ein Praktikum machen?" (Darüber hatten wir im Vorfeld überhaupt nicht gesprochen.)

„Nein", antwortete er. Dann wandte er sich zu mir. „Wir hatten bisher keine Praktikanten. Aber wenn du es mit deinem Studium vereinbaren kannst, würde von unserer Seite nichts dagegen sprechen."

Ich lächelte und sagte nur: „Wow, einverstanden." Damit war die Begegnung schon zu Ende.

Abends gingen Mama, Dana und ich in ein kubanisches Restaurant mitten in der Stadt. Wir bestellten uns kurz gebratenen Thunfisch mit wunderbar knackigem Salat, angemacht mit Soja-Zitronen-Soße. Während wir aßen, sprachen wir über die für den nächsten Tag geplante Uni-Tour.

„Weißt du, Lo", sagte Mama plötzlich und ließ ihre Gabel sinken, „ich denke, so ein Praktikum bei *Gossip Girl* ist gar keine schlechte Idee."

Dana sah das genauso. „Es wird dir zuerst vielleicht nicht so leichtfallen, dein Elternhaus und deine Familie zu verlassen und ganz allein in die große Stadt zu ziehen, aber du wirst das ganz bestimmt schaffen."

Ich nahm einen Schluck Wasser und dachte: *Ja, das könnte mir wirklich gefallen.* Aber es wirkte alles so vage. Ich kannte niemanden, der so etwas jemals gemacht hatte. Begann mein Weg in die Modewelt wirklich mit einem so kurzen und belanglosen Gespräch mit Eric Daman und der einfachen Frage, ob man bei ihm ein Praktikum machen konnte?

Eines wusste ich ganz sicher: Hinter den Kulissen war Gott am Werk, er leitete mich in eine neue, unbekannte Welt, die ich gerne entdecken wollte. Anders konnte ich mir das alles nicht erklären.

Kapitel 11

New York City

Lauren

Anfang Januar 2008 flog ich nach New York, um mein Praktikum in der Kostümabteilung von *Gossip Girl* anzutreten. Ich war neunzehn Jahre alt und hatte mich darauf eingestellt, die nächsten viereinhalb Monate allein zu leben. Es war ein großer Schritt, der mich in unbekanntes Terrain führte, aber ich war von tiefem Frieden erfüllt. Mama, Papa und Brittany waren alle mitgekommen, um mir meine ersten Schritte zu erleichtern. Angst hatte ich überhaupt nicht. Als der Flieger landete, hätte ich vor Freude fast laut gelacht. Nichts wollte ich lieber tun, als diese fremde Stadt für mich zu erobern.

Es gab nur ein Problem; das war allerdings ziemlich groß. Wir waren mitten in einen Streik der Drehbuchautoren geraten und die Produktion von *Gossip Girl* hatte eingestellt werden müssen. Zahllose andere Serien waren in der gleichen Situation.

Wir wussten von dem Streik, er hatte schon vor einigen Wochen begonnen, aber alle rechneten damit, dass er bald zu Ende sein würde. Einige Sendungen, die ohne vorgefertigte Texte auskamen, gingen weiter. Andere hatten schon viele Folgen im Voraus schriftlich fertig, bevor der Streik begann. So war ich davon ausgegangen, dass ich, selbst wenn das Praktikum bei *Gossip Girl* nicht gleich losgehen würde, andere Kontakte herstellen und bei einer anderen Produktion mitmachen könnte. Ich musste nur in der Stadt sein, alles andere würde sich schon ergeben.

Ich hatte zwei andere Mädchen gefunden, mit denen ich gemeinsam eine Wohnung in einem Gebäude mieten wollte, das dem Kings College gehörte. Unser Haus war in Manhattan, zwischen der 34. und der 6. Straße, ganz nahe am Empire State Building. Das eine Mädchen, Lindsay, kannte ich noch von der Schule. Die andere, Kristin, kannten wir beide nicht. Das College hatte den Kontakt zwischen uns hergestellt. Beide waren wie ich auch in New York, weil sie Praktika machen wollten, eine bei NBC, die andere bei einer PR-Agentur.

Ich kam als Erste in New York an und öffnete das massive Schloss unserer neuen Wohnung. Die Tür schwang auf und ich sah neugierig hinein. Man hatte mir schon erzählt, dass die Wohnungen in New York sehr klein sind, und unsere Wohnung schien da keine Ausnahme zu machen. Es gab ein Wohnzimmer, eine Küche, ein Bad und ein weiteres Zimmer, doch alles zusammen entsprach etwa der Größe eines Badezimmers in Dallas. Schmunzelnd sah ich aus dem Fenster. Wie wunderbar hatte die Beschreibung unseres neuen Zuhauses geklungen: eine Wohnung im Herzen der Stadt. Doch unser Gebäude war zwischen zwei weiteren Häusern eingeklemmt, man konnte nur einen winzigen Zipfel der 34. Straße sehen, ansonsten standen zwei Ziegelmauern vor unseren Fenstern. Ich konnte den Verkehr hören, Martinshörner, Hupen und Fußgänger. Wir waren definitiv in der Großstadt.

Ich habe es gern schön sauber und so machte ich mich gleich an die Arbeit und begann die neue Wohnung zu putzen. Eigentlich war alles ganz ordentlich, aber es roch sehr fremd. Diesen Geruch kannte ich aus Dallas nicht: Es roch alt, muffig, als ob schon viele Menschen hier gelebt hätten. Papa machte sich auf die Suche nach einem Teil, das wir fürs Waschbecken brauchten. Wir Frauen drehten die Musik auf, tanzten herum und machten die Grundreinigung. Es war toll, mit meiner Familie zusammen hier anzukommen. Morgen würde sie wieder gehen, doch heute schliefen wir alle in einem Hotel in der Nähe. Am nächsten Morgen umarmten sie mich und flogen zurück. Meine Mitbewohnerinnen sollten am folgenden Tag ankommen, also schlief ich in jener Nacht alleine in der neuen Wohnung.

Gegen Mitternacht wollte ich ins Bett gehen. Ich öffnete noch einmal das Fenster und genoss meinen Blick auf die Steinwände. Irgendwo klapperte ein Müllcontainer. Kühle Luft strömte herein, ich zitterte und schloss das Fenster. Angst hatte ich nicht. Ein Teil meiner Möbel war schon angekommen, zwei Tische und ein Sofa. Das Bettzeug war noch unterwegs. Ich hatte alles hierher geschickt, weil es teurer gewesen wäre, neue Sachen zu kaufen. So legte ich mich mit einer Wolldecke aufs Sofa. Der Verkehrslärm der Stadt war deutlich zu hören. Ich war tatsächlich in New York. Wie aufregend! *Herr, hab Dank für meine erste Nacht in New York*, betete ich. *Ich bin so gespannt, wie es weitergehen wird.*

Gut, dass Kristin und Lindsay bald einzogen. Lindsay war ein hübsches Mädchen mit braunen Haaren und hellen Strähnchen. Kristin, die ich vorher nicht kannte, kam aus Rochester. Ich hatte sofort den Eindruck, wir könnten gute Freundinnen werden. Sie war zierlich, mit dunkelbraunen Haaren. Von Anfang an kamen wir gut miteinander klar. Gleich am nächsten Morgen begannen beide mit ihrem Praktikum, nur ich blieb allein zurück.

Was jetzt?

Mist, dachte ich, *ich brauche auch einen Job.*

Ich hatte Sami, der Assistentin von Eric Daman, mehrere E-Mails geschrieben. Sie hatte mir Mut gemacht, der Streik würde bestimmt bald vorüber sein. Dann würde sie sich sofort mit mir in Verbindung setzen, hatte sie mir versprochen. Seither hatte ich nichts mehr von ihr gehört. Doch ich blieb ruhig. Ich war mir sicher, dass Gott mich nach New York geführt hatte, also würde er mir zur richtigen Zeit auch den richtigen Job zeigen.

*

Am Nachmittag wanderte ich allein zwischen den Hochhäusern des Rockefeller Centers herum und sah mir alles genau an. Unsere Wohnung war etwa fünfzehn oder sechzehn Straßen von hier entfernt. Ich sah am GE Building mit seinen über siebzig Etagen nach oben, entdeckte die Radio City Music Hall, in der einmal im Jahr die MTV Video Music Awards verliehen werden, ich sah das Time-Life-Gebäude, spähte durch die Glasfronten in die Büros, in denen 65 000 Menschen arbeiteten, betrachtete die Wohnungen und schlenderte durch die Einkaufspassage unter den Gebäuden mit ihren Geschäften, Restaurants und Cafés. Auf den Bürgersteigen eilten die Menschen entlang, sie sahen angespannt aus, viel verbissener als in Dallas. Alle waren gut gekleidet und sahen attraktiv aus, aber auch viel natürlicher als zu Hause mit deutlich weniger Make-up. Ich hatte meine Jeans in hochhackige Stiefel gesteckt, eine hübsche Bluse an und eine Jacke aus Pelzimitat. Damit passte ich gut ins Bild und fühlte mich total wohl. Die Eile, mit der alle unterwegs waren, sprang auf mich über. *Vater*, betete ich, *wenn ich nicht zu* Gossip Girl *gehen kann, wo willst du mich denn dann haben?*

Genau in dem Moment kam mir der Gedanke: *Ruf Lindsay noch einmal an.*

Dabei ging es nicht um die Lindsay, mit der ich zusammenwohnte, sondern um eine andere Lindsay, die ein paar Jahre älter war als ich und die wir aus der Zeit kannten, als mein Vater in der Jugendgruppe unserer Gemeinde mitgearbeitet hatte. Sie war immer wie eine große Schwester für mich gewesen und ich wusste, dass sie in New York arbeitete. Schon vor Wochen hatte ich versucht, sie anzurufen und Infos über das Arbeiten in der Stadt zu bekommen, aber sie hatte nicht zurückgerufen. Ich kam mir komisch vor, sie erneut anzurufen, aber meine Situation – allein in New York – gab mir auch neues Selbstvertrauen und Mut.

„Lauren!“, rief sie begeistert und klang, als sei sie in Eile. „Wie schön, dass du dich meldest. Ich wollte dich schon längst angerufen haben, aber ich war verreist, und hier war in den letzten paar Monaten extrem viel los. Wie geht’s dir?“

Ich erklärte ihr meine Lage. Sie war bestens informiert, was den Streik der Drehbuchautoren betraf.

Augenblicke lang blieb es still in der Leitung, als würde sie nachdenken. „Lauren, hast du schon einmal etwas von Michael Kors gehört?"

Ich grinste. „Meinst du *den* Michael Kors? Natürlich – ich liebe seinen Stil."

„Ich arbeite bei ihm in der Damenabteilung im Verkaufsraum. Du könntest auch bei uns ein Praktikum machen, ab sofort und so lange, bis der Streik vorbei ist und du zu *Gossip Girl* gehen kannst."

Ich konnte es kaum glauben. Einfach so – eine offene Tür!

Zwei Tage später begann ich als Praktikantin in den Design-Studios von Michael Kors. Als ich am ersten Morgen durch die Eingangshalle zur Rezeption ging, war ich schwer beeindruckt. Das Gebäude spiegelte den Stil des Designers auf beeindruckende Weise wider. Michael Kors entwirft wunderbare Kreationen mit neutralen Farben (Kamelhaar ist seine Lieblingsfarbe), entsprechend war alles in den Farben Beige und Weiß gehalten. Große Models mit langen Beinen gingen ein und aus. Ein riesiger Monitor zeigte Aufnahmen der letzten Modenschau mit den Kreationen von Michael Kors. Alles war erfüllt von Schönheit und Inspiration. Ich staunte überwältigt und konnte kaum glauben, dass ich vorübergehend ein Teil dieser Welt sein würde.

Michael Kors zählt zu den wichtigsten Modedesignern New Yorks, er entwirft Kleidung für Damen und Herren, Damenhandtaschen, Schuhe und andere Accessoires. Seine Kollektion kann man in Boutiquen in New York, Beverly Hills und Chicago kaufen. Viele Prominente tragen seine Kleidung, von Michelle Obama bis Jennifer Garner. Einmal sah ich ihn in der Fernsehsendung *Project Runway*[3], wo er einer der Juroren war. In der Modeszene wird er als professioneller und gleichzeitig fürsorglicher Mensch geschätzt. Nun durfte ich seine Welt betreten, in der die Liebe zu allem Schönen mit viel Fleiß umgesetzt wird.

Lindsay holte mich an der Rezeption ab und führte mich durch das Gebäude. Jeder Raum, den wir betraten, hatte Stil. Die Leute, denen wir begegneten, sprühten vor Leben. Lindsay zeigte mir die verschiedenen Kreativabteilungen, die Herrenabteilung, die Werbeabteilung, den Bereich der Öffentlichkeitsarbeit und die Poststelle; zuletzt zeigte sie mir die Damenabteilung, in der ich arbeiten würde. Überall im Haus hatte ich Leute gesehen, die an Entwürfen arbeiteten, mit Kunden sprachen, mit den Medien und Werbekunden telefonierten und Fototermine mit Zeitschriften vereinbarten. Die nächste *Fashion Week* stand im Februar an, und schon jetzt wurde der Sitzplan für die vielen Gäste entworfen, die die neue Mode von Michael Kors sehen wollten. Das war nicht einfach, erklärte man mir, weil das Interesse daran sehr groß war.

„Wir nennen das hier unser Zuhause", erklärte Lindsay mir lächelnd, „weil wir so viel Zeit hier verbringen. Aber wir sind gerne hier. Wir wollen nichts anderes."

Ich bekam gleich etwas zu arbeiten. Die Stunden verflogen, und ich war überrascht, als es plötzlich Abend und Zeit zum Gehen war.

Am nächsten Morgen erwartete mich eine völlig andere Aufgabe. Jeden Tag bekam ich etwas Neues zu tun. Ich recherchierte am Computer, entwarf Werbeplakate, an manchen Tagen arbeitete ich auch für die Mutter von Michael Kors. Das fand ich besonders erstaunlich: Dieser weltberühmte Designer war Mitte fünfzig, ein ausgesprochen begabter, genialer Mann, der sich die besten Leute ins Team holen konnte – und seine Mutter arbeitete für ihn. Sie war eine wunderbare Dame, voller Humor, mit einer liebenswürdigen und zugleich vorwitzigen Art. Ich war sehr gerne in ihrer Nähe.

Michael Kors selbst traf ich nur einmal. Eines Nachmittags, als ich gerade im Verkaufsraum war, kam er mit einigen weiteren Personen herein. Er war nicht sehr groß, hatte blonde Haare und leicht gebräunte Haut. Er trug seine eigenen Kreationen, wie immer in klaren, schlichten Farben. An jenem Nachmittag hatte er eine kamelhaarfarbene Hose an, die zu den Knöcheln hin eng geschnitten war, dazu ein weißes Hemd. Er wirkte elegant und professionell, eine Aura der Erhabenheit umgab ihn.

„Michael, das ist Lauren Scruggs", stellte Lindsay mich vor. „Sie ist eine unserer Praktikantinnen und macht ihre Arbeit sehr gut."

Michael lächelte und schüttelte meine Hand. Dann ging er weiter, zu anderen wichtigen Dingen, die auf ihn warteten.

Meine Arbeit für Michael Kors hatte mit ihm selbst wenig zu tun. Es ging mir vielmehr darum, in die Welt der Mode einzutauchen. Einmal durfte ich eine Woche lang drei Models für die Market Week zurechtmachen. In dieser Woche, die unmittelbar vor der *Fashion Week* stattfand, trafen sich Einkäufer verschiedener Großkunden in einem Konferenzzimmer des Verkaufsbereiches, wo die ganze Kollektion von Michael Kors für die nächste Saison ausgebreitet war. Der Raum glich einem großen Kleiderschrank, in dem die Einkäufer alles begutachten konnten. Spannung und Erwartung lagen in der Luft.

Für die Models und mich war es eine super Zeit. Bis zu sieben Stunden verbrachten wir jeden Tag in einem kleinen begehbaren Kleiderschrank. Der Raum war nicht wirklich eng, aber trotzdem fühlte es sich an, als wären wir in einem Schrank. Dort zogen die drei Models sich um. Im Grunde spielten wir den ganzen Tag lang verkleiden und hatten dafür eine Menge toller Klamotten. Ein Traum! Obst, Nüsse, Süßigkeiten und Wasser standen immer für uns bereit. Wenn ich gefragt wurde, ob ich in der Nähe der Models unsicher war, wunderte ich mich, denn wir hatten viel Spaß zusammen. Alle drei waren ganz normal und unverkrampft, erzählten sich gegenseitig Geschichten und gingen respektvoll miteinander um.

Da wurde mir wieder einmal bewusst, wie leicht man doch auf Vorurteile hereinfallen kann. Wie viel Negatives hatte ich schon über Models gehört, sie wären alle eingebildet, magersüchtig und Kettenraucherinnen. Doch diese drei Mädchen waren ganz anders. Sie waren sehr angenehme Menschen und arbeiteten fleißig. Sie hatten Selbstvertrauen, waren dabei ganz natürlich und mit sich selbst im Reinen.

Die Wochen vergingen, und die Drehbuchautoren streikten immer noch. Ich verbrachte werktags die meiste Zeit im Studio, nur an den Wochenenden hatte ich frei. Meine Mitbewohnerinnen Kristin und Lindsay und ich hatten uns geschworen, an unseren freien Tagen so viel wie möglich über diese Stadt herauszufinden. Freitagabends schmiedeten wir immer unsere Pläne fürs Wochenende. Oft fuhren wir einfach mit der U-Bahn in einen fremden Teil der Stadt, den wir uns dann anschauten. Auf diese Weise erforschten wir die Szenestadtteile Meatpacking District und SoHo und erkundeten Little Italy, Brooklyn, Staten Island und Queens. Wir besuchten Parks, Restaurants und Kleiderläden, aber oft gingen wir einfach nur durch die Straßen und bestaunten alles, was uns begegnete. Freie Tische gab es in keinem der Restaurants, also setzten wir uns immer zu irgendjemanden an den Tisch und unterhielten uns mit den Leuten. Sonntags gingen wir zur Apostelkirche in der Stadtmitte. Die Gottesdienste wirkten kahl, es ging nicht um Unterhaltung, sondern um die Wahrheit. Oft schnallte ich mir auch meinen iPod um und ging joggen, im Central Park, am Hudson River entlang oder auch durch die belebten Straßen. Dann stellte ich mir vor, ich sei in meinem eigenen Musikvideo und die Menschen bildeten den Hintergrund für mich als Hauptdarstellerin.

In New York ist immer so viel los, dass man gar nicht auf den Gedanken kommt, sich hinzusetzen und zur Ruhe zu kommen. Die Stadt eignet sich wirklich nicht zum Nachdenken. Es pulsieren die verschiedenen Kulturen, der Ehrgeiz und die Leidenschaft – genau die Mischung, die uns Mädchen faszinierte. Schnell hatten wir herausgefunden, dass jeder, der in dieser Stadt unterwegs war, ein bestimmtes Ziel verfolgte. Jeder wollte Künstler, Schriftsteller, Tänzer, Designer oder Schauspieler werden und war zu jedem Opfer bereit, das ihn seinem Ziel näher brachte. Das Leben in New York ist unvorstellbar teuer, dennoch trafen wir viele junge Leute, die alles taten, um hier über die Runden zu kommen. Sie hatten mehrere Arbeitsstellen, gingen nie essen und kauften sich auch keine neuen Kleider.

Nachdem wir schon zwei Monate in der Stadt gelebt hatten, beschlossen meine Mitbewohnerinnen und ich eines Samstagmorgens, bei Tick Tock Diner unweit von unserem Haus zu frühstücken. Dieses Lokal wurde in keinem Reiseführer erwähnt, aber es war nicht weit weg, und man konnte dort satt werden. Ich hatte gerade ein Käse-Spinat-Omelette verdrückt und meine Aufmerksamkeit dem kleinen Stapel Pfannkuchen zugewandt, als ich eine SMS von Sami auf meinem Handy entdeckte: „Der Drehbuchautoren-Streik ist vorbei, wir arbeiten wieder."

Ich stieß einen Freudenschrei aus.

Am Montag erzählte ich Lindsay davon und dankte ihr sehr herzlich für ihre unschätzbare Hilfe. Es gab eine kleine Abschiedsfeier für mich, mit Cupcakes und Punsch.

„Du kannst jederzeit wiederkommen", sagte Lindsay, „du gehörst in diese Stadt."

Zwischen den beiden Praktikumsstellen hatte ich zwei Tage frei, gerade lange genug, um einmal tief durchzuatmen. Die Zeit bei Michael Kors war fantastisch gewesen. Ich hatte diese unglaublich kreative internationale Firma von innen kennengelernt. Aber nun freute ich mich auch auf das nächste Praktikum. Immerhin war ich deshalb nach New York gekommen und ich wurde das Gefühl nicht los, genau am richtigen Ort zu sein.

Nun würde es bei *Gossip Girl* weitergehen.

Kapitel 12

Gossip Girl

Lauren

Ich versuchte mich auf dem U-Bahn-Plan zurechtzufinden. Die helle Morgensonne blendete mich. Vor meinen Augen bildeten die grünen, roten, lilafarbenen, gelben und blauen Linien ein undurchsichtiges Gewirr, das die ganze Stadt erfüllte. Es war 7:15 Uhr, mein erster Arbeitstag, und ich sollte zu den Silvercup Studios in Queens hinausfahren. *Das heißt, ich muss Richtung Norden, zum Central Park, dann nach Osten, unter dem Fluss hindurch.*

Auf den ersten Blick erinnerte mich der Fahrplan an eine Schüssel voller Spaghetti. Aber je länger ich auf den Plan sah, desto klarer konnte ich meine Route erkennen, die recht geradlinig verlief. Wahrscheinlich würde ich nicht mehr als eine halbe Stunde brauchen. *Die Benutzung der U-Bahn in New York gehört einfach dazu*, ermutigte ich mich selbst. So ging ich die Betonstufen hinunter, schob meine Metrokarte in den Schlitz und drückte das Drehkreuz nach vorn.

In dem überfüllten Wagen taumelten die Menschen hin und her und stießen aneinander, während die Bahn sich in Bewegung setzte und dann Fahrt aufnahm. Der Duft frischen Kaffees lag in der Luft. Es gab keinen Funkkontakt, sodass die Handys ausgeschaltet blieben, was ich angenehm fand. Ich war nicht zum ersten Mal in der U-Bahn, aber noch nie war ich während des morgendlichen Berufsverkehrs unterwegs gewesen. Alle sahen modisch und cool aus, gut gestylt und etwas verrückt. Aber so ähnlich sie sich auch waren, so bunt war doch das Mosaik, das sich ergab: Da saßen alle Hautfarben nebeneinander und ich hörte ein wildes Gewirr verschiedener Sprachen, von Spanisch über Französisch und Italienisch bis hin zu Farsi, wenn ich mich nicht irrte.

Stolz straffte ich meine Schultern. Ich war nun Teil dieser Welt. Auch die Leute, die ich bisher bei Michael Kors getroffen hatte, waren schon sehr faszinierend gewesen. Die meisten waren Frauen Ende zwanzig, Anfang dreißig gewesen, die einander halfen, Neues zu lernen, voranzukommen und mutige Ideen umzusetzen. Ich hoffte inständig, dass die Menschen bei *Gossip Girl* auch so sein würden.

Nicht lange nachdem wir den Stadtbezirk Queens erreicht hatten, kam auch schon meine Station. Ich stieg aus und ging ein paar Querstraßen zu Fuß, bis ich die Hausnummer 42-22 in der Zweiundzwanzigsten Straße in Long Island City erreicht hatte. Das war die Adresse von Silvercups Hauptstelle. Ein Schauer rann über meinen Rücken, als mir bewusst wurde, dass nun der große Moment gekommen war. Silvercup war das größte Film- und Fernsehstudio in New York. Hier wurden neben *Gossip Girl* auch zahlreiche andere Filme und Shows gedreht.

Mein Praktikum bei *Gossip Girl* sollte etwas mehr als zwei Monate dauern. Das Studiogebäude sah aus wie ein Einkaufszentrum. Es dauerte eine Weile, bis ich den Eingang zum Kostümbereich von *Gossip Girl* gefunden hatte. Mutig trat ich ein, blinzelte ein paar Mal und versuchte, alles in mich aufzusaugen, was ich sah. Ich war mitten in einem riesigen Kleiderschrank. Überall standen mit Kleidung gefüllte Regale. Zwei Schreibtische standen an der Seite des Raumes. Der Fußboden war aus altem Parkett. An der Wand klebten immer noch Fotos aus Zeitschriften, doch ich sah sofort, dass es andere Bilder waren als bei meinem letzten Besuch im Herbst. Es war ein kreatives Chaos ohne Glanz oder Luxus. Hier wurde einfach gearbeitet.

Sami begrüßte mich mit einem warmen Lächeln und zeigte mir

alles. Auf der linken Seite waren die Kabinen, in denen die Schauspieler die Kleider anprobierten, die Eric ihnen gab. In einem weiteren Nebenraum wurden die Kleider geändert, sodass sie jedem Schauspieler perfekt passten. Sami stellte mich überall vor, dann bekam ich meine erste Aufgabe.

Eine meiner Hauptaufgaben an diesem Tag und während der folgenden Wochen bestand darin, die benutzten Stücke wieder zu den verschiedenen Designerstudios überall in der Stadt zurückzubringen. Manches, was in den Sendungen getragen wurde, war gekauft, aber vieles war von teuren Designern geliehen worden. Eric Daman suchte bei den Designern selbst die Outfits aus, die er sich an seinen Schauspielern vorstellen konnte. Sie wurden dann im Studio anprobiert und von ihm begutachtet. So konnte er am besten beurteilen, was passte. Waren die Aufnahmen einer Szene abgedreht, mussten die geliehenen Stücke wieder zurückgebracht werden. Das war mein Part. Gut, dass ich nicht fahren musste. Mike, Erics Assistent, war mein Chauffeur. So kurvten wir mit dem kleinen Bus quer durch die Stadt.

Ich war noch nie in New York mit einem Auto gefahren, abgesehen von Taxifahrten. Nun bekam ich meine erste Lektion zum Thema „Parken in New York". Grundsätzlich gab es dort, wo wir halten mussten, keine Parkplätze. Doch wir mussten viele verschiedene Adressen anfahren. So hielt Mike einfach vor der jeweiligen Tür, wenn es sein musste auch in zweiter Reihe, und ich rannte hinein, um die Sachen abzugeben. Er kam aber auch oft mit und half mir beim Tragen. So sammelten wir in den folgenden Wochen viele Strafzettel. Wenn ich das kommentierte, grinste er nur und meinte: „Lo, so läuft das in New York."

An anderen Tagen half ich während der Dreharbeiten im Studio. *Gossip Girl* ist eine spannende Jugendserie, die in den USA zur besten Sendezeit ausgestrahlt wird und auf den gleichnamigen Büchern basiert. Kern der Geschichte ist eine geheimnisvolle Erzählerin, die in ihrem Blog allerhand Skandalöses über Jugendliche publik macht, die in Manhattans vornehmem Stadtteil Upper East Side leben.

Die erste Staffel beginnt damit, dass Serena, die Hauptdarstellerin, unerwartet vom Internat zurückkommt und versucht, in ihrer ehemaligen Klasse wieder akzeptiert zu werden. Blair ist ihre beste Freundin, doch die beiden haben oft Streit, wobei es meist um Jungs geht. Chuck tritt zunächst als reicher, egoistischer Sohn eines Unternehmers auf, der keine Probleme damit hat, andere fertigzumachen, und Frauen wie Gegenstände gebraucht. Das Geschwisterpaar Dan und Jenny gehört einer nicht so wohlhabenden Familie an, sie sind nett und natürlich. Nate ist der Goldjunge, der sich, so gut er kann, durchs Leben schummelt.

Die ganze Serie ist eine Geschichte der Reichen und Schönen, die sich in immer neue Liebesabenteuer stürzen und immer neue Katastrophen erleben. Natürlich tragen sie nur die teuersten, schicksten Kleidungsstücke. Die Serie zeigt eine Welt, der ich niemals angehören wollte. Meine Mitarbeit in diesem Studio war für mich von Anfang an die Umsetzung dessen, was ich in dem Buch „Roaring Lambs" gelesen hatte. Ich wollte als Christin bewusst da in der Gesellschaft arbeiten, wo der Glaube kein Thema ist. Als ich noch in Dallas wohnte und meinen Wechsel nach New York vorbereitete, wurde ich immer wieder kritisch gefragt: „Bist du dir sicher, dass du nach *New York* willst? Das ist doch so ein finsterer Ort." Doch ich war mir sicher, dass Gott diese Tür für mich geöffnet hatte. Deshalb zögerte ich keine Sekunde hindurchzugehen.

Bei den Dreharbeiten vor Ort zu sein war etwas ganz anderes, als sich die fertigen Folgen anzuschauen. Kein Darsteller hatte Starallüren, alle verhielten sich ganz normal und arbeiteten zusammen. Etwa zwanzig oder dreißig Leute waren am Set im Einsatz. Nach einiger Zeit kannte man sich ganz gut.

Die Leute, die für das Licht zuständig waren, stellten alles perfekt ein. Dabei standen Statisten an den entsprechenden Plätzen, an denen später die Schauspieler sein würden, sodass alles schon gut vorbereitet war. Die Darsteller bewegten sich zu dem Zeitpunkt noch im Hintergrund, lernten ihre Texte auswendig, tranken Kaffee und machten Witze miteinander. Die Kameraleute, Produzenten, Regisseure und alle anderen hatten ihre Aufgaben und machten ihre Arbeit. Jede Szene wurde unendlich oft wiederholt, bis alles perfekt war. Es konnte Stunden dauern, bis eine Fünf-Minuten-Szene fertig aufgenommen war.

Die Szenen wurden nicht in der Reihenfolge gedreht, in der sie später die Handlung bildeten. Als ich einmal dabei war, wurden Blair und Serena zu Hause gefilmt, wie sie sich heftig stritten. Als Nächstes standen Dan und Jenny in der Küche und machten Witze mit ihrem Vater. Ich war von den Schauspielern etwa zehn Meter entfernt und konnte leider nicht verstehen, was sie sagten.

Es war fantastisch, unter der Leitung von Eric Daman zu arbeiten. Meistens arbeitete ich vor allem mit Sami zusammen, aber Eric war auch oft da. Er war blond, lächelte viel und war immer freundlich, obwohl er viel zu tun hatte. Jeden, dem er begegnete, behandelte er mit Achtung und Respekt, egal ob es sich um einen Schauspieler, einen Produktionsassistenten oder eine Praktikantin handelte. Er war oft in unserer Kostümabteilung und ich lernte ihn ziemlich gut kennen.

*

Eines Tages arbeitete ich mit einem anderen aus dem Team zusammen, als er mich plötzlich fragte: „Lauren, was ist eigentlich mit dir los? Du bist irgendwie anders als die anderen hier, aber ich weiß nicht genau, woran das liegt."

Ich zuckte mit den Schultern. „Vielleicht liegt es daran, dass ich aus Dallas komme."

„Nein, das meine ich nicht. Woran glaubst du eigentlich?"

„Glauben? Meinst du, ob ich an Jesus glaube?"

„Glaubst du an ihn?"

„Warum willst du das wissen?" Ich lachte. „Woran glaubst du denn?"

„An alles: Jesus, Buddha, Karma, an mich selbst – ich glaube an die Wahrheit … was auch immer das sein mag."

In den folgenden Wochen unterhielten wir uns oft über solche Themen, nicht nur wir beide, sondern alle, die dort arbeiteten. Die

Leute glaubten an die unterschiedlichsten Dinge, aber alle hatten das Bedürfnis, sich über geistliche Dinge auszutauschen und sich mit den großen Fragen des Lebens zu beschäftigen. Ich habe nie versucht, jemanden von meiner Sicht zu überzeugen. Meist fing ich auch gar nicht an mit diesem Thema. Es ergab sich einfach so. Die Leute, mit denen ich zusammen war, reagierten oft überrascht, wenn ich davon sprach, dass ich Christin bin. Vielleicht hatten sie erwartet, dass ich ihnen ihre Sünden vorhalten würde. Doch als sie sahen, dass ich zu ihnen genauso höflich und freundlich war wie sie zu mir, öffneten sie sich und wir konnten sehr tiefe, wertvolle Gespräche führen.

Ich las viel in der Bibel, während ich in New York war. Meine Gebete schrieb ich in mein Tagebuch oder ich betete in Gedanken, während ich mit der U-Bahn abends nach Hause fuhr. Mich beschäftigte die Frage, wie viel von meinem Glauben mein eigener Glaube war und wie viel ich bloß von meiner Familie übernommen hatte. Zum ersten Mal in meinem Leben war ich von meiner Familie getrennt, deshalb war das eine neue Überlegung für mich.

Dann dachte ich auch über die vielen Menschen nach, die ich kannte und die ihren Glauben wie ein Hobby betrieben. Natürlich, sie gingen in die Gemeinde und nannten sich Christen, aber das war auch schon alles. Für mich sollte der Glaube mehr sein. Mein Glaube sollte so greifbar sein, dass er mein ganzes Leben durchdrang.

Das Buch Jesaja sprach mich besonders an. Es ist wunderbar poetisch, anmutig und rhythmisch, wenn auch an vielen Stellen schwer zu verstehen. Doch immer wieder kam ich auf die Stelle im 40. Kapitel zurück, zu den Versen 29 bis 31:

Den Erschöpften gibt er neue Kraft,
und die Schwachen macht er stark.
Selbst junge Menschen ermüden und werden kraftlos,
starke Männer stolpern und brechen zusammen.
Aber alle, die ihre Hoffnung auf den Herrn setzen, bekommen neue Kraft.
Sie sind wie Adler, denen mächtige Schwingen wachsen.

Sie gehen und werden nicht müde,
sie laufen und sind nicht erschöpft.

Erschöpft fühlte ich mich in New York selten. Das war nicht das Thema, das mich an diesem Text so faszinierte. Zwar arbeiteten wir immer lang für *Gossip Girl*, aber ich stand immer unter Strom, genau wie die anderen auch. Was mir an diesem Text gefiel, war der Gedanke, dass junge Leute bei Gott Hilfe suchen und finden. Es berührte mich, dass Gott versprach, uns neue Kraft zu geben und uns stark zu machen. Ich stellte mir vor, ich wäre ein Adler, der immer weiter und immer höher fliegen konnte. Mir wurde immer klarer, dass dieser Glaube, der mich beflügelte, mein persönlicher Glaube war. Das war keine vorübergehende Erscheinung meines Lebens und kein Teil meiner Erziehung, mein Glaube an Gott war das Fundament, auf dem ich mein restliches Leben aufbauen konnte.

Die Zeit in New York war eine tolle Erfahrung für mich. Gierig nahm ich alle schönen und weniger schönen Seiten der Stadt in mir auf, während ich von meiner Karriere träumte und Pläne schmiedete. Was ich gerade in New York tat, war genau das, was ich mein restliches Leben tun wollte. Damit meinte ich nicht unbedingt, für Michael Kors und *Gossip Girl* zu arbeiten, sondern mich in einer Welt zu bewegen, die von Kreativität, Kunst, Schönheit, Leidenschaft und einer Suche nach dem tieferen Sinn im Leben erfüllt war. Ich liebte es, in New York zu sein. Ich war unabhängig, voller Zuversicht und fasziniert von all den Möglichkeiten, die sich vor mir auftaten.

Ende des Frühjahrs 2008 beendete ich mein Praktikum bei *Gossip Girl*, umarmte die vielen neuen Freunde ein letztes Mal, packte die Sachen in meiner Wohnung und flog zurück nach Hause. Während des Fluges nach Texas malte ich mir all die Dinge aus, die ich in meinem Leben erreichen wollte. Meine Vorstellungen waren noch etwas unscharf, aber die Eckpunkte waren klar. Sie leuchteten so hell wie die Lichter neben der Landebahn in Dallas, auf der wir wenig später aufsetzten.

Im Auto meiner Eltern, auf dem Weg zu unserem Haus in Plano, kam ich mir vor, als wäre ich von einer Expedition zum Gipfel des Mount Everest zurückgekehrt. Die Zeit in New York war fantastisch gewesen. Ich hatte so viel gesehen, so viel erlebt und so viel gelernt. Ich war stolz und voller Ehrgeiz, entschlossen, auf dieser Ebene zu bleiben und von hier aus weiterzugehen.

Was ich allerdings noch nicht wusste, war die Tatsache, dass mit großen Chancen oft auch große Versuchungen verbunden sind. Bald würde sich ein neuer Weg vor mir öffnen und mich einladen, ihn zu beschreiten. Er würde sehr breit sein und in eine Richtung führen, die ich nicht einschlagen sollte.

Trotzdem begann ich schon bald, diesen trügerischen Weg bergab zu gehen.

Kapitel 13

Dunkle Wolken am Horizont

Lauren

Im Sommer nach meiner Zeit in New York reiste ich ein bisschen umher, feierte meinen zwanzigsten Geburtstag und arbeitete kurzzeitig als Praktikantin in einer christlichen Einrichtung, die den Menschen in der Altstadt von Dallas Hilfe anbot.

Den ganzen Sommer über blieb ich erfüllt von meinem New Yorker Hochgefühl. Doch auch das Praktikum machte mir Freude. Brittany und ich hatten schon als Schülerinnen dort mitgearbeitet und ich kannte noch einige der jungen Leute. Ich betreute die Schüler bei ihren Hausaufgaben, half in der Küche und spielte mit den Kindern. Einerseits war die Arbeit das totale Gegenteil von allem, was ich in New York erlebt hatte. Andererseits war ich unabhängig und stark, genau wie in New York. Mein Leben hatte einen Sinn, das fühlte sich gut an.

Im Herbst schrieb ich mich in der Dallas Baptist Universität (DBU) ein, um meinen Bachelorabschluss zu machen. An die Texas A&M Universität wollte ich nicht zurück und am College hier bei meinen Eltern hatte ich schon jeden Kurs belegt, der mich auch nur annähernd interessierte. Es ging mir nicht so sehr darum, wieder zu studieren, aber ich wusste, dass ich einen Abschluss brauchte. So schnell wie möglich wollte ich irgendein Studium abschließen, um dann nach New York zurückzukehren und mich endlich in meine Karriere zu stürzen.

Die DBU passte ganz gut in meinen Plan. Brittany war schon seit einem Jahr dort. Auch sie hatte Texas A&M verlassen, war aber direkt hierher gekommen. Die neue Universität war in der Nähe von Dallas, etwa eine halbe Stunde von unserem Haus entfernt. Brittany und ich beschlossen, auf dem Unigelände zu wohnen. Wir wohnten nicht in einer gemeinsamen Wohnung, sondern zwei Türen voneinander entfernt, aber es war sehr schön, meine Schwester wieder so nahe bei mir zu haben.

Ich entschied mich für Kommunikation als Hauptfach. Direkt nach meiner Rückkehr von New York hatte ich begonnen, ein Onlinetagebuch zu führen. Beim Bloggen konnte ich das Schreiben üben und schon bald hatte ich großen Spaß daran. Ich nannte meinen Blog einfach *Lolo*. Von Anfang an gab es Leute, die sich für meine Einträge interessierten und sie kommentierten. In meinem Blog sammelte ich Texte und Bilder von allem, was ich gerne mochte – Mode, Farben, Stil, neue Leute kennenlernen, gesundes Essen kochen und gute Restaurants in der Stadt ausfindig machen.

Gleichzeitig fing ich an, erste Artikel für verschiedene Online-Modezeitschriften zu schreiben. Ich hatte einige interessante Leute aus der Modewelt kennengelernt. Jetzt nahm mich eine der Redakteurinnen, Molly, unter ihre Fittiche und vermittelte mir einige Grundkenntnisse des Modejournalismus. Ich führte Interviews mit Insidern der Modewelt oder verfasste Berichte über verschiedene Shows und Events. Ich liebte das Schreiben. Dabei fühlte ich mich innerlich mit New York, meiner zweiten Heimat, verbunden. Außerdem hatte ich eine sinnvolle Aufgabe. Sie half mir, Dallas zu ertragen, was mir damals überhaupt nicht leichtfiel.

Natürlich liebte ich meine Familie und meine Freunde, alle waren super. Aber die Rückkehr von New York nach Plano fühlte sich an, als wäre ich vom Mond auf die Erde zurückgeplumpst. Die DBU war eine noch viel kleinere Welt innerhalb von Dallas. Auf dem Campus lebten nur etwa zweitausend Studenten und ich hatte schon bald das Gefühl, jeden Tag die gleichen Gesichter zu sehen.

Was für ein Unterschied zu New York. Hier trat ich irgendwie auf der Stelle. Ich hatte keine Abneigung gegen die DBU, es war eine gute Uni, und neben dem Lernen hatten wir auch immer Gelegenheit, schöne Sachen zu machen. Ich verabredete mich mit ein paar Mädchen, um gemeinsam zu kochen. Oder wir trafen uns mit Jungs und Mädchen und spielten Beachvolleyball. Aber nachdem ich New York erlebt hatte, erschien mir hier alles so kleinstädtisch. Ich hatte Mühe, dieses Gefühl in Worte zu fassen, zumal ich die Leute, mit denen ich zusammen war, wirklich mochte. Aber ich wäre viel lieber nicht hier gewesen. Ich sehnte mich zurück nach New York.

Ich hatte keinen festen Freund, aber ich war gerne mit Brandon zusammen, der auch an der DBU studierte. Er war ein kluger Kopf und ziemlich philosophisch. Wenn er ein Thema gefunden hatte, dann drehte und wendete er es in alle Richtungen und untersuchte es von allen Seiten, bis mir fast der Kopf platzte. Er wurde ein guter Freund für mich, aber nicht mehr. Ein paar Mal gingen wir auch zusammen aus, aber ich war mir ziemlich sicher, dass ich nicht in ihn verliebt war.

Gegen Ende des Semesters unterhielten Brittany und ich uns einmal über Beziehungen. Es war einer dieser seltenen Tage, an denen ich nach dem Unterricht allein in meinem Zimmer war und Brittany zu mir herüberkam. Wir schleuderten unsere Schuhe in die Ecke und machten es uns auf dem Sofa bequem. Ich servierte große Gläser Eiswasser mit Zitronenscheiben. Brittany durchlebte die normalen Höhen und Tiefen des Verliebtseins, genau wie alle anderen auch.

„Lo, wieso verliebe ich mich immer in die Jungs, die sich nicht in mich verlieben?“, fragte sie mich. „Oder warum kann ich die Jungs nicht leiden, die sich in mich verlieben? Und wenn man sich mit einem Jungen gut versteht, warum sind dann die Gefühle immer nur kumpelhaft?“

„Ich weiß genau, was du meinst“, seufzte ich. „Ich weiß auch nicht, warum das so kompliziert ist.“

Seit der Beziehung mit Tim war ich mit niemandem mehr zusammen gewesen und das lag nun schon einige Jahre zurück. Ich war zunehmend unsicher, ob ich jemals einen Freund finden würde. An diesem Nachmittag konnten Brittany und ich das Problem jedenfalls nicht lösen.

*

Zu Beginn des Sommersemesters 2009 zog es mich mehr als je zuvor nach New York. Anfang Februar tauchte eine unglaubliche Gelegenheit am Horizont auf. Eine Redakteurin rief mich an und fragte, ob ich nach New York fliegen wollte, um mit ihr zusammen über die *Fashion Week* zu berichten.

Und ob ich das wollte!

Die *Fashion Week* findet zweimal im Jahr statt und zieht Modefachleute aus aller Welt an, die sich die neuen Trends der kommenden Saison anschauen und Waren für ihre Geschäfte einkaufen. Die größten *Fashion Weeks* finden in Paris, London, Mailand und New York statt. Auch in Sydney, Los Angeles, Berlin und mehreren anderen Städten laufen ähnliche Veranstaltungen. Schon lange war es mein Wunsch gewesen, die *Fashion Week* in New York zu besuchen, aber nie hätte ich mir träumen lassen, als Reporterin von dort berichten zu dürfen.

Nachdem ich in New York gelandet war, ging ich vom Flughafen aus direkt zum Gelände der *Fashion Week. Wow, es war der Wahnsinn!* Ununterbrochen wurde fotografiert. Models kamen und gingen. Überall waren die großen Marken zu sehen. Das Ganze faszinierte mich extrem. Ich war so dankbar, hier sein zu dürfen, dass ich mich tief in die Arbeit kniete und mit großem Einsatz meine Artikel schrieb. Jede Minute, die ich dort sein konnte, war kostbar für mich.

Danach war es noch schwerer, wieder an der Dallas Baptist Universität zu sein. Das Semester nahm seinen Lauf und für mich stand fest, dass ich den Sommer wieder in New York verbringen würde. Ich betete darüber und redete mit meinen Eltern.

Doch das Eigenartige war, dass ich innerlich immer ein Nein

fühlte, wenn ich an New York dachte. Das Nein kam nicht von meinen Eltern. Sie ließen mir freie Hand.

Das Nein kam von *Gott*.

Es ist schwer, das jemandem zu erklären, der so etwas nicht kennt. Nichts wünschte ich mir mehr, als für weitere drei Monate nach New York zu gehen und dort zu leben, aber ich spürte überhaupt keinen Frieden bei dem Gedanken. Jedes Mal, wenn ich mit Gott über dieses Thema sprach – was ich wochenlang täglich tat –, fühlte ich in mir immer dieses unerschütterliche Nein.

Das verstand ich nicht. Wie konnte Gott gegen einen so guten Plan etwas einwenden? Wieso war dieses Nein in meinem Geist so stark? Es war doch überhaupt nichts Schlimmes daran, nach New York zu gehen. In der Bibel stand nichts darüber, dass man nicht nach New York gehen sollte. Ich war auch nicht in der Situation von Jona, dem Propheten des Alten Testaments. Ihn hatte Gott in eine bestimmte Stadt geschickt, doch er segelte bewusst in die entgegengesetzte Richtung, weil er Gottes Auftrag nicht ausführen wollte. Ich hatte überhaupt keine anderen Pläne für diesen Sommer. Ich hatte keinen Auftrag von Gott, irgendetwas in Dallas zu tun.

Also beschloss ich, einfach trotzdem nach New York zu gehen.

Zunächst lief alles prima. Auch Kristin, meine damalige Mitbewohnerin, wollte wieder in die Stadt kommen. Wir bekamen zusammen eine Wohnung, die zur New Yorker Uni gehörte, aber in einem anderen Stadtteil lag als unsere erste gemeinsame Wohnung. Ich wollte einfach nur arbeiten, egal was. Als Schülerin hatte ich in den Ferien teilweise im Verkauf gearbeitet und etwas Ähnliches stellte ich mir jetzt auch vor. Dieses Mal wollte ich kein Praktikum machen, ich wollte bloß in dieser Stadt sein.

Als die Maschine auf der Landebahn des John-F.-Kennedy-Flughafens aufsetzte, musste ich plötzlich an die Geschichte von Adam und Eva im Garten Eden denken. Es war eine der ersten biblischen Geschichten, die ich als Kind gehört hatte. Als Eva diese Frucht anschaute, sah sie einfach perfekt aus, saftig und lecker, ein Genuss für das Auge und bestimmt auch für den Gaumen. Es würde wundervoll sein, da hineinzubeißen. Aber Gott – der mehr wusste als

Adam und Eva – hatte Nein gesagt. New York war für mich wie diese Frucht. Es war nichts Schlechtes an dieser Frucht, zumindest konnte ich nichts erkennen. Aber aus Gründen, die ich nicht verstehen konnte, wollte Gott nicht, dass ich hineinbiss.

Ich schob den Gedanken bewusst zur Seite, stieg aus dem Flugzeug, nahm ein Taxi und fuhr zu meiner neuen Wohnung in der Stadt.

Kapitel 14

Verbotene Frucht

Lauren

Kristin war doch nicht nach New York gekommen. Ihre Pläne für den Sommer hatten sich zerschlagen. Also war ich allein in der Wohnung.

Gleich am Tag nach meiner Ankunft machte ich mich auf die Suche nach einem Job. Ich ging von Geschäft zu Geschäft, aber niemand suchte eine Aushilfe. Ich verstand das nicht. Mein Lebenslauf war perfekt. Ich wollte ja nichts Großartiges. Außerdem hatte ich schon oft im Verkauf gearbeitet. Endlich fand ich einen Laden, der mich beschäftigen wollte. Sie brauchten noch ein paar Unterlagen von meiner Versicherung, wollten sich aber selbst mit ihr in Verbindung setzen. Das Ganze sollte nicht lange dauern, aber ein Tag nach dem anderen verging. Dann war die erste Woche um, bald auch schon die zweite. Ich hatte immer noch keine Arbeit. Die kostbare Zeit zerrann mir zwischen den Fingern und nichts entwickelte sich so, wie ich es mir gewünscht hatte. Es gab keinen wirklichen Grund für mich, in New York zu sein.

Als wäre das nicht schon schlimm genug, war das Wetter in den ersten zehn Tagen total schlecht. Es war kalt, wolkenverhangen und regnete die meiste Zeit. Der Sommer, auf den ich mich so gefreut hatte, fing nicht gerade gut an. Ich war schon immer gerne im Freien gewesen, aber bei diesem Wetter ging das fast gar nicht. Niedergeschlagenheit machte sich breit, Einsamkeit gesellte sich dazu. Das waren Gefühle, die ich sonst kaum oder nur sehr flüchtig kannte.

Es ist eigenartig mit Gottes Stimme, wenn man ihr nicht gehorchen möchte. Zuerst ist sie richtig laut zu hören. Doch dann wird sie immer leiser, bis man denken könnte, nun sei doch alles in Ordnung. Ich hatte aufgehört, die Bibel zu lesen. Mein Tagebuch führte ich noch, aber es kamen kaum noch Gebete hinein, sondern ich schrieb mir eher den Frust von der Seele, weil ich keine Arbeit finden konnte und nicht wusste, was ich überhaupt mit meinem Leben anfangen sollte.

Endlich schien die Sonne wieder. Eine Freundin unserer Familie lebte in New York. Sie war ungefähr in meinem Alter, aber schon verheiratet. Ihr Mann besuchte das College, so hatte sie viel freie Zeit. Wir gingen zusammen zum Central Park, breiteten unsere Decken auf der Wiese aus und legten uns in die Sonne. *Das fühlt sich schon viel besser an*, dachte ich.

Zwei Wochen nach meiner Ankunft in New York rief mich eine Redakteurin an, die ich kannte. Sie hatte gehört, dass ich in der Stadt war, und fragte mich, ob ich über eine Wohltätigkeitsveranstaltung berichten könnte, die an diesem Wochenende stattfand. Es könnten in nächster Zeit durchaus noch weitere Aufträge dieser Art auf mich zukommen, fügte sie noch hinzu. Ich freute mich riesig. Endlich kamen die Dinge ins Rollen.

Zusammen mit einem anderen jungen Journalisten ging ich am Wochenende zu der Veranstaltung. Nachdem wir unsere Notizen gemacht hatten, mischten wir uns unter die Gäste. Ich verbrachte die meiste Zeit des Abends im Gespräch mit meinem Kollegen. Er hieß Jordan, war Ende zwanzig, und am Ende bat er mich um meine Telefonnummer. Ich gab sie ihm, obwohl ich das noch nie zuvor getan hatte. Normalerweise gab ich meine Nummer niemandem, den ich gerade erst kennengelernt hatte.

Jordan war Mitglied im New Yorker Jachtklub. Am folgenden Tag lud er mich ein, mit ihm zur feierlichen Eröffnung einer neuen Anlegestelle seines Klubs zu kommen. So geriet ich auf eine große

Party, die ich sehr cool fand. Es war fast wie in Florida. Wir saßen draußen auf einer Terrasse und genossen den warmen Sommerabend. Ich trug ein kurzes, schwarzes Kleid, war braun gebrannt und sah mit meinen offenen Haaren richtig hübsch aus. Viele Freunde von Jordan waren dort und ich fühlte mich sicher. Danach gingen Jordan und ich noch mehrere Male zusammen aus und er rief mich regelmäßig an, aber ich erwiderte seine Gefühle nicht wirklich. Er war unterhaltsam und sehr höflich mir gegenüber, aber mir war klar, dass unsere Vorstellungen sehr weit auseinanderklafften.

Kurz nachdem ich Jordan kennengelernt hatte, traf ich mich mit einer Journalistin, um die Stadt zu erkunden. Wir landeten schließlich im Meatpacking District, einer Gegend, die besonders cool und szenemäßig ist. Ein junger Mann in unserem Alter lud uns zu einer Poolparty auf dem Dach des Hotels ein, in dem er wohnte. Wir folgten ihm. Die Aussicht von dort oben war gewaltig, hinter dem herrlichen Panorama der Stadt ging gerade die Sonne unter. Da wir dort aber niemanden kannten, wollten wir bald wieder gehen. Doch bevor wir das Hotel verlassen konnten, lernten wir noch einen anderen jungen Mann kennen, Mason. Er war ein Typ, der jedem Mädchen sofort das Gefühl gibt, die schönste Frau der Welt zu sein.

Mason redete eine Weile mit uns, dann lud er uns in einen Klub ein, der sich nicht weit von diesem Hotel befand. Im Auftrag von Diskothekenbesitzern suchte er nach hübschen jungen Mädchen, die er in deren Lokale einladen konnte. Der Grund war, so erklärte uns Mason, dass die Klubs, in denen hübsche Mädchen verkehrten, besser besucht wurden und einen guten Ruf genossen.

Er meinte das ernst. Vor dem ersten Klub, zu dem er uns führte, stand eine lange Schlange. Man musste bestimmt eine Stunde warten, bis man hineingelassen wurde. Mason ging mit uns an der Schlange vorbei direkt zur Tür. Der Türsteher grinste breit, zog den roten Samtvorhang zur Seite und ließ uns passieren, ohne nach unseren Ausweisen zu fragen, um unser Alter zu überprüfen.

Es war schon ein Tisch für uns reserviert. Unsere Getränke waren kostenlos, wie wir erfuhren. Ich war erst zwanzig Jahre alt und trank normalerweise keinen Alkohol, aber ich wollte Mason nicht kränken, so nippte ich an meinem Wodka-Cocktail, während die Musik dröhnte. Lichtblitze zuckten überall und alle sahen jung und schön aus. In mir stieg ein wildes, wagemutiges Gefühl auf, während die ganzen Eindrücke auf mich einstürmten. Mason schnippte mit den Fingern, schon brachte der Kellner mir ein weiteres Getränk. Zehn Minuten später stand plötzlich ein drittes Glas vor mir, bald schon das vierte. Ich bin eher schmal gebaut, aber trotz all dieser Drinks hatte ich immer noch nicht die Kontrolle verloren. Es war nur etwas neblig in meinem Kopf. Die Tanzfläche sah ich nur verschwommen und ich konnte mich nicht entscheiden, ob ich lieber hemmungslos tanzen oder mir eine ruhige Ecke suchen wollte, in der ich mich hinlegen konnte.

In diesem Moment erschien der schönste junge Mann, den ich jemals gesehen hatte. Er hatte eine wilde blonde Mähne und unschuldige grau-blaue Augen – wie ein kleiner Hund, der gerade aus dem Tierheim geholt wurde. Er sah mir mindestens zwanzig Sekunden lang in die Augen, dann berührte er leicht meinen Arm und beugte sich zu mir herunter. „Du bist sehr schön", hörte ich ihn die Musik übertönen. Das waren seine ersten Worte. *Ganz schön offensiv*, dachte ich, aber er zog mich völlig in seinen Bann. Er hieß Brooks und arbeitete als Model für Abercrombie. Als er mich ansprach, war er im Begriff, diesen Klub zu verlassen, um zu einem noch besseren Lokal zu gehen. „Komm mit", sagte er einfach. Das war keine Bitte.

„Geht nicht", antwortete ich. Der Alkohol wirbelte in meinem Kopf alles durcheinander. „Ich kenne dich ja gar nicht."

„Und wenn schon?" Brooks blieb unbeeindruckt.

Sein Lächeln war unbeschreiblich. Er hatte sehr breite Schultern. An der Seite dieses Mannes musste man sich sicher fühlen. Mir fiel keine Antwort ein.

„Dann gib mir deine Nummer", forderte er mich auf.

Ich nickte.

Ein paar Tage später rief er mich an und lud mich ein, mit ihm und seinen Freunden auszugehen. Wieder ging es in den Meatpacking District. Er trug ein modisches, kurzärmliges Rugbyshirt, ich hatte mich für ein grün-gelbes Kleid mit bloßen Schultern entschieden.

Mit Brooks wurde ich in jedes Lokal gelassen, niemand fragte nach meinem Alter.

Im ersten Klub tanzten wir und er spendierte mir einige Drinks. Dann gingen wir in ein Restaurant auf der anderen Straßenseite, wo er mich zum Essen einlud. Es gab Sandwiches und Pommes, dazu noch ein paar Drinks. Überall war es superschick. Im nächsten Klub tanzten wir zu lauter Musik weiter. Irgendwann nach Mitternacht brüllte er mir ins Ohr, dass er aus Fort Worth komme, das nur eine halbe Stunde von Dallas entfernt ist. Wir hatten sogar einige gemeinsame Bekannte. *Ein Texaner, ein Junge aus meiner Heimat*, dachte ich. *Das kann kein Zufall sein!* Als der letzte Klub schloss, war es vier Uhr morgens.

„Hm, ich wohne ziemlich weit weg von hier“, meinte Brooks.

„Na dann“, lächelte ich und nahm seine Hand.

Wir gingen zu meiner Wohnung. Ich war benommen von dem vielen Alkohol. Eine leise Stimme versuchte mir zu sagen, dass ich auf einem sehr abschüssigen, gefährlichen Weg unterwegs war. Wie konnte ich diesen Mann, den ich kaum kannte, mit in meine Wohnung nehmen? Aber Brooks war ja so nett, dazu so wunderschön. Jedes Mädchen wäre in seiner Nähe dahingeschmolzen. Was sollte ich denn tun? Ich konnte den armen Jungen doch nicht in der Kälte stehen lassen!

Am späten Vormittag wachte ich auf, ging in die Dusche, putzte mir die Zähne und zog mich an. Welch eine Nacht lag hinter mir! Brooks war wirklich ein Gentleman. Während er mich küsste, sah er mich fragend an und bat wortlos um Erlaubnis, weiterzugehen. Nein, wir hatten keinen Sex in dieser Nacht. Ich war noch Jungfrau und fest entschlossen, daran nichts zu ändern.

Wir gingen frühstücken, sonst hatten wir an diesem Tag nichts vor. Seine Arbeitszeiten als Model waren sehr unregelmäßig. Irgendwann ging Brooks in seine Wohnung, um sich umzuziehen, und am Nachmittag trafen wir uns wieder im Central Park.

Von da an verbrachten wir jeden Tag zusammen. Es gibt im Central Park eine Ecke, die Sheep Meadow heißt. Wir trafen uns gegen dreizehn Uhr, gingen zur Sheep Meadow und legten uns in die Sonne. Er war kein Christ und immer, wenn ich mir eine gemeinsame Zukunft mit ihm vorzustellen versuchte, war mir klar, dass es fast unmöglich war, eine tiefe Beziehung mit jemandem zu führen, der ganz andere Werte hatte als ich.

Aber zu jener Zeit dachte ich nicht darüber nach. Ich hatte die warnende Stimme in mir ignoriert und war nach New York gegangen. Nun bewegte ich mich an zweifelhaften Orten und ließ mich von den Menschen beeinflussen, die ich dort traf. Hatte ich nicht ursprünglich meine Umgebung mit geistlichen Dingen beeinflussen wollen? Jetzt war ich in einen Jungen verliebt, mit dem ich eigentlich nicht zusammen sein sollte und der Dinge von mir wollte, die ich eigentlich ablehnte. Wäre ich ehrlich zu mir selbst gewesen, hätte ich damals schon gewusst, dass ich in Gefahr war, Brooks' Verlangen nachzugeben und körperlich weiterzugehen.

Einerseits wollte ich wirklich nicht mit ihm schlafen. Nicht nur, weil Christen das nicht tun. Sexuelle Reinheit war für mich viel mehr als eine christliche Vorschrift. Wenn Gott wollte, dass wir uns den Sex für die Ehe aufbewahrten, dann schenkte er uns damit die Freiheit und den Schutz, ohne tiefere Verletzungen durch die Jahre vor der Ehe zu kommen. Später könnten wir dann mit dem Partner all das Schöne entdecken, das Gott vor Augen hatte, als er Mann und Frau für die Ehe schuf.

Das war meine Überzeugung und danach wollte ich auch leben. Vom Verstand her wollte ich wirklich nicht mit Brooks schlafen, aber meine Gefühle sagten etwas anderes. Wie lange würde meine Willenskraft dieser Situation noch standhalten? Zwei Wochen? Eine? Oder nur noch ein paar Tage? Irgendwo in mir war diese Dunkelheit, wie ein stechender Schmerz oder eine heftige Übelkeit.

Eines Nachmittags rief mich die Redakteurin an und fragte, ob ich wieder einen Bericht für sie schreiben könnte. Damit hatte ich in diesem Sommer insgesamt zwei Artikel geschrieben. Zwei Aufträge, das war alles, mehr passierte im Sommer 2009 in New York nicht.

Aber Brooks und ich trafen uns auch weiterhin jeden Tag.

Eines Morgens, kurz vor meinem einundzwanzigsten Geburtstag

am 18. Juli, sah ich nach dem Aufstehen nur flüchtig in den Spiegel. Hätte ich etwas genauer hingesehen, wäre mir vermutlich aufgefallen, dass mit mir etwas nicht stimmte. Meine Haut sah seltsam gelb aus. Ich fühlte mich müde, richtig erschöpft, und das, obwohl ich auf gesunde Ernährung achtete. Normalerweise fühlte ich mich nie so schlapp wie an diesem Morgen. Übelkeit zog mir den Magen zusammen, doch ich wollte mich nicht darum kümmern. Heute Abend würde Brittany mit ihrem Freund hier einfliegen, und wir wollten unseren gemeinsamen Geburtstag feiern. Davon würde ich mich von nichts und niemandem abhalten lassen.

Das mag etwas eigenartig klingen … aber im Nachhinein halte ich es für eine wichtige Kleinigkeit. Als ich an diesem Morgen zur Toilette ging, war mein Stuhl tiefschwarz, als hätte ich am Vorabend eine große Packung schwarze Lakritze gegessen. Aber das hatte ich nicht.

Es hätte auch das Unbehagen meiner Seele sein können, das sich nun körperlich auswirkte, das Gefühl, mir selbst gegenüber nicht ehrlich zu sein. Andererseits hätte es auch irgendein Giftstoff sein können, etwas, das mich auf der rein körperlichen Ebene angriff. Wäre ich ein wenig aufrichtiger gewesen, hätte ich zugeben müssen, dass ich schon den ganzen Sommer über ein Spiel gespielt hatte. Was ich gerade lebte, das war nicht ich, das passte nicht zu mir. Irgendwo in meinem Körper wirkte sich diese innere Zerrissenheit aus. Mein Körper baute schnell ab, doch ich wollte es nicht bemerken.

Ich hörte nicht auf mich selbst. Ich hörte auf niemanden.

Da war die Übelkeit wieder, doch statt darauf zu achten, zog ich ein bunt gemustertes ärmelloses Oberteil an und hübsche Jeansshorts, nahm meine Sonnenbrille und ging wieder los, um Brooks zu treffen.

Kapitel 15

Ich lerne meine Lektion

Lauren

„Deine Lippen sind ja ganz weiß", wunderte sich Brittany, „benutzt du Sonnenschutz-Lippenstift oder so etwas Ähnliches?"

„Nein, Quatsch!" Ich nahm meine Tasche und schaute in den kleinen Spiegel. Wir standen vor meiner Wohnung. „Komm schnell, sonst sind wir noch zu spät."

Es war Dienstagabend, vier Tage vor unserem 21. Geburtstag. Brittany war gerade angekommen und wir wollten nun zusammen feiern. Ihr Freund würde ein paar Tage später eintreffen, aber heute war Mädelsabend. Wir waren in der Nähe des Hudson River mit zwei weiteren Freundinnen verabredet. Ich fühlte mich benommen und hätte mich am liebsten ein wenig hingelegt. Aber das verriet ich nicht. Um nichts in der Welt wollte ich Brittany und mir diesen Abend verderben.

Von dem Restaurant aus hatten wir einen herrlichen Blick auf den Fluss. Ich bestellte einen Geflügelsalat und kaute ein wenig auf dem Brot herum, aber ich war überhaupt nicht hungrig. Mehrmals ging ich zur Toilette, weil ich dachte, ich müsste mich übergeben, doch es kam nichts. Alkohol hatte ich auch nicht getrunken, daran konnte es nicht liegen.

Gegen 22:30 Uhr verabschiedeten sich die Freundinnen und

Brittany und ich gingen zur U-Bahn, um ebenfalls nach Hause zu fahren. Der Wagen war voller Menschen. Ich klammerte mich an der Haltestange fest, als die Bahn losratterte. Alles begann sich zu drehen. Bis dahin war ich noch nie in meinem Leben ohnmächtig geworden, aber ich spürte, dass mir das nun gleich passieren würde.

„Könnten Sie bitte aufstehen?" Brittany war schlagartig wieder in ihrer mütterlichen Rolle und bat jemanden, mir seinen Platz zu überlassen. „Meiner Schwester geht es nicht gut, sie muss sich hinsetzen."

Ich ließ mich auf den Sitz fallen und stützte meinen Kopf in die Hände. „Es geht schon, Brittany, ich brauche nur ein bisschen frische Luft."

Am nächsten Bahnhof stiegen wir aus. Wir waren am Times Square, Menschen strömten in alle Richtungen. Ich sah die hohe Treppe vor mir und fragte mich, wie ich es jemals schaffen sollte, an die frische Luft zu kommen. Mit zitternden Knien nahm ich die erste Stufe, dann die nächste.

„Lo?" Ich hörte eine Stimme. War das Brittany?

„Lo!" Die Stimme war weit weg.

Dann wurde es dunkel.

Als ich wieder zu mir kam, lag ich auf dem Betonboden auf dem Rücken, immer noch im U-Bahnhof. Die Gesichter der Menschen flossen über mir hinweg. Schuhe stampften an mir vorbei. Brittany kniete neben meiner Schulter, hatte das Handy am Ohr und rief einen Krankenwagen.

„Mir geht es super, Brittany, wirklich", erklärte ich, „ich bin nur kurz umgekippt." Aber sie hatte schon angefangen, Verantwortung für mich zu übernehmen und für mich zu kämpfen. Meine Knie waren weich wie Pudding, als ich versuchte, aufzustehen. Mein Magen krampfte. Wie sollte ich es jemals die Treppe hinauf bis zur Straße schaffen? Brittany würde mich niemals so weit tragen können. Ich setzte mich wieder hin und betete nur drei Worte: *Bitte hilf mir!*

„Junge Frau, brauchen Sie Hilfe?" Die Stimme war hoch über mir.

Ich sah auf. Ein Ehepaar, etwa Anfang dreißig, stand neben mir.

„Ich hole Ihnen eine Flasche Wasser“, sagte die Frau. „Hier ist irgendwo ein Automat.“ Der Mann sprach mit Brittany.

„Lo, er wird dich die Treppe hochtragen“, erklärte Brittany und ich nickte.

Dieser Fremde – ich wünschte, ich hätte ihn nach seinem Namen gefragt – trug mich zwei Treppen hoch. Die Frau brachte mir Wasser. „Wir werden für Sie beten“, sagte sie auch noch. Diesen Satz hatte ich bis dahin auf den Straßen New Yorks noch nicht gehört. Damit waren sie in der Menge verschwunden.

Ein paar Minuten später traf der Krankenwagen ein. Ich sagte den Sanitätern die ganze Zeit, dass es mir gut ginge, aber Brittany bestand darauf, dass ich untersucht werden müsste. Ich kam in eine Notaufnahme irgendwo in der Stadt. Der zuständige Arzt stellte fest, dass ich weder betrunken noch schwanger war und machte einen Urinschnelltest. Doch er versäumte es, mein Blut zu untersuchen. Hätte er das getan, wäre schnell alles klar gewesen. Stattdessen kam er zu dem Schluss, dass ich unter Flüssigkeitsmangel litt, schickte mich nach Hause und ordnete Ruhe und Trinken an.

Dana Crawford war gerade in New York, um ihrem Sohn beim Umzug zu helfen. Sie kam in die Notaufnahme und füllte die Papiere für uns aus. Es war schön, jemanden um sich zu haben, den wir so gut kannten. Ich versicherte weiterhin allen, dass es mir schon wieder viel besser ginge, und ein bisschen stimmte das auch. Dana glaubte mir. Ich kam mir so dumm vor. *Wie konnte ich nur einfach unterwegs ohnmächtig werden?* Brittany und ich fuhren mit dem Taxi nach Hause. Ich trank viel Wasser, aß ein wenig Wassermelone und ging schlafen.

Während der nächsten Tage funktionierte ich einfach. Die meiste Zeit ging es mir nicht gut, aber unser 21. Geburtstag rückte immer näher. Dieser Tag musste gefeiert werden, um jeden Preis!

Am Nachmittag unseres Geburtstages waren Brittany und ich zum Mittagessen im obersten Stock eines Einkaufszentrums. Ich fühlte mich wieder ganz schrecklich. Um 13 Uhr rief ich meine Mutter in Dallas an. Sie suchte im Internet nach einem Arzt und machte für 17 Uhr einen Termin für mich aus. Brittany und ich fuhren mit der

U-Bahn zu ihm. Ich hatte Mühe zu gehen und hielt immer nach der nächsten Bank Ausschau, um mich wieder hinsetzen zu können. Die Wände im Wartezimmer des Arztes waren in marmoriertem Grau gestrichen. Mir gegenüber hing ein Bild, Schiffe auf dem Meer. Sie hatten hohe Masten, der Wind blies in die Segel. Ich blinzelte – tatsächlich, die Segel bewegten sich im Wind. Mit jeder Welle hoben und senkten sie sich.

„Haben Sie eine Essstörung?“, fragte der Arzt etwas später in seinem Behandlungszimmer.

„Nein, ich esse gerne, und ich hasse es, wenn ich mich übergeben muss.“ Genau das war meine Antwort, ich erinnere mich an jedes Wort.

Der Arzt war freundlich und machte einige Untersuchungen, aber er sagte, man müsse die Untersuchungsergebnisse abwarten, vorher könne man nichts machen. Bis dahin sollte ich es mir gut gehen lassen. Damit war ich gerne einverstanden, zumindest theoretisch.

Wir fuhren wieder zurück, ich duschte und legte mich, nur mit dem Handtuch bedeckt, auf mein Bett. Mir ging es so elend, dass ich mich nicht einmal mehr anziehen konnte. Es fühlte sich so an, als würde ich gleich wieder ohnmächtig werden. Aber ich sagte nichts. Brittany brachte mir eine Schale voller Beeren, die in meinem Kühlschrank gestanden hatte. Ich aß sie auf, danach ging es mir etwas besser.

Der Abend war seit Langem geplant und da ich mich nun wieder besser fühlte, gingen Brittany, ihr Freund, Brooks und ich zusammen aus. Um vier Uhr fand ich mich in Brooks Wohnung wieder. Wir waren allein, lagen auf seinem Bett und küssten uns. Mein Herz raste.

„Du bist sooo schön!“, flüsterte er mir ins Ohr. Seine Hände wanderten meinen Körper entlang.

„Brooks.“ Ich wusste nicht, wie ich es sagen sollte. Mir fielen keine Worte ein, nur sein Name. Ich wollte Nein sagen, aber ich brachte es nicht über die Lippen.

„Wow, wie dein Herz klopft, Lauren. Hast du Angst? Das brauchst du nicht, es ist einfach nur schön. Das Beste, was es gibt auf der Welt. Und du, du bist so schön."

Ich hörte das nun nicht zum ersten Mal von ihm. Hatte ich ihm nicht deutlich gesagt, was ich darüber dachte? Ich war immer noch bei Nein.

„Es ist wirklich nicht schlimm", sprach er weiter. „Du bist für mich so besonders."

„Du für mich auch", murmelte ich, hörte aber auf, ihn zu küssen.

„Was ist denn los? Stimmt was nicht?"

Ich setzte mich auf. Die Wände seines Schlafzimmers schwankten. „Mir geht's nicht gut, Brooks. Wirklich, ich möchte jetzt einfach schlafen. Geht das?"

Brooks nickte.

Um 10 Uhr nahm ich ein Taxi und fuhr nach Hause. Mein Bauch tat weh. Mein Kopf schmerzte. Brittany und ihr Freund waren schon in ein Museum gegangen, wie ich auf dem Zettel lesen konnte, den sie auf den Tisch gelegt hatten. Ich ging ins Bett und fiel in einen unruhigen Schlaf.

Eine Stunde später klingelte das Telefon. Die Stimme am anderen Ende klang seltsam eindringlich. „Sie müssen sofort herkommen, jetzt gleich!" Es war der Arzt. Ich rief Brittany an, die mit mir zur Praxis fuhr.

„Lauren, Ihre Situation ist ernst", begann der Arzt. „Die Untersuchungsergebnisse zeigen, dass Sie innerlich bluten. Ihre roten Blutzellen sind auf ein Drittel des normalen Wertes abgesunken. Sie leiden an Mangelernährung. Bis wir die Ursache für die Blutung herausgefunden haben, sind Bluttransfusionen nötig. Wir werden gleich morgen früh damit beginnen."

Innere Blutung?

Deshalb fühlte ich mich so schwach. Deshalb wurde ich ohnmächtig, hatte rasendes Herzklopfen und dunklen Stuhl. Mein Körper verlor Blut.

Ich rief meine Eltern an und erklärte ihnen meine Lage. „Ich komme so schnell wie möglich zu dir", sagte Mama, kaufte ein Flugticket und war wenige Stunden später in einem Flieger auf dem

Weg nach New York. Mein Vater mietete ein Hotelzimmer für uns alle. Dort sollten wir Mama treffen, sagte er am Telefon. Mittlerweile wurde es immer deutlicher, dass bei mir wirklich etwas außer Kontrolle geraten war. Alle Körperstellen, die normalerweise rot sein sollten, waren weiß oder gelblich. Meine Lippen, meine Wangen – ich sah wirklich anders aus als sonst. Im Hotel legte ich mich aufs Bett, Brittany legte sich neben mich. Mein Körper wurde zunehmend gefühllos und ich hatte kaum noch die Kraft, meine Arme zu heben.

„Lo, du glühst ja total“, stellte Brittany besorgt fest. „Ich spüre richtig, wie du Wärme abstrahlst.“ Brittanys Freund ging los, um ein Thermometer zu kaufen. Meine Temperatur war bei vierzig Grad.

Als Mama kam, telefonierte Brittany gerade mit dem Arzt. Mama warf nur einen Blick auf mich, dann nahm sie Brittany das Telefon aus der Hand.

„Meine Tochter kann sich kaum noch bewegen“, erklärte sie. „Sie muss sofort in die Notaufnahme.“ Der Arzt empfahl ihr, so schnell wie möglich mit mir zum Mount-Sinai-Krankenhaus zu fahren.

Ich rang nach Luft und konnte kaum reden. An Gehen war gar nicht zu denken. Der Portier brachte uns einen Rollstuhl aufs Zimmer, damit wurde ich zum Taxi geschoben. Ich war so froh, dass Mama gekommen war. Während der Fahrt lehnte ich mich an sie. Dann trug sie mich in die Notaufnahme der Klinik.

Stunden vergingen. Es gab kein freies Bett, also lag ich auf einem großen Flur, durch einen Vorhang vor den Blicken der Leute geschützt. Die Notaufnahme war völlig überlastet, laut und chaotisch, es gab keine Privatsphäre. Eine arme Frau nicht weit von mir übergab sich alle fünf Minuten. Jemand anderes schrie vor Schmerzen. Ich bekam Bluttransfusionen, eine nach der anderen, vier Stück insgesamt. Als es Abend wurde, konnte ich ein bisschen dösen. Mama sah sehr erschöpft aus. Auf einem Stuhl versuchte sie zu schlafen, aber wirklich erholsam war das nicht. Wir versuchten, geduldig zu sein, und sie betete viel mit mir.

Achtzehn Stunden blieben wir in der Notaufnahme des Mount-

Sinai-Krankenhauses, bis endlich ein Zimmer frei wurde, das ich mit einer anderen Patientin teilte. Mama saß in einer Ecke des Zimmers auf einem Stuhl. Papa war zu Hause und telefonierte fleißig, um herauszufinden, wie es mit mir weitergehen konnte. Es wäre am besten gewesen, mich nach Dallas zu bringen, wo wir uns auskannten und mit den Krankenhäusern und Ärzten vertraut waren. Aber es hieß, ich sei noch nicht transportfähig, da ich noch so wenig rote Blutkörperchen hatte.

In den folgenden Tagen wurde ich intensiv untersucht, die Ärzte machten eine Koloskopie, Endoskopie und ein CT. Doch sie fanden nichts. Irgendwo im oberen Bereich meines Darmes musste eine verletzte Stelle sein. Keiner konnte etwas Genaues sagen. Aber in einem waren sich alle einig: Die Blutung musste gestoppt werden, so schnell wie möglich. Wer so wenig rote Blutkörperchen hat wie ich, der lebt nicht lange, erklärten sie uns.

Ich habe nicht viele Erinnerungen an diese Zeit. Meistens versuchte ich zu schlafen. Mutter flüsterte besorgt, wie blass ich doch sei, vollkommen farblos. Sie bürstete meine Haare, puderte meine Wangen und trug etwas Farbe auf meine Lippen auf. Das fand ich ausgesprochen lieb von ihr und ich lächelte dankbar. Aber die Diagnose fehlte immer noch. Ich kann mich auch erinnern, wie hungrig ich war. Über einen venösen Zugang wurde mir Flüssigkeit in den Körper geleitet, aber wegen all der Untersuchungen durfte ich zweieinhalb Tage lang nichts essen.

Endlich, am vierten Tag, waren meine Hämoglobin-Werte so weit gestiegen, dass ich nach Dallas fliegen konnte. Vater reservierte die Plätze und Mama begleitete mich auf dem Flug. Damit endete mein Sommer in New York. Brittany hatte meine Wohnung schon ein paar Tage zuvor leer geräumt und brachte alle meine Sachen nach Hause.

Vielleicht war das ein Indiz dafür, wie sehr sich meine Prioritäten verschoben hatten, aber selbst in den Tagen, in denen ich dem Tod näher war als dem Leben, dachte ich an Brooks. Ich konnte nicht verstehen, warum er sich nach unserer letzten Nacht in seiner Wohnung nicht mehr gemeldet hatte. Einen Monat lang waren wir ständig zusammen gewesen, hatten uns stündlich SMS geschickt und uns täglich gesehen. Jetzt kam von ihm gar nichts mehr.

Schließlich schickte ich ihm eine SMS: „Ich hatte innere Blutungen und habe Bluttransfusionen bekommen." Ich erwartete Mitgefühl, ein liebes Wort und die Frage, wie es mir nun ginge. Ein Junge, dem ich wichtig war, würde sich Sorgen um mich machen und vieles wissen wollen.

„O mein Gott", war alles, was Brooks zurückschrieb.

Drei Worte, das war der gesamte Umfang seiner Antwort. Er rief nicht an, schickte keine E-Mail, auch über Facebook kam keine Nachricht. Vielleicht hatte ich mich nicht klar genug ausgedrückt? Hätte ich irgendetwas anders, besser machen sollen?

Ich versuchte, ihn innerlich in Schutz zu nehmen. Aber gleichzeitig kam mir ein Wort in den Sinn, das ich irgendwo schon einmal in einem ähnlichen Zusammenhang gehört hatte. Vielleicht war es schon in der Schulzeit. Jetzt begann ich zu ahnen, was dieses Wort bedeutete. So etwas war in meinem Leben vorher nie vorgekommen, deshalb hatte ich es damals nicht wirklich verstanden. Das Wort beschreibt einen Mann, der nur das eine möchte. Wenn er das von einer Frau nicht bekommt, dann versucht er es bei der nächsten. Er sucht keine echte Beziehung und hat weder Wertschätzung noch Mitgefühl übrig.

So einen Mann nennt man einen *Spieler*.

Spieler – das war das Wort, das mir beim Gedanken an Brooks in den Sinn gekommen war. Ich musste der Wahrheit ins Auge sehen. Brooks hatte mich fallen gelassen, ich war ihm nichts wert.

Zurück in Dallas wurde ich im Baylor-Krankenhaus untersucht, aber ich musste nicht stationär dort bleiben. Während der folgenden sieben Wochen war ich oft in der Klinik, und es wurde alles Mögliche untersucht. Erneut wurde ein CT gemacht und ich musste auch eine winzige Kamera schlucken, die meinen ganzen Verdauungstrakt von innen filmte. Doch keine der Untersuchungen brachte irgendein Ergebnis.

Gut ging es mir nicht. Ich hatte in vielerlei Hinsicht versagt. Meine körperliche Verfassung war eine Katastrophe. Meine geistliche Verfassung war kein bisschen besser. Ich fühlte mich wie Jona, der im Bauch des Fisches verdaut wurde. Genau wie er war ich vor Gottes Reden weggelaufen, war aus dem Schiff geworfen und von einem Monster verschlungen worden. Aber anders als bei Jona war es bei mir noch nicht sicher, ob ich wieder ausgespuckt und auf trockenes Land geworfen werden würde.

Ich sehnte mich sehr nach dem Zuspruch, dass alles wieder gut werden würde. Diesen einen Satz wollte ich so gerne hören: *Es wird alles wieder gut, Lauren.* Mehr brauchte ich nicht. Aber keiner sagte das zu mir. Die Ärzte und meine Familie waren alle sehr ehrlich. Irgendetwas stimmte nicht mit meinem Körper, es war nicht alles gut. Natürlich wollte ich auch nicht angelogen werden, aber ein ermutigendes Wort hätte ich sehr gut gebrauchen können. Ich wusste nicht, wie ich das den anderen sagen sollte, ich wusste auch nicht, wem ich das sagen könnte.

Herr, betete ich, *in letzter Zeit war es zwischen uns nicht so gut, ich weiß. Das tut mir leid. Es tut mir wirklich sehr leid. Bitte – kannst du mich irgendwie wissen lassen, dass mit mir alles wieder gut wird?*

Eines Nachmittags, während wieder eine Untersuchung gemacht wurde, saß ich im Krankenhaus und sah aus dem Fenster. Der Himmel, der zu dieser sommerlichen Jahreszeit normalerweise klar und blau sein sollte, war wolkenverhangen, grau und dunkel. Ich hatte mich aus Gottes Schutz herausbegeben. Das war mir ganz klar. Ich hatte mich ganz bewusst gegen ihn entschieden und ihm gezeigt, dass ich es besser wusste als er. Auch mir selbst gegenüber war ich nicht ehrlich gewesen und hatte meine eigenen Werte verraten, hatte Dinge gesagt und getan, die mir leidtaten.

Ich hatte meinen Laptop dabei und bekam plötzlich die Idee, mal in Facebook zu schauen.

Dort fand ich eine Nachricht von Cindy Froese, einer Freundin meiner Eltern aus der Gemeinde. Cindy und ich kannten uns nicht so gut. Ich wusste nur, dass sie eine reife Christin war. Ihre Nachricht war kurz und traf den Nagel auf den Kopf. Sie hatte auf alle einleitenden Worte verzichtet.

„Lauren“, schrieb sie, „ich weiß auch nicht genau, warum, aber ich glaube, dass Gott mir gerade gesagt hat, ich soll dir das Folgende schreiben: Es wird alles gut!"

Ich spürte Gottes Gnade so tief.

Während ich den Computer zuklappte, strömten mir die Tränen übers Gesicht.

Kapitel 16

Versöhnt

Lauren

Es wurde nie herausgefunden, woher die Blutungen gekommen waren.

So plötzlich, wie sie begonnen hatten, hörten sie auch wieder auf. Bald waren meine Blutwerte wieder normal. Bis heute habe ich so etwas nicht wieder erlebt und es bleibt ein Geheimnis, was in jenem Sommer in New York mit mir los war.

Im Herbst 2009 kehrte ich an die Dallas-Baptist-Universität zurück. Es war schön, wieder unter guten Freunden zu sein, die mich kannten und unterstützten. Ich las auch wieder regelmäßiger in der Bibel und die Verbindung zu Gott wurde wieder enger. Auch auf meinen Körper gab ich besser acht. Ich hatte schon immer versucht, mich gesund zu ernähren; aber nun achtete ich noch besser darauf, was welche Lebensmittel in meinem Körper bewirkten. Dabei verzichtete ich immer mehr auf Zucker, Gluten und dunkles, rotes Fleisch, stattdessen aß ich immer mehr frisches Gemüse, Obst und fettarme Eiweißprodukte. Avocado nahm ich statt Butter, griechischen Joghurt statt saurer Sahne, aus der Steviapflanze gewonnener Süßstoff ersetzte mir Zucker. Meine Lieblingsspeisen wurden knackiger Krautsalat, gegrillte süße Kartoffeln und mit wenig Öl gebratener Rosenkohl.

Im September war ich wieder in New York, um über die *Fashion Week* zu berichten. Dieses Mal hatte ich den Eindruck, dass Gott mit meiner Reise einverstanden war. Mit den Leuten, die mir nicht guttaten, traf ich mich nicht. Ich war nur bei den Veranstaltungen und in Cafés, wo ich meine Texte schrieb. Ich begann auch schon, an den nächsten Sommer zu denken und zu überlegen, ob ich nicht wieder das eine oder andere Praktikum machen könnte. So nutzte ich die Gelegenheit und arrangierte einige Bewerbungsgespräche, zum Beispiel bei *Teen Vogue* und *People StyleWatch*, aber es kam nichts dabei heraus. Als die Tage um waren, hatte ich, was meine eigene Zukunft betraf, nichts erreicht. Also würde ich einfach mein Studium fortsetzen.

Es war Mitte Oktober und ich war gerade im Fitnesscenter, als ich eine SMS von Brooks erhielt. Damit hatte ich nun überhaupt nicht gerechnet. Seit dieser minimalen Reaktion auf meine Mitteilung, dass ich ernsthaft krank war, hatte es zwischen uns keinen Kontakt mehr gegeben. Bald darauf rief er mich an und erklärte mir, dass er die ganze Zeit auf einen Anruf von mir gewartet hätte, um zu erfahren, ob es mir wieder besser ginge. Zunächst bemerkte ich noch, dass er mir die Schuld geben wollte, obwohl er sich nicht gemeldet hatte. Doch je länger ich ihm zuhörte, desto mehr fühlte ich mich wieder zu ihm hingezogen. All unsere schönen gemeinsamen Momente standen mir wieder lebhaft vor Augen. Später an jenem Abend rief er mich ein zweites Mal an. Seine Stimme klang so tröstlich. Er war in Texas und wollte mich zum Essen zu sich nach Hause einladen.

Ich wusste es eigentlich besser. Er hatte keine guten Absichten.

Aber ich fuhr zu ihm.

Brooks hatte für mich gekocht. Das beeindruckte mich. Wir liehen uns drei Filme aus, die wir später bei ihm zu Hause anschauen wollten. Ich hatte nichts anderes vor, als DVD zu schauen und mich mit ihm zu unterhalten. Doch schon nach zehn Minuten schalteten wir den Fernseher aus. Wieder wanderten seine Hände an meinem Körper entlang an Stellen, die hätten tabu sein sollen. Wieder flüsterte er mir ins Ohr, wie schön ich sei und wie besonders und wie sehr er mich vermisst hätte. Wieder fiel ich auf alles herein und verschluckte den Köder samt Angelhaken, einschließlich Schnur und Senkgewicht.

Ich wusste, was er wollte, und hätte rechtzeitig Nein sagen können. Ich hätte umkehren können, anstatt die abschüssige Straße weiter bergab zu gehen. Es wäre schwer gewesen, aber nicht unmöglich.

Am nächsten Morgen hätte ich mich ohrfeigen können. Ich war so wütend auf mich selbst und ging hart mit mir ins Gericht. Wie doof war ich eigentlich? Dieser Kerl war nicht der Richtige für mich. Wir waren geistlich nicht auf dem gleichen Weg. Als ich krank war, kümmerte er sich überhaupt nicht um mich. Ich war so dumm! Ein Anruf von ihm und schon hechelte ich hinter ihm her wie ein Hund an der Leine.

Nie wieder wollte ich mit ihm ausgehen, das nahm ich mir fest vor. Aber es ist nicht leicht, solche Vorsätze umzusetzen, besonders wenn sie nur auf eigener Willenskraft beruhen. Brooks rief nicht mehr an, ich meldete mich auch nicht. Den restlichen Herbst über konzentrierte ich mich auf das Studium, vergrub mich in den Büchern und belegte etwa doppelt so viele Kurse wie die anderen Studenten. Trotzdem konnte ich nicht aufhören, an Brooks zu denken, während ich gleichzeitig jeden Gedanken an ihn unerträglich fand. Es war mir unerklärlich, wieso mich dieser junge Mann so anzog, obwohl er doch so schädlich für mich war. Dazu kam, dass ich wieder Sehnsucht nach New York hatte. Mir fehlte der inspirierende Einfluss der Stadt und das Zusammensein mit den Leuten, die beruflich die gleichen Ziele hatten wie ich. New York war die Stadt, in der meine Träume wahr wurden. Danach sehnte ich mich. Stattdessen war ich bedrückt, in meinen Gedanken gefangen und wusste nicht, wie ich die Zukunft anpacken sollte.

*

Eines Sonntags nach dem Gottesdienst stand Cindy Froese im Eingangsbereich und wartete auf mich. Sie hatte mir damals diese ermutigende Nachricht über Facebook geschickt und wollte wissen, wie es mir ging. Ich hatte den Eindruck, dass sie an einer ehrlichen Antwort interessiert war, und plötzlich konnte ich mich nicht mehr bremsen und erzählte ihr alles. Normalerweise bin ich nicht so, schon gar nicht bei Leuten, die ich nicht so gut kenne, aber in ihrer Nähe spürte ich so viel Trost und Vertrauen, dass ich alles herausließ.

Cindy umarmte mich und weinte mit mir. Am Ende unseres Gesprächs lud sie mich zu einem Angebot ein, das unsere Gemeinde „Steps" nannte. Ursprünglich stammte das Konzept aus der Saddleback Church und war von Rick Warren und John Baker entwickelt worden. Es hieß „Celebrate Recovery", lehnte sich an dem 12-Punkte-Konzept der Anonymen Alkoholiker und an den Lehren der Bergpredigt an und richtete sich an Menschen mit Sucht- und Missbrauchsproblemen und ähnlichen, großen Nöten (deutsch: „Leben finden. Ein 12-Schritte-Programm"). Für mich klang das sehr nach Psychoselbsthilfegruppe. Cindy erklärte mir, dass alle Menschen zur Zielgruppe gehörten, die schwere Dinge erlebt hatten und darüber hinwegkommen wollten, ganz egal um welche Themen es sich handelte. Also meldete ich mich an. Es würde ja nichts schaden, dachte ich mir. Brittany war zu der Zeit in China, wo sie in einem Waisenhaus arbeitete. Einen Freund hatte ich auch nicht, so hatte ich, obwohl ich an der Uni so viele Kurse belegt hatte, genügend Zeit.

Bald wurde mir klar, dass ich längst nicht so viel wusste, wie ich gedacht hatte. Das Programm sollte sechzehn Wochen lang dauern und ich fing schnell Feuer. Unser Pastor, Matt Chandler, stellte uns das Programm als ein Instrumentarium vor, mit dem wir die Tendenzen in unserem Leben, die uns gefährlich werden konnten, mithilfe des Wortes Gottes frontal angreifen konnten. Das Ziel, das dabei erreicht werden soll, ist Frieden. Man setzt sich mit der Frage auseinander, warum man in einer bestimmten Richtung unterwegs ist, gibt das Thema an Gott ab und kann dann mit Gott zusammen, von Frieden erfüllt, weitergehen. Es gab immer Hausaufgaben. In Kleingruppen tauschten wir uns über das aus, was wir erkannt hatten.

Zunächst hatten die Themen, mit denen wir uns beschäftigten, wenig mit mir zu tun. Ängste, Ärger, Sorgen und Zweifel, damit hatte ich keine Probleme. Aber je mehr wir in die Tiefe gingen, desto öfter fühlte ich mich ertappt: *Ja, so bin ich auch. Das mache ich die ganze Zeit.* Beispielsweise hatte ich im Kindergottesdienst den Glauben als eine Liste von Geboten und Verboten kennengelernt. Wenn ich es schaffte, mich an alle Regeln zu halten, war ich zufrieden mit mir. Gelang es mir nicht, hielt ich mich für eine schlechte Christin. Tatsächlich hatte ich meiner Selbstprüfung die falschen Kriterien zugrunde gelegt. Richtiger Glaube lässt sich so nicht messen. Er ist nicht am äußeren Verhalten zu erkennen, sondern er wächst in der Tiefe des Herzens.

Mir wurde bewusst, dass ich schon immer eine Perfektionistin gewesen war. Ich wollte, dass die Sachen ein bestimmtes Aussehen hatten und dass Menschen sich auf eine bestimmte Weise verhielten. Äußere Schönheit faszinierte mich, gutes Benehmen, Stil und Geschmack. Das waren alles keine schlechten Werte, aber ich gab ihnen zu viel Bedeutung. Die Perfektion in diesen Dingen war mir zu einem Götzen geworden. In unserem Kurs wurde alles als Götze bezeichnet, das einer Person wichtiger ist als Gott. So dachte ich zum Beispiel am Anfang der Beziehung mit Brooks, er wäre für mich der perfekte Partner. Ich bewunderte seine äußere Schönheit. Gott war mir in dem Moment nicht so wichtig, ich wollte vor allem Brooks. Der perfekte Mann war mir zum Götzen geworden.

Als wir dann über das Thema Partnerschaft sprachen, erkannte ich ein weiteres schädliches Verhaltensmuster bei mir. Wenn ich einen Jungen kennenlernte, dann war ich einerseits schon an diesem Menschen interessiert, aber andererseits wollte ich auch von ihm beachtet und bewundert werden. Bekam ich seine Aufmerksamkeit, ging es mir gut. Bekam ich sie nicht, bemühte ich mich umso mehr, ihm zu gefallen. Auf dieser Grundlage konnte sich keine echte Partnerschaft entwickeln. Das war nur ein Spiel. Ich suchte die Bestätigung von den Männern, um mein Selbstwertgefühl aufzubessern. Deshalb war ich immer gezwungen, gut auszusehen und hübsche Kleidung zu tragen.

Mir wurde klar, dass ich große Mühe hatte, anderen zu sagen, wie ich über eine Angelegenheit wirklich dachte. Stattdessen hatte ich mir angewöhnt, meine Gefühle in mir zu vergraben. Ich drückte sie tief in mich hinein und hielt sie fest unter Verschluss. Wenn sie vollkommen verborgen waren, fühlte ich mich sicher. Das war eine sehr schädliche Art, mit Gefühlen umzugehen. Ohnehin kamen sie von Zeit zu Zeit an die Oberfläche. Ärgerte mich etwas, dann sagte ich nicht einfach: „Das stört mich", sondern ertrug es wortlos. Aber es konnte sein, dass mein Ärger dann einen Monat später explodierte. Während meines ersten Aufenthalts in New York geriet ich einmal in einen Streit mit meiner Mitbewohnerin. Es ging um nichts Wichtiges, aber ich staute meinen Ärger so lange auf, bis ein kleiner Anlass genügte, um mich explodieren zu lassen. Nachdem ich damals meinen Gefühlen Luft gemacht hatte, stürmte ich aus der Wohnung, im Schlafanzug, um meine Mutter anzurufen und mit ihrer Hilfe die Situation zu analysieren.

Cindy begleitete mich durch das ganze Programm hindurch. Sie verurteilte mich nie. Barmherzig, weise und mit viel Gnade ging sie mit mir von Lektion zu Lektion. Oft sagte sie: „Es ist ganz normal, sich so zu fühlen" oder „Du bist in guter Gesellschaft, die meisten Leute tun das" und ähnliche tröstende Sätze.

Dann sollten wir unser ganzes Leben unter bestimmten Gesichtspunkten unter die Lupe nehmen und alles aufschreiben, was uns einfiel. Es sollte zum Beispiel darum gehen, wie wir bisher mit Angst, Zorn und Sorgen umgegangen waren. Eines Nachmittags las ich Cindy das Ergebnis vor. Wir verbrachten drei Stunden zusammen, und ich konnte gar nicht mehr aufhören zu reden. Es tat so gut, diese ganzen Lasten loszuwerden. Hier konnte ich alle meine geheimen inneren Kämpfe ans Licht befördern. Cindy war eine wunderbare Zuhörerin. Es tat so gut, am Ende keine dunklen, beschämenden Geheimnisse mehr zu haben. Selten hatte ich mich in meinem Leben so frei gefühlt.

Mein Leben wurde von einer neuen Form der Leichtigkeit beflügelt. Brooks' dunkler Schatten verblasste. Ich hatte Vergebung und Freiheit gefunden. Zum ersten Mal begann ich zu verstehen, was Gnade bedeutete. Gott liebte mich, grundsätzlich. Ich musste niemandem etwas vormachen, Gott am allerwenigsten. Beständig führte er mich an gute Orte, die er für mich vorbereitet hatte. Das Zusammenspiel von Gottes Gnade und seiner Kraft faszinierte mich.

In jenem Herbst 2009 war ich im Studium sehr fleißig, ebenso wie im Sommersemester davor auch schon, sodass ich ein Semester früher, im Dezember 2009, meinen Abschluss an der DBU machen konnte. Viele Leute aus meinem Umfeld starteten ins Berufsleben, heirateten und gingen im Leben voran – aber ich hatte immer noch keine Ahnung, was ich tun wollte. Trotzdem hatte ich innerlich Frieden.

Ich beschloss, im Sommer 2010 nicht nach New York zu gehen. Stattdessen war ich zu Hause und arbeitete in einem mexikanischen Restaurant. Hier war keine Spur von Glanz und Glamour, wie sie mich in New York so faszinierten, aber die Arbeit machte Spaß, und ich spürte, dass es mir guttat, etwas ganz Normales, Bodenständiges zu tun.

Eines Tages fuhr ich mit dem Auto ins Blaue, um nachzudenken. Ich verließ die Stadt und kam in die weite Ebene östlich von Dallas. Die Straße vor mir schien ins Unendliche zu führen. Gott selbst schien mich aufzufordern, weiterzugehen. *Die schwierige Zeit ist vorüber*, schien er zu sagen. *Du bist gut durchgekommen. Nun lass uns zusammen weitergehen und herausfinden, was hinter der nächsten Kurve liegt.*

Cindy hatte mir einmal etwas Ähnliches gesagt: „Gott will dich auf mächtige Weise gebrauchen, ganz anders, als du dir das vorstellen kannst. Aber bevor er etwas durch dich tun kann, muss er in dir wirken."

Ich lächelte, wendete und fuhr nach Hause. Voller Erwartung sah ich dem entgegen, was als Nächstes kommen würde.

Kapitel 17

Ein herrlicher Anfang

Lauren

Brittany heiratete.

Es war nicht der Junge, der dabei gewesen war, als sie mich in New York besucht hatte. Nein, sie hatte diesen wunderbaren, fröhlichen Kuschelbären Shaun Morgan gefunden. Shaun besaß alles, was sie an ihrem vorigen Freund vermisst hatte. Er war auch nett gewesen, aber er hatte eine negative Ausstrahlung, und es schien, als wollte er Brittany von ihrer Familie trennen, um sie ganz für sich zu haben. Shaun war ganz anders. Ihm war es ein Anliegen, dass Brittany engen Kontakt zu ihrer Familie hatte. Was für Brittany wichtig war, das war ihm auch wichtig.

Mehr als ein Jahr vor der Hochzeit hatten sie sich an der Dallas-Baptist-Universität kennengelernt. Im September 2009 gingen sie zum ersten Mal zusammen aus. Als Brittany von dem Abend zurückkam, wurde sie schon von mir und einigen Mädchen erwartet, die hören wollten, wie es ihr ergangen war. „Das klingt jetzt verrückt“, erklärte Brittany strahlend, „aber ich glaube, das ist der Mann, den ich heiraten werde.“ Wir fanden das nicht verrückt. Wir kannten Shaun und wir kannten Brittany. Beide waren sehr aufgeschlossen anderen Menschen gegenüber und wir konnten uns gut vorstellen, dass die beiden zusammenpassten.

Auch zwischen mir und Shaun bestand von Anfang an eine herzliche Beziehung, was mir sehr viel bedeutete. Als Zwilling hat man sehr hohe Ansprüche an den Partner der Schwester. Doch von Anfang an war mir klar, dass er ein super Typ war. Seinen Heiratsantrag machte er Brittany im obersten Stock einer Bank mitten in Dallas. Er hatte das vorher gut vorbereitet und mit dem Wachdienst alles vereinbart. Brittany war total überwältigt, sehr glücklich und sagte sofort Ja. Sie war sich von Anfang an sicher gewesen.

Es gab Monate, mitten in der Verlobungszeit meiner Schwester, in denen mich die Angst packte. Ich stellte mir vor, wie Brittany und ihr Mann in einem eigenen kleinen Häuschen wohnten, die Wände strichen, Möbel kauften und jeden Morgen zur Arbeit gingen. Es gab Tage, da freute ich mich mit ihnen, an anderen Tagen konnte ich es kaum glauben, dass wir schon alt genug waren, um zu heiraten. Aber je näher der große Tag rückte, desto mehr freute ich mich mit ihnen.

Die Hochzeit selbst war ein wunderbares Fest. Brittany trug ein eng anliegendes, bodenlanges weißes Kleid, in dem sie atemberaubend schön aussah. Ich war Trauzeugin. Außer mir gab es noch sieben Brautjungfern und ein süßes Blumenmädchen. Wir trugen schulterfreie Kleider in Weinrot und passende Blumensträuße. Unser Pastor Matt Chandler hielt die Trauung. Es gab schöne Musik, bewegende Bibelstellen, und Shaun wusch Brittany, als Zeichen seiner Hingabe, die Füße. Jeder sah, wie sehr sich die beiden liebten.

Dann kam das Fest. Im obersten Stock eines Gebäudes im Stadtzentrum hatten sie einen prachtvollen Ballsaal gemietet, der mit zierlichen weißen Lampen, goldenen Stühlen und Kronleuchtern ausgestattet und mit Blumen dekoriert war. Eine riesige, angefrostete, vierstöckige Hochzeitstorte erwartete uns. Die Band spielte fetzige Musik und alle schwebten und schunkelten über das Parkett der Tanzfläche. Es war ein Abend für Gott. Er stand im Zentrum der Hochzeit, und man konnte spüren, dass er sich Ehe genau so vorgestellt hatte.

Zu der Zeit lernte ich James kennen, den ich schon eingangs erwähnt hatte. Er war ein gewissenhafter, verlässlicher Typ, groß und breitschultrig, und kam, wie gesagt, bei den Mädchen super an. James war wirklich ein Geschenk. Auf jeden Fall war er kein Spieler, ganz und gar nicht.

Eines Abends, während ich die Gäste in Uncle Julios mexikanischem Restaurant bediente, kam James mit seinem ältesten Bruder zusammen herein, um zu essen. James faszinierte mich. In zwei Wochen heiratete einer seiner älteren Brüder und James brauchte noch eine Begleitung. So fragte er mich kurzerhand, ob ich einmal mit ihm ausgehen würde. Am Ende ging ich dann doch nicht mit ihm zu der Hochzeit, aber zwischen uns war das Eis gebrochen und wir unternahmen von da an gelegentlich etwas zusammen.

James war eineinhalb Jahre jünger als ich, was ich als angenehm empfand – so machte niemand uns Druck, dass wir ernsthaft über eine gemeinsame Zukunft nachdenken sollten. Wir gingen ein paar Mal zusammen essen und ich entdeckte immer mehr, wie viel Tiefgang er hatte. Er liebte Gott und war fest entschlossen, geistlich zu wachsen. Er arbeitete fleißig, um von seinem eigenen Geld das College zu bezahlen und danach Jura zu studieren. Auf der Heimfahrt von einem unserer ersten gemeinsamen Abende kippte vor uns ein Lkw um und fing Feuer. James bremste mit quietschenden Reifen, suchte einen sicheren Platz für mich, rannte dann zu dem brennenden Fahrzeug und half mit, die Insassen herauszuziehen. Nachdem die Rettungsmannschaft angekommen war, stieg James wieder in unser Auto und fuhr weiter, als wäre nichts gewesen. Aber ich wusste, dass er gerade eine Heldentat begangen hatte. So war James.

Wir vermieden es mehrere Monate lang, über eine feste Beziehung nachzudenken, sondern konzentrierten uns auf andere Dinge. Aber im Januar 2011 liefen wir einander wieder über den Weg. Es war, als wären wir immer zusammen gewesen. Wir besuchten eine Kletterhalle und gingen mehrfach zusammen essen. Es war schön mit ihm. In den folgenden Wochen verbrachten wir viel Zeit miteinander und mir war klar, dass wir nun auf dem Weg in eine feste Beziehung waren. Wir nannten einander Freund und Freundin, und das waren wir auch. Ich fühlte mich sicher an James' Seite und mochte ihn wirklich sehr. Vorsichtig wagte ich es, mir eine gemeinsame Zukunft mit ihm vorzustellen. Mir war klar, dass die Zukunft mit einem Mann wie James auf jeden Fall gut werden würde.

Eines Abends Anfang 2011, als James mich zu Hause bei meinen Eltern besuchte, wurde mir das besonders klar. Wir hatten uns etwas zu essen gekauft und waren allein zu Hause. Wir setzten uns aufs Sofa und schauten einen lustigen Film an. Gegen Mitternacht gaben wir uns einen Abschiedskuss und ich öffnete die Haustür für ihn. Zu meiner Überraschung waren in der letzten Stunde dreißig Zentimeter Schnee gefallen. Was war denn das? In Dallas schneite es nie!

James rief seine Mutter an und sie sagte ihm, dass er auf keinen Fall mit dem Auto fahren solle. In Texas fährt niemand Auto, wenn Schnee auf der Straße liegt. Nervös lachten wir beide über diese missliche Lage, in der er sich befand. Eine Situation, die man auch anders hätte nutzen können. Doch James schlief auf dem Sofa und ich in meinem Zimmer. Ich war so froh, dass ich einen Freund hatte, der mich körperlich nicht nötigte, obwohl er die Gelegenheit dazu gehabt hätte. Es fühlte sich schön an, James über Nacht im Haus zu haben. Wir waren ganz entspannt und es war leicht vorstellbar, dass dies immer so bleiben könnte.

Zu jener Zeit fand ich ein neues Hobby: boxen. Ich hatte immer auf meine Figur geachtet, doch nun hatte ich Lust auf eine andere Trainingsform als bisher. Ich fand einen hervorragenden Trainer, Rudy Barrientes, den ehemaligen Gewinner des Golden Gloves Amateurboxturniers. Ich kaufte mir witzige rosarote Boxhandschuhe, fing an zu trainieren und hatte großen Spaß dabei. Rudy zeigte mir die Grundbewegungen und jede zweite Woche kämpften wir gegeneinander. Ich schlug mit aller Kraft zu, er wahrscheinlich nur mit halber, aber wirklich sanft waren seine Treffer auch nicht. Ich liebte die Herausforderung dieses Sports. Es geht mit vollem Körpereinsatz zur Sache; wer im Boxring steht, kann sich nicht verstecken.

Gleichzeitig war ich weiterhin von der Modewelt fasziniert und suchte nach Wegen, um Teil dieser Welt zu werden. So gab ich meinen Job beim Mexikaner auf und fing an, meinen Lebensunterhalt in einem Kleiderladen zu verdienen. Im März 2011 flog ich nach

Paris, um von der dortigen *Fashion Week* zu berichten. Eine gute Freundin von mir lebte in Paris und bot mir an, bei ihr zu wohnen. Da sie sehr lange arbeiten musste, wollte ihr französischer Freund Mathieu mir nach meiner Ankunft die Stadt zeigen. Mathieu hatte ein kleines Motorrad, und ich saß hinter ihm, während er mich an all den berühmten Sehenswürdigkeiten vorbeifuhr – dem Eiffelturm, den Kanälen und Brücken der Seine und den mächtigen Strebebögen von Notre Dame. Paris ist eine atemberaubende Stadt.

Früh am nächsten Morgen musste ich allein meinen Weg zum Veranstaltungsort der *Fashion Week* finden. Ich hatte mir im Vorfeld ein paar Reiseführer angeschaut, aber ich konnte nur wenige Worte Französisch und hatte mich in kürzester Zeit im Pariser U-Bahn-System verirrt. Zum Glück waren die Leute hilfsbereit und freundlich. So kam ich schon bald auf der *Fashion Week* an und traf auch prompt ein paar Fotografen, die ich aus New York kannte. Auch sie hatten ihre Mühe gehabt, sich in der Stadt zurechtzufinden, deshalb fuhren wir die restliche Woche gemeinsam durch die Stadt und verirrten uns gemeinsam.

Die Designer und Ausrichter der Pariser *Fashion Week* waren angenehm locker und entspannt, ganz anders als die in New York. Vielleicht liegt es an der Bildung und Tradition Europas, aber mir fiel es deutlich auf, wie ungezwungen und nahbar die Leute in Paris waren. Es war viel angenehmer, als ich es mir vorgestellt hatte. Besonders schön war es, die Models kennenzulernen, sie waren ungezwungen, sahen toll aus und es machte Spaß, mit ihnen zusammen zu sein.

Die Redaktion, für die ich schrieb, hatte sich Artikel gewünscht, die von Adjektiven nur so überquollen, entsprechend begann einer meiner Texte für *Fashion Windows* mit der folgenden Schilderung, die hoffentlich so anschaulich war, wie es von mir erwartet wurde, und zudem noch einen Schuss Humor enthielt:

Verschwenderisch ergoss sich die unumstrittene Schönheit der hybridartigen, an Vögel erinnernden Models in der Show am Mittwoch über das Publikum. Ann Demeulemeester (eine Designerin) hatte ihre Geschöpfe in tiefem Schwarz gekleidet und eine Kollektion entworfen, die durch die Dramatik lederner Details, durch die Gesichtszüge amazonenhafter Kämpferinnen und durch mit Federwaffen gespickte Gürtel ihre Wirkung erzielte. Stachelige, schwarz und weiß gefärbte Frisuren ließen Erinnerungen an Cruella De Vil, die Böse aus dem Film „101 Dalmatiner", auf eine so angenehme Weise anklingen, wie sie nur einer hohen Schneiderkunst möglich ist. Falls eine einschüchternde Wirkung beabsichtigt war, so erlebte das Publikum doch viel eher eine Darstellung der Schönheit und Stärke.[4]

Als die *Fashion Week* zu Ende war, flog ich in die Staaten zurück, begrüßte James am Flughafen in Dallas und fuhr gleich zurück zum Haus meiner Eltern. Das Leben war schön, auf verschiedenen Ebenen hatten sich die Dinge gut entwickelt. Ich hatte einen tollen Freund, einen Teilzeitjob, von dem ich leben konnte, ich bekam immer mehr Kontakte zur Modewelt und erwarb mir allmählich einen Namen als freie Modejournalistin. Jetzt fehlte mir nur noch ein richtiger Job.

Aber auch was das betraf, hatte ich ein paar gute Ideen.

Monatelang hatte ich nun Pläne geschmiedet, geträumt, gehofft, gebetet und recherchiert. Ich wusste mittlerweile, wie mein Traumjob aussehen sollte, aber mir war auch klar, dass niemand kommen und mir diesen Job auf einem silbernen Tablett servieren würde. Es würde mir nichts ausmachen, für jemand anderen zu arbeiten, um mein Handwerk von der Pike auf zu lernen. Aber eine mit mir befreundete Redakteurin hatte diesen Gedanken schon vor einiger Zeit vom Tisch gewischt und gemeint, ich solle einfach losgehen und das tun, was ich vorhatte. Sie war Ende vierzig und hatte mich sehr gefördert.

„Es ist schwer, den richtigen Arbeitsplatz zu finden", erklärte sie. „Besser ist es, du schaffst ihn dir selbst."

Meinen eigenen Arbeitsplatz schaffen, überlegte ich, *ja, ich glaube, das könnte klappen.*

Kapitel 18

Lolo Magazin – die Modezeitschrift

Lauren

Ich träumte von einer Zeitschrift, die ihre Leser dazu ermutigen würde, ihr Leben in vollen Zügen zu leben (englisch: Live Out Loud, LOL).

Es sollte keine weitere Mädchenzeitschrift sein, sondern sollte sich mit dem beschäftigen, was Frauen begeistert: Ziele, Energie, Farbe, Schönheit und Lebensfreude. Die Zeitschrift sollte sich mit all den Widersprüchlichkeiten auseinandersetzen, die jungen Frauen begegneten, auf ernste und auch heitere Weise, seriös und verrückt. Die Artikel sollten weder wissenschaftlich noch reißerisch klingen. Ich wollte die entspannte Atmosphäre eines Gesprächs unter Studentinnen im Wohnheim oder den Small Talk unter jungen Modefachleuten in einem New Yorker Straßencafé einfangen.

Es war nicht zum ersten Mal, dass ich diese große Begeisterung für etwas verspürte. Ich liebte Kunst, reisen, Mode und alles, was schön ist. Wirkliche Begeisterung schafft einem Menschen die Freiheit, in dem zu leben, wozu Gott ihn gemacht hat. Genau dazu wollte ich die Leserinnen meiner Zeitschrift einladen – zu echter Begeisterung.

Was den Sektor der Schönheit betraf, wollte ich den Schwerpunkt auf die charakterliche Entwicklung der jungen Frauen legen. Ein attraktiver Charakter trägt mehr zu einem ästhetischen Erscheinungsbild bei als äußere Schönheit und wirkt sich nicht nur auf das Aussehen, sondern auch auf das Verhalten der Frau aus. Im Bereich der Mode wollte ich den Leserinnen helfen, die Fotos der Models in ihr eigenes Umfeld zu übersetzen. Sie sollten sich nicht von den mit viel Technik hergestellten Bildern täuschen lassen, sondern die modischen Details erkennen und auf sich anwenden können. Außerdem sollte es um gesunde Ernährung gehen. Ich wollte die Leserinnen dazu ermutigen, sich so zu ernähren, dass sie genügend Energie für ihren Alltag hätten. Dazu käme noch der Sektor Reisen, der dazu beitragen sollte, sich in verschiedenen Kulturen auszukennen und zu erleben, dass es auch eine Welt jenseits des eigenen Tellerrandes gab.

Das sollten die Themen meiner Zeitschrift sein: Ernährung, Mode, Schönheit, Gesundheit und Reisen. Alles sollte im normalen Alltag anwendbar sein.

Jeder sollte ungebremst, in vollen Zügen leben können.

Das war die Botschaft, die ich mit meiner Zeitschrift vermitteln wollte.

Molly, eine Redakteurin, mit der ich früher schon zusammengearbeitet hatte, gab mir sehr gute Tipps, wie ich meine Ideen umsetzen könnte. Sie ermutigte mich, keine Zeit zu verlieren, während ich auf die passende Gelegenheit wartete, sondern die Sache selbst in die Hand zu nehmen. Ich betete, redete mit meinen Eltern und wurde mir immer sicherer, dass dies genau die Richtung war, die ich einschlagen wollte. Molly half mir, ein Konzept zu formulieren, und brachte mich auf den richtigen Weg.

Bald fand ich eine gute Freundin, die das Projekt mit mir zusammen in Angriff nehmen wollte: Shannon Yoachum. Sie studierte an der Universität von Texas im letzten Semester und wollte Modejournalistin werden. Ich lud sie zur *Fashion Week* nach New York ein, wo wir viel über das Konzept der Zeitschrift sprachen. Obwohl sie eine starke Persönlichkeit war, stellten wir doch bald fest, dass wir sehr gut zusammenarbeiten konnten. Jede verstand die Gedanken der anderen, unsere Zusammenarbeit war unkompliziert, und wir ergänzten einander hervorragend.

Zunächst sammelten wir Ideen für Berichte und überlegten, wie wir uns die Zeitschrift konkret vorstellten, wie sie aufgemacht sein sollte und welche Gefühle wir auslösen wollten. Wir entwarfen das Logo, schrieben erste Artikel und speicherten Illustrationen. Aber als das Ganze richtig Gestalt anzunehmen begann, kam unser Projekt zum Stillstand. Unsere Software, mit der man eine einfache Homepage erstellen konnte, war für diesen Zweck ungeeignet. Gleichzeitig hatten wir aber kaum Geld. Um eine Seite designen zu lassen, die unseren Vorstellungen entsprach, hätten wir einer Agentur mindestens zehntausend Dollar bezahlen müssen. Doch dann lernten wir Josh kennen, einen begabten jungen Designer, der unsere Seite genau so entwarf, wie wir uns das gewünscht hatten. Bald kam seine Rechnung. „Ich finde das super, was ihr vorhabt“, meinte er und verlangte weniger als tausend Dollar.

Nach Monaten der Vorbereitung war es im August 2011 endlich so weit. Die erste Ausgabe war startklar. Wir hatten alle Artikel fertig, alles war in den richtigen Sektionen angeordnet und attraktiv gestaltet. Seit Wochen hatten wir in verschiedenen sozialen Netzwerken für die Neuerscheinung Werbung gemacht. Wir zählten auf drei, holten tief Luft und schalteten unsere Website online. Das *Lolo Magazin* war entstanden. Wir informierten auf Facebook und über Twitter darüber und warteten ab. Ob es ein paar Hundert Leute geben würde, die sich unsere Seite anschauen würden? Am Ende des Tages sahen wir nach: Mehr als viertausend Menschen hatten unsere Onlinezeitschrift besucht! Das war wirklich ein toller Start!

Jeden Tag lernten wir Neues. Wir hatten uns vorgenommen, täglich drei neue Artikel zu recherchieren und zu schreiben. Bald fanden wir heraus, dass das kaum zu schaffen war. Aber wir gaben alles. Wir trafen uns mit Leuten aus der Modewelt, gingen zu Modenschauen und führten Interviews mit Insidern. Wir experimentierten mit verschiedenen Themen und fanden immer mehr heraus, was die Leser interessierte und was wir streichen konnten. Wir sammelten

Fotos, schrieben Texte dazu und lernten, wo die Bilder am besten in die Texte passten. Die ersten Anfragen kamen herein, Firmen baten uns, über ihre Produkte zu schreiben oder von ihren Veranstaltungen zu berichten. Wir kümmerten uns um die Verbreitung der Website in den sozialen Netzwerken, stellten unsere Artikel ein und reagierten auf Kommentare. Auch um die finanzielle Seite mussten wir uns kümmern, Werbung und Marketing gewann an Bedeutung. Selbst der Umgang mit dem Finanzamt wollte gelernt sein.

Obwohl wir so viel arbeiteten, verdienten wir so gut wie nichts, aber damit hatten wir gerechnet. Für das erste Jahr hatten wir uns lediglich zum Ziel gesetzt, eine feste Leserschaft zu gewinnen. Im zweiten Jahr wollten wir dann versuchen, einen festen Stamm von Werbekunden aufzubauen. Nach den überraschend hohen Leserzahlen am ersten Tag sanken die Zahlen in den folgenden Tagen in den dreistelligen Bereich, aber dann stiegen sie allmählich wieder an.

Ich dachte ständig an das Magazin. Es war für mich wie ein Neugeborenes. Ich machte mir Sorgen darum, betete dafür und beschäftigte mich auch nachts damit. Aber vor allem hatte ich sehr viel Freude daran. Jede Sekunde, die ich damit zubrachte, machte mich glücklich.

Die Herausgabe des *Lolo Magazin*s war tatsächlich mein Traumberuf. Die Möglichkeiten schienen grenzenlos. Jeder Tag hatte ein hohes Tempo, aber wir lernten bald, Dinge zu delegieren und freie Journalisten unter Vertrag zu nehmen. Dann stellten wir einige Collegestudenten als Praktikanten an. Einer unserer Mitarbeiter lebte in New York und war dafür zuständig, über die Ereignisse der dortigen Modewelt zu berichten. Shannon und ich achteten persönlich auf alles, was in den unterschiedlichen Sektoren der Zeitschrift geschah. Bald integrierten wir auch Videos in unser Angebot. Ich führte Interviews mit dem Schauspieler und Model Kellan Lutz aus den Twilight-Filmen, mit der Modedesignerin Rebecca Taylor und mit den Leuten von *Gossip Girl*, dem Schauspieler Chace Crawford und dem Kostümbildner Eric Daman.

Das Schönste war natürlich, wenn ich von Leuten hörte, denen die Zeitschrift wirklich etwas zu sagen hatte. Wir konnten durch unsere Arbeit anderen etwas geben. Angeregt durch unsere Artikel probierten sie verschiedene Stilrichtungen aus oder reisten in fremde Städte. Mehr als einmal hörten wir von Lesern, die ihr Studienfach aufgrund dessen, was sie bei uns gelesen hatten, gewechselt hatten. Gott kam in unseren Texten selten direkt vor, aber es ging oft um das „wahre Leben" im Gegensatz zu dem weitverbreiteten oberflächlichen Lebensstil unserer Gesellschaft. Wir wollten den Glauben in allen Lebensbereichen einbringen. Ich konnte umsetzen, was ich in dem Buch „Roaring Lambs" gelesen hatte, ich war ein schwaches Lamm, das wie ein laut brüllender Löwe in der Welt Gehör fand.

*

Nachdem die Zeitschrift ins Leben gerufen war und sich auch gut zu entwickeln begann, konnte ich mich wieder um andere Dinge kümmern. Im November 2011 beschlossen James und ich, wieder etwas mehr auf Abstand zu gehen. In den letzten Monaten hatten wir sehr geschwankt zwischen Nähe und Distanz. Jetzt war der Moment gekommen, die Beziehung offiziell zu beenden, zumindest vorläufig. Diese Entscheidung hatte nichts damit zu tun, dass ich ihn nicht liebte. Ich liebte ihn sogar sehr.

Aber irgendwie war trotzdem alles nicht so einfach.

Unsere Beziehung war eng geworden. Dabei wurde mir immer klarer, dass wir in einem Alter waren, in dem man nicht mehr so unverbindlich zusammen ist. Wir waren keine Vierzehnjährigen mehr, die miteinander ins Kino gingen. Wir waren über zwanzig und unsere Beziehung steuerte auf ein Ziel zu. Es ging um die Frage, ob wir unser restliches Leben zusammen verbringen wollten. Wir nahmen diese Frage beide sehr ernst. Die Entscheidung für einen Ehepartner wollten wir sehr sorgfältig treffen, um das Versprechen, das wir einander geben würden, dann auch wirklich halten zu können. Wir wollten an dieser Stelle keine Unsicherheit zulassen.

Doch ich kämpfte immer wieder mit Zweifeln.

Dabei ging es gar nicht so sehr um James. Er war ein wunderbarer Mann, freundlich, liebenswürdig und treu, und es machte Spaß, mit ihm zusammen zu sein.

Die Zweifel richteten sich eher gegen meine eigene Person.

Wenn ich ganz ehrlich war, hatte ich immer noch ein gewisses Interesse an anderen jungen Männern. Ich wusste nicht, ob das vielleicht normal war, vielleicht ging es allen so, auch wenn sie in einer engeren Partnerschaft waren? Oder war das, was ich an mir beobachtete, ein Alarmzeichen? Irgendwie wollte ich mich im tiefsten Inneren noch nicht festlegen. Aus irgendwelchen Gründen konnte ich mich diesem fantastischen Mann, mit dem ich befreundet war, nicht ganz hingeben.

Ich betete viel und redete mit Brittany und Shaun darüber. Auch meine Eltern und einige andere, kluge Frauen bat ich um Rat. Sie alle verstanden, dass meine Situation nicht einfach war. Keiner sagte mir, was ich tun sollte. Alle waren begeistert von James, bestätigten mir aber auch, dass ich mir selbst sicher sein musste, bevor ich weitergehen konnte. Aber sicher war ich mir nicht. Manche rieten mir auch, nach einem anderen Mann zu suchen, weil ich dem Mann meiner Träume offenbar noch nicht begegnet war.

Eine der Frauen, mit der ich gesprochen hatte, träumte von mir und einem noch unbekannten Mann. Der Traum lag in ferner Zukunft. Wir waren verheiratet und hatten drei Söhne. Sie hießen Hudson, Dawson und Canyon. Diese Namen hatten nichts mit mir zu tun, ich hatte sie der Frau gegenüber nie erwähnt. Was sollte ich davon halten? War dieser Traum bedeutungslos? Oder hatte Gott ihr einen Blick in die Zukunft geschenkt – so wie jenem Obdachlosen vor vielen Jahren?

Die Vorhersagen dieses Mannes waren wirklich echt gewesen. Es war so gekommen, wie er geschrieben hatte, für Brittany und für mich. Ich verbreitete „gute Nachrichten", ich war von „Prominenten" und „wichtigen Persönlichkeiten" umgeben, „Reisen spielte eine große Rolle", meine „Worte" wurden von vielen Leuten gelesen, ich hatte etwas Neues erfunden und war eine „Pionierin".

(Allerdings, in einer Sache stimmte die Vorhersage des Obdachlosen nicht. Ich würde „Kämpfe gewinnen“, hatte er gesagt. Das war noch nicht eingetroffen. Immer mal wieder dachte ich daran und fragte mich, was es damit wohl auf sich hätte. Wahrscheinlich war der Start meiner Onlinezeitschrift damit gemeint, sagte ich mir dann.)

Keiner von uns konnte in die Zukunft sehen. Deshalb war es so schwer, in Bezug auf James eine Entscheidung zu treffen. Er war so ein fantastischer junger Mann, geradlinig, zuverlässig und ganz für mich da. Ich wollte ihn nicht verlieren. Aber gleichzeitig dachte ich ständig darüber nach, ob ich es nun mit ihm ernst meinte oder nicht. Ich durfte ihm nichts vormachen. James sollte eine Frau heiraten, für die er wichtiger war als alle anderen Menschen auf der Welt. Solange ich das nicht mit Sicherheit sagen konnte und Gott mir nicht gezeigt hatte, wohin mein Weg in der Zukunft führen würde, wollte ich mit James nicht weiter vorangehen. Er verdiente es, mein ganzes Herz zu besitzen. Doch das konnte ich ihm jetzt – noch – nicht geben. Zunächst musste ich vor allem herausfinden, wohin Gottes Weg mich führte. Deshalb beendete ich die Beziehung mit James.

„Versprich mir, dass du sehr vorsichtig sein wirst, Lo“, sagte er an unserem letzten Abend, während er mich nach Hause fuhr. „Ich kann es nicht genau erklären, aber ich habe so ein Gefühl, als ob dir etwas Schlimmes bevorstehen würde.“

Ich nickte, wir umarmten uns und ich zitterte ein wenig. James war immer für mich da gewesen. Er erlebte Gottes Liebe und Fürsorge in guten und in schweren Situationen. Wie konnte ich mir nur einen besseren Partner wünschen?

Am Mittwochabend, den 30. November 2011, schrieb ich Tagebuch. Es sollte für lange Zeit mein letzter Eintrag werden. Ich legte meinen Stift weg, schaltete das Licht aus und zog mir die Decke bis zum Kinn. Morgen war Donnerstag, ein neuer Tag, an dem ich wieder an meinem *Lolo Magazin* arbeiten würde. Der Gedanke fühlte sich gut an, genauso gut wie immer. Nur noch zwei Tage, dann war schon wieder Wochenende. Ich freute mich auf Samstag, den 3. Dezember. Brittany und Shaun wollten herkommen, um mit uns den Weihnachtsbaum zu schmücken. Das würde auf jeden Fall ein schöner Tag werden, das wusste ich. Abends wollten wir zusammen zum Gottesdienst gehen, danach waren wir bei Freunden zum Essen eingeladen.

Hoffentlich würde Papa nicht krank werden. Er sah in letzter Zeit ziemlich erschöpft aus.

Vielleicht brütete er einen Infekt aus.

Kapitel 19

Zurück zum Unfallort

Jeff

Am Abend des 3. Dezembers 2011 kam der Wind aus nördlicher Richtung. Die kräftigen Windböen aus Oklahoma fegten durch die Schneise des Highway 75 Richtung Süden und erreichten auch den Aero Country Airport in McKinney, Texas. Durch sie wurde eine Kette von Ereignissen in Gang gesetzt, die unser Leben für immer veränderten.

Erst Monate später, als ich den Unglücksort zum ersten Mal besuchte, machte ich mir diese Gedanken über Windstärke und Windrichtung. Nach dem Unfall war ich mit Mike, dem Besitzer des Flugzeugs, zwar regelmäßig in Kontakt gewesen. Aber den kleinen Flughafen hatte ich bis dahin nicht besucht. Alles in mir sträubte sich dagegen. Allein der Gedanke, an der Stelle zu stehen, an der meine Tochter fast gestorben wäre, brachte das Entsetzen jener Nacht sofort wieder an die Oberfläche. Ich wollte dieses Entsetzen nicht wachrufen, sondern versuchte es zu verarbeiten und zu überwinden.

Dennoch musste ich so viel wie möglich über den Hergang des Unfalls wissen. Die zivile Luftfahrtbehörde, die Gerichte und Versicherungen hatten uns mit Formularen überhäuft und immer wieder nach dem Unfallhergang gefragt. Mittlerweile hatten sich unzählige Gerüchte um das Ereignis gerankt, das meiste waren Spekulationen, die ohne Bezug zur Realität standen. Schnell hatte ich gelernt, die Onlinekommentare nicht mehr zu lesen, die unter den unzähligen Meldungen sämtlicher Medien standen, die nach dem Unfall erschienen waren. Viele Kommentare waren freundlich und ermutigend, Mitgefühl wurde ausgedrückt und eine schnelle Genesung gewünscht. Doch es gab auch vorwurfsvolle, höhnische, grausame Äußerungen von Menschen, die sich nur auf Mutmaßungen beriefen. Am meisten schmerzte es mich, wenn Lauren als „dumme Blondine" bezeichnet wurde, die entweder betrunken oder auf Drogen gewesen sein musste oder vielleicht gerade mit ihrem Handy gespielt hatte, als sie in den Rotor lief. All diese Fremden hatten eine eigene Meinung, je nach Standpunkt wollten sie Lauren entweder ermutigen oder machten sich über ihren Unfall lustig und schütteten Verachtung über Lauren aus. Ich hatte nicht vor, auf all die Vorwürfe und Fragen eine Antwort zu finden, das war auch gar nicht möglich. Aber ich musste den Unfallort sehen, mit meinen eigenen Augen.

Es war Nachmittag, als ich über den Flughafen ging. Mike begleitete mich. Der Himmel war wolkenverhangen, trotzdem blinzelte ich im hellen Licht. Zuerst ertrug ich es kaum, an diesem Ort zu sein. Wortlos ging ich über das Rollfeld vor dem Hangar und versuchte meine aufsteigenden Emotionen unter Kontrolle zu halten. Ein Tag würde nicht genügen, um den ganzen Unfall zu rekonstruieren. Aber einiges konnte Mike mir an diesem Tag doch schon beantworten.

Im Nordwesten von Texas werden die Start- und Landebahnen kleiner Privatflughäfen grundsätzlich in nordsüdlicher Richtung angelegt, da der Wind meist aus diesen Richtungen kommt. Von der aktuellen Windrichtung hängt es ab, in welcher Richtung der Pilot startet, landet und das Flugzeug parkt.

So war es auch an jenem 3. Dezember. Der Wind kam aus Norden. Der Pilot landete und rollte ordnungsgemäß über die Landebahn auf die Rollbahn. Dann parkte er das Flugzeug vor dem Hangar. Dabei schaute die Flugzeugnase in nördliche Richtung, aus welcher der Wind kam, genau wie es die Pilotenausbildung vorschrieb. Man parkt immer gegen den Wind.

Der Ein- und Ausstieg war bei Mikes Flugzeug auf der rechten Seite, links gab es keine Tür. Damit befand sich die Tür auf der östlichen Seite, zur Rollbahn hin, auf der vom Hangar und vom Haus abgewandten Seite. Wäre der Wind aus südlicher Richtung gekommen, hätte man das Flugzeug genau in entgegengesetzter Richtung geparkt, und Lauren hätte direkt vom Flugzeug aus durch den Hangar ins Haus gehen können. Aber weil das Flugzeug nach Norden ausgerichtet war, musste Lauren nach dem Aussteigen in einem Halbkreis um das Flugzeug herumgehen, um zum Hangar und damit zum Haus zu kommen. Beim Aussteigen hätte sie sich wohl auch nach rechts wenden und um den hinteren Teil des Flugzeugs gehen können. Doch sie wollte links herum gehen und lief direkt in den Propeller.

Auch dafür gab es eine logische Erklärung.

In den Medien wurde überwiegend berichtet, Lauren sei ein „Fotomodell" und wäre in einem „Privatflugzeug" geflogen. Ich kann verstehen, dass man Lauren für ein Model hält, aber das stimmt nicht. Nur von Freunden in Dallas, die Fotografen sind, ließ sie einmal Aufnahmen machen. Sie hat sich selbst nie als Model gesehen oder so bezeichnet. Als es dann in einer Berichterstattung auch noch hieß, sie sei ein „Supermodel", lächelte Lauren nur müde. Immerhin meint man mit einem Supermodel die wenigen herausragenden Topmodels wie Kate Moss oder Gisele Bündchen. Es stimmt in gewisser Weise, dass Lauren mit einem Privatflugzeug flog. Aber wenn man die beiden Begriffe „Fotomodell" und „Privatflugzeug" in einem Atemzug nennt, dann entsteht dabei die Vorstellung einer prominenten Schönheit, die über die elegante Treppe eines Firmenfliegers aussteigt.

Aber so war es überhaupt nicht.

Lauren war mit einer 2011 Aviat Husky A-1C unterwegs gewesen, einem leichten einmotorigen, zweisitzigen Mehrzweckflugzeug. Das ist ein kleiner, einfacher Buschflieger. Für einen Jäger im Yukon-Territorium in Kanada oder für den Postboten in Alaska ist dieser Flieger ein Traum, weil er auf unbefestigten Pisten, Feldern und Hügeln starten und landen kann. Das Flugzeug hat nur zwei Sitze. Dahinter ist noch etwas Platz, um einen toten Elch, einen Schlafsack und einen Campingkocher zu verstauen. Insgesamt ist das Flugzeug nicht viel länger als ein Pkw. Der Innenraum ist nur 1,20 Meter hoch und 70 Zentimeter breit. Damit erinnert das Ganze eher an ein fliegendes Kanu oder ein geschlossenes Kajak mit Tragflächen und Motor.

Für Mike war es schon der zweite Flieger des US-amerikanischen Herstellers Aviat, den er besaß, so war er mit dieser Kategorie von Flugzeugen gut vertraut. Der Pilot, der an jenem Abend mit Lauren flog, hatte schon unendlich viel Zeit in Huskys und ähnlichen Flugzeugen verbracht. Er war mit allen Funktionen bestens vertraut.

Die Enge der Kabine hatte auch Einfluss auf den Unfall. In der Aviat Husky A-1C kann man nicht aufstehen und herumgehen, man kann sich beim Aussteigen nicht aufrichten und es gibt auch keine herausfahrbare Treppe, um so bequem auszusteigen wie bei einem kleinen Verkehrsflugzeug. Zum Einsteigen befindet sich an der Außenseite, unterhalb der Tür, eine steigbügelartige Stange, die man als Stufe benutzen kann. Über der Tür ist eine zweite Stange, um sich daran festzuhalten. Stellt man einen Fuß auf die untere Stange und hält sich an der oberen fest, kann man seine Beine hochschwingen und ins Innere des Flugzeugs klettern. Um wieder herauszukommen, geht man in umgekehrter Reihenfolge vor. Mike erklärte mir, dass es so ähnlich ist, wie wenn man rückwärts eine einstufige Leiter hinunterklettert. Grinsend erzählte er, wie sein Sohn die Prüfung zum Pilotenschein ablegte und der Prüfer der amerikanischen Luftfahrtbehörde FAA geschlagene zwanzig Minuten benötigte, um sich wieder aus dem engen Flugzeug herauszukämpfen.

Dazu kommt, dass die Tür der Aviat Husky A-1C keine Ähnlichkeit mit einer üblichen Flugzeugtür hat, die aus einem Teil besteht und einen vollständig umlaufenden Rahmen besitzt. Stattdessen erinnert sie eher an ein quer geteiltes, klappbares Autofenster. Der gläserne, obere Teil öffnet sich nach oben, der untere Teil aus

Metall wird nach unten geklappt, wie eine Muschelschale oder der Greifer eines Baggers. Diese Konstruktion bewirkt, dass die obere Haltestange beim Aussteigen nicht zu sehen ist.

Zusätzlich wird das Ein- und Aussteigen durch die Stabilisierungsstangen erschwert, die sich an der Außenseite des Flugzeugs seitlich unterhalb der Tür befinden. Diese beiden Stangen verbinden den Boden des Flugzeugs mit den Tragflächen, an deren äußerstem Ende sie an der Unterseite befestigt sind. Diese Abstrebung dient der Abstützung der Tragfläche gegenüber dem Rumpf. Beim Ein- und Aussteigen muss man auch diesen Stangen ausweichen.

Vor dem unteren Ende der Stabilisierungsstangen sind die vorderen Reifen. Der rechte Reifen bietet sich beim Aussteigen als Trittbrett an. Es ist naheliegend, dass man den Stangen ausweicht, indem man nach links vorne auf den Reifen tritt. Das ist einfacher, als rechts an den Stangen vorbei nach hinten zu klettern, wo es nichts gibt, auf das man treten könnte. Rückwärts herauszuklettern, um mit dem Fuß die untere steigbügelartige Stange zu ertasten, wäre am sichersten gewesen, ist aber angesichts der Klapptür auch nicht einfach.

Wahrscheinlich stieg Lauren so aus, wie es ihrem Wesen am ehesten entspricht: vorwärts und über den Reifen. Ein paar Tage davor war sie in einem anderen Kleinflugzeug mitgeflogen, das Ballonreifen hatte. Vielleicht hatte sie es von daher noch in Erinnerung, dass der Ausstieg über den Reifen sich anbietet.

Es gab Videoaufnahmen vom Rollfeld zur Unfallzeit, aufgenommen durch eine fest installierte Videokamera, die sich zum Schutz vor Einbrechern an der Rückseite des Hangars befand. Die Aufnahmen sind allerdings nur von geringem Nutzen. Mike sah sich das Video zusammen mit den Zuständigen der amerikanischen Luftfahrtbehörde an, ich selbst habe es mir nicht angeschaut. Nach dem, was Mike mir sagte, stand das Flugzeug so zur Kamera, dass die Tür nicht zu sehen war und man Lauren weder beim Aussteigen noch im Augenblick des Unfalls erkennen konnte.

Es lag also nahe, dass Lauren an den Stabilisierungsstangen links vorbei über den Reifen nach vorne ausgestiegen und dadurch in gefährliche Nähe zum Propeller gekommen war.

Doch warum hatte sie den Propeller nicht gesehen?

Wenn Sie mal in einer Propellermaschine sitzen sollten, dann schauen Sie doch einmal während des Fluges aus dem Fenster nach vorne und achten Sie auf den Propeller. Selbst bei geringer Geschwindigkeit ist ein Propeller nicht zu sehen. Man kann direkt durch die sich drehenden Flügel hindurch die Landschaft auf der anderen Seite des Propellers sehen, als würde man durch eine Fensterscheibe schauen. Der Propeller ist nur als blasse, kreisförmige Fläche zu sehen. Einige Propeller haben rote Streifen, was einen ähnlichen Effekt auslöst wie die Reflektoren an den Speichen eines Fahrrades. Bei gutem Licht und klarem Wetter ziehen solche Propeller einen blassen roten Kreis. Aber Laurens Unfall ereignete sich abends und bei Nieselwetter, als keine Sterne am Himmel zu sehen waren und das Mondlicht kaum durch die Wolkendecke drang. Das Flugzeug hatte zwar die stroboskopisch blitzenden Antikollisionslichter an den Tragflächen und den Rollscheinwerfer an, außerdem brannte das Licht am hinteren Teil des Hangars. Aber Lauren stieg auf der dem Hangar abgewandten Seite aus, wo kein Licht hinfiel. Es war für sie unmöglich, im Dunkeln den Propeller zu sehen.

Damit stellte sich mir eine letzte Frage: War der Unfall unvermeidlich? Doch damit wollte ich mich später auseinandersetzen, an jenem Nachmittag bei Mike war dafür keine Zeit.

Der Fachausdruck, mit dem Laurens Unfall beschrieben wird, lautet Propstrike (Propellerkollision). Damit beschreibt man jede Situation, in welcher der Propeller eines Flugzeugs irgendetwas anderes als die Luft berührt. Ein Propstrike kann sich mit Vögeln in der Luft ereignen, mit Baumwipfeln oder Berggipfeln, bei der Landung auch mit dem Boden oder mit Tieren, natürlich auch mit Menschen. Der amerikanischen Luftfahrtbehörde wurden 2011 mehr als zehntausend Unfälle mit frei lebenden Tieren berichtet, von denen viele durch Propeller verursacht worden waren. Die tatsächliche Zahl ist deutlich höher.

Dann gibt es noch den Sonderfall der Propellerkollision eines Menschen (Prop-to-Person Strike). Dieser Ausdruck wird von der amerikanischen Luftfahrtbehörde FAA nur für den Unfall einer Person mit einem Propeller verwendet. Seit 1982 werden diese Unfälle protokolliert, wobei sowohl Vorkommnisse mit Hubschraubern als auch mit anderen Flugzeugen erfasst werden. Ein Freund von mir untersuchte sämtliche Kollisionen von Propellern mit Menschen von 1990 bis zum Tag von Laurens Unfall. Dabei berücksichtigte er nur die Kollisionen mit Flugzeugen, Hubschrauber ließ er außer Acht. Er fand heraus, dass sich in den zurückliegenden 21 Jahren in den USA 91 schwere, zum Teil tödliche Unfälle mit Flugzeugpropellern ereignet hatten. Zu den schwereren Verletzungen zählen gebrochene Arme und Beine, abgetrennte Finger und Gliedmaßen sowie Kopfverletzungen. Pro Jahr erleben in den USA im Durchschnitt vier Personen einen ähnlichen Unfall wie Lauren. Zusammenfassend lässt sich feststellen, dass Unfälle mit Propellern zwar nicht so häufig vorkommen wie Autounfälle, aber es sind in den vergangenen Jahrzehnten doch immer wieder Leute in einen sich noch drehenden Propeller gelaufen.

Aus den untersuchten Berichten ging weiter hervor, dass die verunglückten Personen aus vielen verschiedenen Berufssparten stammten, auch Ingenieure und Ärzte waren unter ihnen. Es scheint also keine Frage der Intelligenz zu sein, ob einem so etwas passiert. Einer der bekannt gewordenen Propellerunfälle ereignete sich im Jahr 1983. Jack Newton, einer der erfolgreichsten Golfspieler Australiens in den Siebziger- und Achtzigerjahren, wurde sehr schwer verletzt, als er in den sich drehenden Propeller einer Cessna lief, in die er auf dem Flughafen in Sydney einsteigen wollte. Es war dunkel gewesen und hatte stark geregnet, sodass die Sicht sehr schlecht war. Bei dem Unfall verlor er sein rechtes Auge und die rechte Hand, außerdem erlitt er schwere Bauchverletzungen.

Damals hatte sich Newton auf dem Höhepunkt seiner Karriere befunden. Nach dem Unfall war sein bisheriges Leben vorbei. Doch eines Tages kehrte er ins Rampenlicht zurück. Das geschah nicht über Nacht. Newton hatte Monate in der Rehabilitationsklinik verbracht und viele Operationen über sich ergehen lassen müssen. Unter anderem war eine Rekonstruktion seines Gesichtes nötig gewesen. Doch dann kam er zurück – als Golfberichterstatter für Fernsehen, Radio und Zeitungen. Außerdem fing er an, Golfplätze zu planen, reiste als gefragter Redner herum und leitete die Jack-Newton-Junior-Golf-Stiftung. Er lernte sogar wieder Golf zu spielen – mit einer Hand. Dabei stand er in der Position eines Rechtshänders und schwang mit der linken Hand den Golfschläger. Inzwischen ist er weit über achtzig Jahre alt.

Jack Newtons Rückkehr ins Leben war beeindruckend. Was uns selbst betraf, waren wir in den Wochen nach Laurens Unfall nicht sicher, ob unser Leben jemals wieder so werden würde wie früher. Das hatte mit einem Aspekt des Unfalls zu tun, mit dem wir uns nur schwer abfinden konnten. Wir lasen darüber in den Operationsberichten. Es betraf die Fläche des Propellers, mit der Lauren verletzt wurde.

Sofort nach dem Unfall hüllte Mike den Propeller in Jutesäcke, die er mit Klebeband fixierte. Er wollte nicht, dass die Reporter ihn fotografierten. In jenen Tagen belagerten die Journalisten und Kameraleute sein Grundstück und warteten immer auf die Gelegenheit für eine reißerische Aufnahme. Sie waren überall, in der Einfahrt, im Hof, einige erwischte Mike sogar dabei, wie sie versuchten, in den Hangar einzubrechen. Den Propeller hatte er der FAA übergeben müssen. Zwei Jahre lang wird er an einem geheimen Ort als Beweismittel aufbewahrt. Das Flugzeug selbst wurde im Schutz der Dunkelheit in eine Werkstatt nach Kansas gebracht, wo es repariert werden sollte. Der Propeller, der Lauren traf, hatte zwei Blätter. Nun ist ein dreiarmiger Propeller an dem Flugzeug. Grundsätzlich spielt es aber keine Rolle, ob ein Propeller zwei- oder dreiteilig ist, so erklärte mir Mike, hier handelt es sich lediglich um Vorlieben der Piloten.

In Bezug auf seine Form und seine Geschwindigkeit bleibt der Propeller für Lauren jedoch der entscheidende Faktor. Der Motor des Husky-Fliegers dreht sich im Leerlauf mit 625 bis 675 Umdrehungen pro Minute.[5] Das bedeutet, dass jedes Rotorblatt im Leerlauf mindestens zehn Mal pro Sekunde einen vollständigen Kreis beschreibt. Dabei ist das Propellerblatt eines Flugzeuges nicht so flach wie ein Buttermesser, sondern eher so gebogen wie die Flügel einer Windmühle, um die Luft wegzuschaufeln. Wir erfuhren, dass nur die äußerste Kante dieses Flügels Lauren berührt hatte, doch aufgrund der Krümmung war die Verletzung so schwer. Wie groß war die Fläche des Propellers, die Lauren verletzte? Man muss davon ausgehen, dass sie nur so groß war wie eine Zwei-Euro-Münze!

Eine Zwei-Euro-Münze hat nur 26 Millimeter Durchmesser! Mehr Berührungsfläche war nicht nötig. Meine Tochter wurde von einer winzig kleinen, sich bewegenden Stahlfläche aufs Schwerste verletzt.

Für mich ist dieser Gedanke besonders schwer zu ertragen. Wäre Lauren mit nur drei Zentimeter mehr Abstand am Flugzeug vorbeigegangen, hätte der Propeller sie überhaupt nicht berührt. Andererseits fehlten nur zwei Millimeter, um ihre Hauptschlagader am Hals zu treffen. Diese Verletzung hätte Lauren mit ziemlicher Sicherheit nicht überlebt. So eng lagen Leben und Tod in jener Nacht beisammen. Eine Vielzahl winziger Faktoren hatte zusammengespielt, um diesen Albtraum auszulösen.

Das Ergebnis meiner Untersuchung war nun, dass der Unfall jedem hätte passieren können. Doch das half mir nicht wirklich. Wenn ich doch nur in jener Nacht vor Ort gewesen wäre! Wahrscheinlich hätte ich nichts tun können, um den Unfall zu verhindern. Vielleicht hätte ich aber doch ein wenig besser auf mein Mädchen aufpassen können.

Nachdem ich nun mit dem Unfallort vertraut war, beschäftigte ich mich immer wieder mit dem Unfallhergang. Es war wie ein Zwang. Vielleicht ist das ein typisch väterliches Verhalten, wenn so viele unbekannte Faktoren zum Schaden des Kindes zusammenspielen.

Eines wusste ich nun jedenfalls mit Sicherheit: Wäre der Wind an jenem Abend nicht aus Norden gekommen, dann wäre alles ganz anders gelaufen. Hätte der Wind doch bloß aus südlicher Richtung geweht!

Kapitel 20

Die ersten vierundzwanzig Stunden

Brittany

Die Sanitäter, die als Erste am Unfallort eintrafen, erzählten den Journalisten später, dass Laurens Anblick sie sehr schockiert hätte. Als sie sahen, wie viel Blut Lauren verloren hatte und wie schwer ihre Gesichts- und Kopfverletzungen waren, konnten sie sich kaum vorstellen, dass Lauren überleben würde. Doch selbst dann schien eine Schädigung des Gehirns sicher zu sein.

Während dieser ersten, endlos langen Nacht im Krankenhaus wurde uns als Familie nach und nach mitgeteilt, wie schwer Lauren verletzt war. Den erlösenden Satz „Ihr Zustand hat sich stabilisiert" hörten wir schon ziemlich früh am Abend, von daher konnten wir zumindest davon ausgehen, dass sie nicht sterben würde. Aber die Frage, ob Lauren aufgrund der Gehirnverletzung als anderer Mensch in unser Leben zurückkehren würde, lastete schwer auf uns.

Das medizinische Personal ging behutsam mit uns um, war dabei aber ehrlich. Das war uns auch sehr wichtig. Alle Personen, die sich in jener Nacht um Lauren kümmerten, waren ausgesprochen einfühlsam. Das half uns, die Reihe schlechter Nachrichten zu ertragen. Soweit ich mich erinnern kann, kam der Neurochirurg als Erster. Er und seine Kollegen hatten die Knochenstücke entfernen müssen, die sich ins Gehirn gebohrt hatten. Diese Vorstellung machte uns besonders Angst. Die Operation war sehr riskant, erklärte uns der Chirurg. Der vordere linke Teil des Gehirns, der bei Lauren verletzt worden war, sei der Sitz der Persönlichkeit eines Menschen, sagte er. Hier sind Impulssteuerung, Sozialverhalten, Gedächtnis und Sprache angesiedelt. Wer an dieser Stelle des Gehirns verletzt ist, erholt sich davon in der Regel nicht vollständig, sondern wird für sein restliches Leben durch unerklärliches, aggressives oder unangemessenes Verhalten auffallen, erfuhren wir. Doch selbst wenn ihr Gehirn keinen bleibenden Schaden genommen hätte, würde sie trotzdem sämtliche Fähigkeiten wieder neu lernen müssen wie ein kleines Kind.

Während die Stunden verstrichen, folgte eine schlechte Nachricht auf die nächste. Ich war innerlich wie erstarrt. Den anderen ging es vermutlich ähnlich.

Als die Operation des Schädels erfolgreich beendet war – soweit man das in jener Nacht überhaupt beurteilen konnte –, begann das nächste chirurgische Team, Laurens Hand zu operieren. Die Hand war direkt am Ansatz zum Handgelenk abgetrennt worden. Wäre der Schnitt etwas weiter oben, im knöchernen Bereich des Gelenks, gewesen, dann hätte man die Hand vielleicht wieder anfügen können. Doch so war die Hand zu zerstört, und die Ärzte entfernten sogar noch weiteres Gewebe, um den späteren Einsatz einer Prothese zu erleichtern, wie sie uns erklärten.

Das linke Schlüsselbein war so zersplittert, dass es nicht mehr zu retten war. Ein drittes Ärzteteam versuchte, den Bereich der linken Schulter und den Brustkorb zu stabilisieren.

Ihr Auge war fast vollständig durchtrennt worden und die knöcherne Augenhöhle war sowohl oberhalb als auch unterhalb des Augapfels gebrochen, wo der Propeller sie getroffen hatte. Die Chirurgen setzten Platten ein, die den Knochen über und unter dem Auge stabilisierten. Am folgenden Tag sollte das Auge entfernt werden, nachdem sich ihr Körper ein wenig erholt haben würde. Doch um 6 Uhr morgens wurde dieser Plan geändert. Wie ein Hoffnungsschimmer kam die Mitteilung, dass sich einige Zellen im Bereich des Auges von der Verletzung erholt und ihre Funktion wieder aufgenommen hätten. Also versuchten die Ärzte, das Auge zu retten, indem sie es wieder zusammennähten. Vielleicht würde sie eines Tages wieder damit sehen können.

Immer wieder erzählten uns die verschiedenen Ärzte, dass die Wunden gereinigt werden müssten, um eine Infektion zu vermeiden. Der Propeller war nicht hygienischer als irgendein anderes Metallteil, das in der freien Natur im Einsatz ist. Ich vermute, dass Öl, Schmutz und tote Insekten daran klebten, ähnlich wie am Kühlergrill eines Autos. Die Ärzte hatten die Wunden so sorgfältig wie möglich desinfiziert, sie sagten uns aber auch, dass die Gefahr einer Infektion sehr hoch sei.

Am nächsten Morgen, dem 4. Dezember, gegen 7:30 Uhr, rieten uns die Mitarbeiter der Klinik, nach Hause zu gehen und uns auszuruhen. Um zehn Uhr wollten die Augenärzte beginnen, Laurens Auge zusammenzunähen, was voraussichtlich bis 16:30 Uhr dauern würde. In der Zwischenzeit konnten wir nichts tun, außer zu warten. Eigentlich wollten wir nicht gehen, aber wir verstanden auch, dass es sinnvoll war. Eine extrem anstrengende Nacht lag hinter uns. Zu allem Überfluss war mein Vater auch noch heftig erkältet. Ihm ging es besonders schlecht.

So fuhren Shaun und ich nach Hause und versuchten zu schlafen. Dann machten wir uns auf den Weg, um unsere Eltern zu besuchen. Wahrscheinlich hatte keiner von uns mehr als fünfzehn Minuten geschlafen. Mutter sagte, sie hätten sich nur hin- und hergewälzt. Papa ging die meiste Zeit mit seinem Handy in der Hand im Wohnzimmer auf und ab. Panik stand in seinen Augen, auch als wir bei ihm waren. Meine Mutter erzählte uns, dass er sich mehr Gesellschaft wünschte. „Wir brauchen Leute um uns herum", hätte er immer wieder gesagt. Ich bekam Angst, dass Papa auch bald eingeliefert werden müsste. Er stand total unter Schock, reagierte panisch und rannte hin und her wie ein Zombie.

Bald kamen David und Elizabeth, gute Freunde unserer Familie. Es folgten Chris und Dana, dann Mike und Shannon. Auch Chris Wilson, Brian und Tammy trafen nacheinander ein. Im Laufe des Tages wurden es immer mehr. Gegen Mittag waren wir etwa sechzig

Personen. Töpfe voller Essen wurden hereingetragen, Schalen mit Gemüse, Körbe voller Obst und Brot. Das Ganze erinnerte mich an das Zusammensein nach einer Beerdigung. Vater saß die meiste Zeit auf dem Sofa, flankiert von David und Brian. Dann legte er sich zwischen die beiden, zusammengerollt wie ein Baby, mit dem Kopf auf Davids Schoß. Er war total entkräftet.

Nach und nach übernahmen die Freunde die verschiedenen Aufgaben, die von unserer Familie erledigt werden mussten. Caroline Clark, Laurens beste Freundin, stellte unter dem Namen „CaringBridge.org“ (Fürsorge-Brücke) eine Seite ins Internet. Sharon Kendall, die Freundin unserer Mutter, half ihr dabei. Damit wollten sie die Freunde und Verwandten immer mit den aktuellen Nachrichten versorgen und ihnen die jeweiligen Gebetsanliegen mitteilen. Sharon und Cindy Kitchen übernahmen die Verantwortung für sämtliche Mahlzeiten. Ein anderes Ehepaar, Tracy und Denise Metten, hatten die Idee, in der Nähe der Klinik ein Hotelzimmer für meine Eltern zu buchen. So konnten sie in jeder freien Minute bei Lauren sein, ohne zwischendurch immer wieder durch den Verkehr von Dallas nach Hause fahren zu müssen.

Viele Leute nahmen Anteil an unserer Geschichte. Von Anfang an trafen Anrufe und E-Mails von Menschen ein, die sich finanziell an den zu erwartenden hohen Krankenhauskosten beteiligen wollten. So beschloss Sharon, ein spezielles Bankkonto dafür zu eröffnen.

*

Den ganzen Tag über, während Laurens Auge operiert wurde, waren meine Eltern telefonisch mit der Klinik in Kontakt. Etwa halbstündlich erhielten sie einen Zwischenbericht aus der chirurgischen Intensivstation.

Am späten Nachmittag, kurz bevor Lauren aus dem OP-Saal kam, fuhren wir wieder ins Krankenhaus. Etwa hundert Personen warteten dort vor der Intensivstation schon auf uns. James war auch da. Shaun hatte ihm eine SMS geschickt, um ihn zu informieren. Wir

Mir war schon immer bewusst, dass **das Leben kein Kinderspiel ist.**

Als ich mit dem Propeller zusammenprallte, veränderte sich mein Leben für immer. Ich habe jetzt neue Träume und Ziele. **Nichts und niemand wird mich davon abhalten, das zu leben, was Gott für mich geplant hat.**

Ich habe ein Auge verloren ... aber nie sah ich unsere Welt klarer als jetzt.

Ich habe eine Hand verloren ... aber nie hatte ich mehr Freude daran, das zu tun, was Gott für mich vorbereitet hat.

Ich bin immer noch ich selbst – immer noch Lolo –, und **ich werde das Leben in vollen Zügen leben. Ich werde ohne Angst vorangehen,** zuversichtlich die Dinge anpacken, die mir wichtig sind, und mich von anderen anstecken und inspirieren lassen.

Mit den folgenden Aufnahmen möchte ich diese Einstellung weitergeben. Mit Bildern kann man Dinge ausdrücken, die nicht in Worte zu fassen sind. Die Fotos von mir zeigen, was ich durch meine Verletzungen gelernt habe: **Niemand sollte sich durch irgendetwas oder irgendjemanden davon abhalten lassen, genau die Person zu werden, die Gott geschaffen und geplant hat.**

Außerdem wünsche ich mir, dass die folgenden Seiten auch zeigen, was mir an der Modefotografie so gefällt: Es braucht **Kühnheit, Kreativität** und **Vertrauen,** sich vor eine Kamera zu stellen und zuzulassen, dass das eigene Bild festgehalten wird – trotz aller Unvollkommenheit.

Doch am wichtigsten ist die Erkenntnis, dass **Schönheit viele Formen hat.**

Durch Zeit, Glaube und Liebe werden auch Narben schön.

Lolo

Der Herr hat mir Kraft gegeben und mich froh gemacht;
nun kann ich wieder singen. 2. Mose 15,2

Ich hab immer noch
Träume.

Ich kämpfe weiter.

Ich hab immer noch
Vertrauen.

Ich bin imm
noch ich

umarmten uns. „Ich bin da, wenn ihr mich braucht“, sagte James. „Ich werde alles tun, um Lauren zu helfen.“

„Ich weiß“, sagte Shaun und umarmte ihn noch einmal.

Zu dem Zeitpunkt funktionierten wir alle irgendwie, sogar Vater. Nach der Augenoperation durften die engsten Familienangehörigen Lauren sehen. Sie lag nicht im Koma, war aber überhaupt nicht ansprechbar. Durch all die Medikamente, die für die Operationen nötig gewesen waren, lag sie in tiefem Schlaf. Als wir die Intensivstation betraten und Lauren dort liegen sahen, verlor Vater die Beherrschung. Er konnte nicht mehr aufhören zu weinen. In Laurens Hals steckte ein Beatmungsschlauch, ein anderer Schlauch für die künstliche Ernährung steckte in ihrer Nase, Monitore türmten sich rund um ihr Bett. Mutter betrachtete die Situation mehr von der praktischen Seite und stellte sich darauf ein, Lauren langfristig zu pflegen. Nach wenigen Augenblicken mussten wir Lauren wieder verlassen.

An diesem Abend kam der erste Fernsehbericht über Laurens Unfall im lokalen Nachrichtensender von Dallas. Ein Lokalreporter berichtete von einem Mädchen aus Dallas, das einen Unfall gehabt hatte. Keiner von uns sah die Nachrichten, uns wurde nur davon erzählt. Wir machten uns keine Gedanken und rechneten nicht damit, dass diese Information auf großes Interesse stoßen würde.

Doch damit hatten wir uns getäuscht.

Das medizinische Personal erklärte uns, dass Lauren in der bevorstehenden Nacht – der zweiten Nacht seit dem Unfall – mit starken Medikamenten vollgepumpt und sicherlich nicht aufwachen würde. Deshalb sei es sinnvoll, wenn wir nach Hause gingen. Meine Eltern bezogen das Hotelzimmer in der Nähe der Klinik, während Shaun und ich in unsere Wohnung fuhren. Die Nachtschwester der Intensivstation kannten wir, sie hieß Carol und ging in unsere Gemeinde. Carol versprach uns, sich gut um Lauren zu kümmern. Es beruhigte uns, dass sie bei Lauren war.

So gingen Shaun und ich über den Parkplatz zu unserem Auto und stiegen ein. Einen Augenblick lang saßen wir still nebeneinander. Er nahm meine Hand und drückte sie fest. Ich sah starr aus dem

Fenster. Dann drehte ich mich zu meinem Mann und sah ihm in die Augen. Das hätte ich nicht tun dürfen. Die ganze erste Nacht, während Lauren operiert worden war, hatte ich mich unter Kontrolle gehabt, zumindest weitgehend. Auch heute, im Haus meiner Eltern, als ich sah, wie fertig die beiden waren, nahm ich mich zusammen und tat, was nötig war. Sogar als ich an Laurens Bett stand, hatte ich es geschafft, nicht zu weinen. Ihr Kopf war auf einer Seite kahl rasiert, ihr Gesicht war zu einer erschreckenden Größe aufgequollen und ich musste damit rechnen, meine Zwillingsschwester nie wieder als die Person an meiner Seite zu haben, mit der ich groß geworden war. Trotzdem hatte ich mich im Griff.

Was auch immer aus meiner Schwester werden würde, ich wollte für sie da sein und alles tun, um ihr zu helfen. Diese Entscheidung hatte ich schon vor langer Zeit getroffen. Alle Familienmitglieder dachten so, auch Shaun. Das strahlten alle aus, jeder auf seine Weise.

Während ich in Shauns Augen sah, fasste ich den Entschluss, niemals zu weinen, außer an diesem einen Ort. Nur hier, in unserem Auto, auf dem Parkplatz vor der Klinik, neben meinem Mann, nur hier würde ich mir erlauben zu weinen. Er war mein Halt und wir würden gemeinsam durch diese schwere Zeit gehen.

Ich vergrub mein Gesicht an Shauns Schulter und begann heftig zu schluchzen.

Kapitel 21

Erste Lebenszeichen

Cheryl

Am Ende des ersten Tages nach dem Unfall, nachdem Lauren die lange Augenoperation hinter sich hatte, verließen Jeff und ich die Klinik gegen 20 Uhr. Das Hotelzimmer, das Freunde für uns gemietet hatten, lag etwa eineinhalb Kilometer entfernt. Wir schwiegen. Ein normales Gespräch schien unmöglich. Wir konzentrierten uns darauf zu atmen. Ob wir an diesem Abend etwas gegessen haben, weiß ich nicht mehr. Ich ging unter die Dusche, zog meinen Schlafanzug an und legte mich aufs Bett. Jeff hatte seine Bibel aufgeschlagen, über seine Schulter las ich Psalm 46.

Gott ist unsere Zuflucht und Stärke,
ein bewährter Helfer in Zeiten der Not.
Darum fürchten wir uns nicht,
selbst wenn die Erde erbebt.

Unsere Erde bebte heftig und ich wusste, dass Gott mitten in der schweren Erschütterung unseres Lebens unsere Zuflucht und Stärke war. Aber ich fühlte mich so elend, vollkommen kraftlos. Tief in mir wusste ich, dass Gott schon lange gewusst hatte, dass dieser Unfall passieren würde. Er hätte das verhindern können, doch er hatte es nicht getan. Also musste das Ganze in Gottes Augen einen Sinn haben. Ich fand hier keine schnellen Antworten, aber ich wusste, dass Gott allmächtig war und einen guten Plan für Lauren hatte. Diese Überzeugung gab mir die Kraft weiterzugehen.

Wir löschten das Licht und lagen im Dunkeln. Wie gerne hätte ich geschlafen und alles vergessen, aber daran war gar nicht zu denken. Ich hätte auch sehr gerne gebetet, etwas zu Gott gesagt und etwas von ihm gehört, aber ich konnte keinen vernünftigen Gedanken formulieren. Vielleicht gab es ein Lied, das ich in Gedanken singen konnte, ein Anbetungslied, das ich auswendig konnte? Doch ich konnte mich nicht einmal mehr an den Psalm erinnern, den ich gerade in Jeffs Bibel gelesen hatte. Erschöpft sah ich auf meine Uhr: Es war Mitternacht. Dann wurde es halb eins, Viertel vor eins … Wie gern hätte ich geschlafen.

Kurz vor ein Uhr kam mir das Wort in den Sinn. Ich sprach es in Gedanken aus. Es war mein Gebet.

Jesus.

Auf ihn richteten sich all meine Hoffnungen, ihm hielt ich meine ganze Angst hin, er allein war die Sicherheit meines Lebens. All die Gedanken, die ich nicht zu Ende denken konnte, all die Sätze, die ich nicht zustande brachte, alles war in ihm vollendet. Jesus hörte all die Gebete, die ich nicht formulieren konnte. Dieses eine Wort, das konnte ich beten, immer und immer wieder: *Jesus … Jesus … Jesus.*

Als ich das nächste Mal auf meine Uhr sah, war es fünf Uhr. Ich hatte geschlafen, Jeff auch. Vier Stunden Schlaf waren in unserer Situation wirklich eine Hilfe. Man hatte uns gesagt, dass wir Lauren um sechs wieder besuchen könnten. Pünktlich waren wir vor Ort. „Hat sie sich bewegt?“, fragte ich die diensthabende Krankenschwester. „Hat sie ihr Auge geöffnet? Hat sie etwas gesagt?“

Die junge Frau lächelte höflich und schüttelte den Kopf.

Die weiter entfernt wohnenden Verwandten trafen nach und nach ein. Meine beiden Schwestern und auch Jeffs Schwester waren nach Dallas geflogen. Auch an diesem Morgen war der Warteraum voller Freunde. Den ganzen Vormittag über waren entweder Jeff, Brittany oder ich bei Lauren, während die beiden anderen jeweils im Wartezimmer mit unseren Gästen redeten.

Ich saß am Bett meiner Tochter. Ihre Augen blieben geschlossen. Bewegungslos lag sie vor mir. Die Aussagen der Ärzte kreisten in meinem Kopf: Es würde ein langer Weg vor uns liegen, für Tage, Wochen, vielleicht sogar für Monate würden wir kaum Fortschritte erwarten können. Ich betete und betete. Wie sehr sehnte ich mich nach irgendeinem Lebenszeichen, einer winzigen Bewegung, einem Wort von Lauren.

Am späten Vormittag wurde sie erneut operiert. Es ging wieder um ihre Hand. Nach der ersten Operation war die Wunde offen gelassen worden, nun sollte sie geschlossen werden. Eine geschlossene Wunde würde sich weniger leicht infizieren, also war ich erleichtert über diesen nächsten Schritt. Gleichzeitig ging es mir sehr schlecht. Ja, Gott war da, daran hatte ich keinen Zweifel. Aber am liebsten wäre ich an Laurens Stelle gewesen. Schon jetzt, nach noch nicht einmal zwei Tagen, war ich emotional am Ende und konnte meine eigene Hilflosigkeit nicht mehr ertragen. Ich wollte endlich aus diesem schrecklichen Albtraum erwachen.

Irgendwann wurde Lauren aus dem Operationssaal zurück auf die Intensivstation gebracht. Jeff nahm ihre Hand. Er sah ihr fest ins Gesicht und streichelte ihren Unterarm. „Lauren“, sagte er sanft, dann etwas lauter: „Lauren!“

„Lauren, kannst du mich hören? Bitte drück meine Hand!“

Ich weiß nicht, warum Jeff das sagte, vielleicht war es ihm einfach spontan eingefallen. Jedenfalls war es genau das, worum wir alle beteten.

Im nächsten Augenblick brach Jeff in Tränen aus.

Ich hatte es auch gesehen. Kein Zweifel, da war etwas gewesen, ein sichtbares Zucken, eine angedeutete Bewegung. Unser Mädchen kämpfte. Lauren hatte ihre Hand bewegt!

Jeff bat Lauren noch einmal seine Hand zu drücken. Doch es kam keine Reaktion mehr. Diese eine, winzige Bewegung war alles, was wir in diesem Augenblick von ihr bekamen. Doch es genügte uns. Jeffs Stimme war durch all den Nebel, der Lauren umgab, in ihr Bewusstsein gedrungen. Sie hatte die Botschaft empfangen und darauf geantwortet. *Danke, Jesus*, betete ich tonlos.

Später am Nachmittag, nachdem der Schlauch aus Laurens Luftröhre gezogen worden war, kam die Sprachtherapeutin und fragte uns, ob Lauren schon etwas gesagt hätte. Wir verneinten. „Dann stellen Sie ihr eine direkte Frage", forderte sie uns auf. „Vielleicht antwortet sie."

Auch das übernahm Jeff. Wieder nahm er Laurens Hand. „Lauren, hier ist dein Papa. Wir sind alle bei dir. Wenn du mich hören kannst, dann sag doch mal Hallo!"

Jesus, betete ich, *du kannst es schenken.*

Dieses Mal reagierte sie schneller.

Ein Ausdruck des Verstehens huschte über ihr Gesicht. Dann öffnete sich ihr unverletztes Auge kurz. Ihr Mundwinkel bewegte sich. Wir sahen das Zucken der Muskulatur. Atemlos standen wir um ihr Bett.

„Lauren, wenn du mich hören kannst", wiederholte Jeff seine Aufforderung, „dann sag Hallo!"

„Hallo", antwortete Lauren in einem fast unhörbaren Flüstern.

Das war alles. Kein Zeichen, dass sie uns erkannte, kein Händedruck und kein weiteres Wort. Etwa eine Stunde später saß meine Schwester an Laurens Bett. „Hier ist Tante Sue", sagte sie. „Lauren, willst du mir nicht Hallo sagen?"

Vollkommene Stille erfüllte den Raum.

„Ich liebe dich", murmelte Lauren plötzlich.

Das war ihr erster vollständiger Satz nach dem Unfall. Wir waren überglücklich.

Das ist mein Mädchen!, dachte ich stolz. *Sie wird kämpfen und schnell Fortschritte machen.*

Gleichzeitig musste ich gegen Enttäuschung ankämpfen. Warum sagte sie nicht mehr? In der Folgezeit sollte ich noch oft von solch gegensätzlichen Gefühlen hin- und hergerissen werden. Einerseits war ich Gott dankbar für meine Tochter, die eine willensstarke Kämpferin war. Andererseits konnte ich fast nicht glauben, dass mein Kind auf der Intensivstation lag, und ich fürchtete mich vor ihrer Reaktion, wenn sie erfahren würde, was mit ihr geschehen war.

Man erklärte uns, dass Lauren wahrscheinlich vieles hören und verstehen konnte, auch wenn sie nicht darauf reagierte. In dieser Phase nach einem Unfall sind die Betroffenen oft innerlich sehr aufgewühlt, weil sie wissen, dass ihnen etwas Schreckliches zugestoßen ist, sie aber noch keine Fragen stellen können. So setzte sich Brittany zu Lauren und erzählte ihr, dass es einen Unfall gegeben hatte und dass sie viele Verletzungen davongetragen hätte. Während Brittany redete, drückte Lauren ihre Hand. Wir konnten es alle sehen. Etwas später fragte Brittany sie, ob sie sich an ihren Namen erinnern könnte.

„Lauren“, sagte sie.

Es waren winzige Fortschritte, doch wir waren so dankbar dafür.

Später erlaubten die Ärzte, dass auch andere Gäste, die nicht zur direkten Familie gehörten, zu Lauren durften. So kamen einige auf die Intensivstation, redeten und beteten mit uns. Die Studienkollegen von Lauren waren darunter, Arbeitskollegen und Freunde aus der Nachbarschaft. Lauren zeigte keine Reaktion. Dann kam James. Er sprach Lauren an und fragte mit lauter Stimme, ob sie sich an ihn erinnerte. Sie reagierte nicht, aber er nahm es nicht persönlich.

*

Etwas später kam Sharon Kendall und bat mich, auf dem Flur mit ihr zu sprechen. Sie wirkte ruhig, aber etwas besorgt.

„Ich musste meine Telefonnummer wieder von der Homepage nehmen“, erklärte sie mir.

Ich nickte.

„Ich dachte, es wäre gut, meinen Namen und meine Telefonnummer bekannt zu geben, falls die Leute aus der Gemeinde fragen wollen, wie sie euch helfen können“, erzählte sie. „Aber mein Telefon klingelt seitdem ständig. Ich bekomme Anrufe von den großen Fernsehsendern, von Zeitungsreportern, Boulevardzeitungen und von Leuten von Talkshows, sogar aus Europa haben sie angerufen."

Ich schnappte überrascht nach Luft. „Was kann man da machen?“, überlegte ich laut. „Auch mein Handy hat ständig geklingelt, ich habe alle Anrufer auf die Mailbox sprechen lassen.“ Meine Handynummer stand auf der Seite, die über unsere Arbeit informierte. Dort hatten die Journalisten sie offensichtlich entdeckt. Genau wie Sharon bekam ich nicht nur Anrufe aus unserer Gegend, sondern aus dem ganzen Land und sogar aus dem Ausland.

Janee Harrell, die Freundin einer Freundin, hatte viel Erfahrung im Umgang mit Medien. Sie hörte sämtliche Nachrichten ab und verschaffte sich einen Überblick über die Anrufe. Bald teilte sie uns mit, dass zwei große Nachrichtensendungen, *Good Morning America* und *Today Show*, sich bei uns gemeldet hätten. Beide hatten uns zu den landesweiten Nachrichtensendungen eingeladen. Sie wollten uns live einige Fragen stellen. Ich sprach mit Jeff darüber. Der Unfall war für uns ein privates Ereignis, das eigentlich nur unsere Familie betraf. Wir waren beide kaum in der Lage nachzudenken. Was sollten wir tun? Zunächst beschlossen wir, keine Interviews zu geben. Doch wir wollten auch den Rat eines erfahrenen Freundes hinzuziehen. Also rief Jeff unseren Pastor und einen weiteren Mann an, der ein gefragter Redner war. Uns interessierte, wie sie die Situation einschätzten.

„Es ist in eurem eigenen Interesse, wenn ihr öffentlich etwas sagt“, meinte der Freund, „denn die Medien werden über diese Geschichte berichten, ob ihr es wollt oder nicht. Wenn ihr euch darauf einlasst, ihre Fragen zu beantworten, werden ihre Berichte wahrscheinlich näher an der Wahrheit sein als ohne eure Mitwirkung. Ihr habt dann die Möglichkeit, eure Geschichte so weiterzugeben, wie ihr sie auch in der Zeitung lesen wollt.“ Unser Pastor war der gleichen Meinung.

So korrigierten wir unsere Position und erklärten uns mit den Interviews einverstanden.

Um fünf Uhr am Dienstagmorgen fand die Pressekonferenz statt. Wir gaben ein Interview nach dem anderen. Dabei hatten wir weder

Stichpunkte vorbereitet noch hatten wir Zeit, uns inhaltlich vorzubereiten. Vermutlich war das beabsichtigt, die Reporter wollten uns genau so haben, unverstellt und authentisch. Jeff und ich beteten zusammen, dann beantworteten wir die Fragen, so gut wir konnten.

Die Reporterin Ann Curry kam im Auftrag der *Today Show*. Sie war recht freundlich und fragte uns, ob wir es für ein Wunder hielten, dass Lauren noch am Leben war.

„Wir sind Gott so dankbar dafür, dass er ihr Leben bewahrt hat", antwortete Jeff. „Lauren hat einen unerschütterlichen Glauben an Jesus Christus, genau wie unsere ganze Familie. Viele Freunde beten für uns. Die letzten Tage waren entsetzlich, aber wir bekommen auch erste, schwache Lebenszeichen von ihr. Sie ist ein starkes Mädchen und körperlich fit, sie hat viel Sport gemacht und sich gesund ernährt. Lauren wird kämpfen."

Ann fragte nach Laurens Charakter und wie sie es geschafft hatte, diesen Unfall zu überleben. Dieses Mal antwortete ich.

„Lauren war schon immer eine Draufgängerin", sagte ich. „Sie wird das Beste aus ihrer Situation machen. Außerdem weiß sie, ebenso wie wir, dass Gott aus allem etwas Gutes entstehen lassen kann. Es wird ihr nicht leichtfallen, sich mit dem Ausmaß ihrer Verletzungen abzufinden. Sie hat ihre linke Hand nicht mehr, das wird eine schreckliche Entdeckung für sie werden. Aber sie wird kämpfen, sie ist eine Kämpferin."

Gleich im Anschluss daran wurden wir von George Stephanopoulos für *Good Morning America* interviewt. Auch er war freundlich. Seine erste Frage galt den Heilungschancen. Wir erzählten ihm, dass Lauren ihre ersten Worte gesagt hatte.

Dann wollte er wissen, ob wir uns den Unfallhergang zusammenreimen konnten. Doch wir wussten nicht mehr als das, was schon durch alle Medien gegangen war.

Als er mich fragte, wie ich den Unfall erlebt hätte, verlor ich die Fassung: „Ich kniete neben ihr, während wir auf die Rettungskräfte warteten. Das war entsetzlich, sie lag da, hatte große Schmerzen, und ich konnte nichts tun, außer zu warten."

Im Anschluss an die Interviews kehrten Jeff und ich zu Laurens

Zimmer zurück. Nach den erfreulichen Lebenszeichen von gestern hofften wir heute auf weitere Fortschritte. Wir beteten besonders darum, dass sie noch mehr reden und sich bewegen würde als gestern und dass Gott doch ihre Heilung schnell voranschreiten lassen würde.

Matt Chandlers Frau, die ebenfalls Lauren heißt, ist eine attraktive, gläubige Frau und eine begnadete Musikerin, die uns später am Tag besuchen kam. Sie fragte uns, ob sie für Lauren singen dürfe. Wir wussten, dass die Gehirnaktivitäten durch Musik angeregt werden konnten. Zusätzlich vermittelte die richtige Musik dem Patienten auch Ruhe und Sicherheit, ebenso wie dessen Angehörigen. So sang sie Laurens Lieblingslied für uns: „You are Faithful" (Du bist treu). Ein Zucken ging über Laurens Gesicht, als würde sie die Melodie wiedererkennen.

Später kam Michael Bleecker, der Lobpreisleiter unserer Gemeinde, in Laurens Zimmer. Auch er fragte, ob er für sie singen dürfe. Schon in der ersten Nacht hatte er uns dort im Wartezimmer sehr geholfen, als er viele Lieder für uns gespielt hatte. Nun stimmte er „Restauration" (Wiederherstellung) an, ein weiteres Lieblingslied von Lauren. Wir singen es gelegentlich in der Gemeinde. Das Lied ist eine Vertonung von Psalm 30, Vers 12: „Du hast mein Klagelied in einen Freudentanz verwandelt."

Jesus, betete ich leise, *bitte schenk doch, dass Lauren sich bewegt. Bitte, ich wünsche mir irgendeine Bewegung.*

Michael sang immer noch.

Jesus, du kannst jede Verletzung heilen, betete ich innerlich.

Da, ganz langsam, während Michael den letzten Teil von „Restauration" sang, bewegte sich Laurens Fuß.

Kapitel 22

Am Ende der ersten Woche

Jeff

Unser Interview schlug hohe Wellen. Am Dienstag, den 6. Dezember, gingen Dutzende von Anfragen der verschiedenen Medien ein. Große Namen und Sendungen mit hohen Einschaltquoten waren unter ihnen, dazu Fernsehsender und Zeitungen aus aller Welt. Alle wollten wissen, wie sich Laurens Gesundheitszustand entwickelte, und verlangten nach zusätzlichen Informationen und weiteren Einzelheiten.

Als wir am Dienstag zu unserem Haus fuhren, um frische Kleidung zu holen, lagerte das Kamerateam eines lokalen Fernsehsenders auf der Wiese in unserem Vorgarten. An der Eingangstür warteten zwei Reporter eines anderen Senders. Damit hatten wir nicht gerechnet. Höflich erklärten wir, dass wir jetzt keine Interviews geben wollten. Als wir im Haus den Anrufbeantworter einschalteten, quoll er über. Die Hälfte der Nachrichten waren gute Wünsche, alles andere waren Anfragen der unterschiedlichsten Medien. Von einem Freund bekamen wir den Tipp, die PR-Firma A. Larry Ross Communications einzuschalten, bei der er früher gearbeitet hatte. Larry Ross hatte viel Erfahrung im Umgang mit Ereignissen, die eine ähnliche öffentliche Aufmerksamkeit erfuhren wie unsere Geschichte. Am nächsten Morgen kam er mit seinem Team zu uns.

Erleichtert übergaben wir ihm die Verantwortung für den ganzen Medienrummel.

Es war mir unerklärlich, wieso unser Schicksal das ganze Land interessierte, ganz zu schweigen vom weltweiten Interesse. Natürlich, Lauren hatte begonnen, ihre eigene Zeitschrift herauszubringen, und dafür bekannte Leute interviewt. Aber sie war damit doch noch ganz am Anfang und selbst eigentlich keine Berühmtheit. Natürlich, sie ist ein ganz besonderes junges Mädchen – das weiß ich schon seit dem Tag ihrer Geburt. Aber denken nicht viele Väter so über ihre Töchter?

Vielleicht war es der Gegensatz, der so viel Aufmerksamkeit auf sich zog: Auf der einen Seite stand dieses hübsche Mädchen, das sich neben den Models, über die es schrieb, durchaus sehen lassen konnte, und auf der anderen Seite war dieser hässliche Unfall. Auch ihr erbitterter Kampf, um wieder ins Leben zurückzukehren, war faszinierend. Nach einer solchen Geschichte sehnten sich die Menschen. Lauren besaß Mut und Energie, die Leute identifizierten sich gerne mit ihr und ihrem Schicksal. *Wenn das einem Mitglied unserer Familie zustoßen würde, wie würden wir damit zurechtkommen?*, fragten sie sich. *Hätten wir die Kraft weiterzuleben?* Unsere Geschichte gab anderen Mut. Auf der Caring-Bridge-Homepage lasen wir nicht nur von Menschen, die für uns beteten, sondern auch von jenen, die Kraft aus Laurens Entschlossenheit zogen.

Doch wir lernten auch die Schattenseiten des öffentlichen Interesses kennen. Durch die umfassende Berichterstattung beteten viele Menschen für uns und ermutigten Lauren auf ihrem Weg der Genesung. Das tat uns gut. Gleichzeitig musste die Klinik Sicherheitspersonal bereitstellen, um Laurens Zimmer abzuschirmen. Reporter riefen im Krankenhaus an, um neue Details über Lauren zu erfahren. Fremde tauchten vor Laurens Zimmer auf. Manche drückten ihr Mitgefühl aus und gaben Geschenke ab. Andere kamen mit Absichten, die wir nicht erkennen konnten. Aus Sicherheitsgründen bekam Lauren in der Klinik einen Decknamen. Auf sämtlichen medizinischen Dokumenten wurde sie „Sky“ (Himmel) genannt. Manche Krankenschwestern benutzten nur diesen Namen und fragten: „Hallo, Sky wie geht es dir heute?“, wenn sie Laurens Zimmer betraten.

Am späten Dienstagvormittag fing Lauren an, sich in ihrem Bett mehr zu bewegen, und sagte auch einige Worte, sogar Sätze. Sie reagierte auf die Anweisungen der Therapeuten, bewegte die Zehen und hob Arme und Beine, wenn sie dazu aufgefordert wurde. Dann schlief sie wieder ein. Während wir dachten, dass sie noch schlief, kam Brittany ins Zimmer. Da öffnete Lauren ihr rechtes Auge und sagte fröhlich: „Hi, Britt!“ Etwas später bedankte sie sich mit klarer Stimme bei einer Krankenschwester für deren Hilfe, und dann wandte sie sich an alle, die ihr Bett umgaben: „Bitte entschuldigt, dass ich so viel schlafe.“ Wir mussten alle lachen.

Auch Tony und Candice besuchten Lauren an diesem Dienstag. Candice, die Tochter von Chris und Dana Crawford, war im fünften Monat schwanger. Lauren hatte vor dem Unfall schon von der Schwangerschaft gewusst. Als Candice hereinkam, schlief Lauren. Bald darauf wurde sie wach, sah Candice an und fragte unvermittelt: „Zeigst du mir deinen Bauch?“ Ihre Stimme war klar und hell. Candice lächelte und alle freuten sich. Sie trat ganz nahe an Laurens Bett, sodass diese mit ihrer Hand über den runden Bauch streicheln konnte. Welch ein schöner Moment! Nun wussten wir, dass Laurens Gedächtnis intakt war.

Doch trotz aller Fortschritte ging es mir tief innen überhaupt nicht gut. Das ganze Adrenalin, das mich in den ersten Stunden aufrecht gehalten hatte, war verpufft. Die Erkältung klang zwar ab, aber ich hatte seit Tagen kaum geschlafen. Ich war erschöpft und voller Angst. Als Mann wollte ich Fortschritte erzielen, gegen den feuerspuckenden Drachen kämpfen und meine Lieben beschützen. Stattdessen saß ich hilflos an Laurens Bett. Es gab nichts, was ich hätte tun können. Stundenlang saß ich tatenlos herum und wartete.

Am meisten Sorgen bereitete mir Laurens Kopfverletzung. Nun redete sie zwar wieder ein wenig, aber würde sie am Ende des Genesungsprozesses noch die gleiche Person sein wie vor dem Unfall? Die Ärzte wussten es selbst nicht. Der Neurologe gab uns eine Erklärung, die uns half, das Geschehen richtig einzuordnen. Er meinte, wenn hundert Neurologen sich genau mit Laurens Fall beschäftigen würden, dann kämen bestimmt fünfzig von ihnen zu dem Schluss, dass sie nie wieder einen vollständigen Satz würde sagen können und ein völlig verändertes Wesen davontragen würde. So gesehen war Laurens Entwicklung jetzt schon ein Wunder, auch wenn noch ein sehr langer Weg vor uns lag.

Dazu kamen einige sehr praktische Fragen, die mich als Vater einholten. Ich fragte mich nicht nur, was das für uns alle bedeuten würde, wenn Lauren nie wieder ganz gesund werden würde. Aber ich fragte mich auch, wie wir jemals die ganzen Krankenhausrechnungen bezahlen sollten.

Selbstverständlich würden wir auf keine medizinische Hilfe für unsere Tochter verzichten. Aber seit ich mit Cheryl als Eheseelsorger im geistlichen Dienst arbeitete, hatten wir nicht mehr viel finanziellen Spielraum. Wir hatten unsere früheren Berufe aufgegeben. Wurden wir als Sprecher in Gemeinden und zu Seminaren eingeladen, bekamen wir dafür etwas. Dazu kamen sehr geringe Einnahmen durch den Verkauf unseres Buches. Seit dem Unfall hatten wir jedoch alle Termine auf unbefristete Zeit abgesagt, und damit war unsere Haupteinnahmequelle entfallen. Solange wir nicht wussten, wie es mit Lauren weitergehen würde, konnten wir keine Einladungen annehmen.

Während wir also nahezu ohne Einkommen waren, entstanden durch Laurens Behandlung gleichzeitig hohe Kosten. Einen Teil würde die Versicherung übernehmen, aber die Selbstbeteiligung war enorm. Ich begann zu addieren: Sanitäter, Hubschrauber, mehrere Teams von Chirurgen, Anästhesisten, Aufenthalt auf der Intensivstation, Therapeuten und ein Krankenhausaufenthalt auf unbestimmte Zeit. Doch auch nachdem Lauren sich erholt haben würde, kämen weitere Kosten auf uns zu. Sie würde Therapien brauchen, vielleicht weitere Operationen, Prothesen. Vielleicht würden wir umziehen müssen. Die Vielzahl unbekannter Faktoren erdrückte mich fast. Wir würden alle bankrottgehen und Lauren müsste ihr Leben lang diese Schulden abzahlen.

Unsere guten Freunde Steve und Mary Farrar hatten uns seit

dem Unfall regelmäßig besucht. Steve ist ein riesiger Texaner, den es nach Kalifornien verschlagen hatte. Er war etwas älter als ich, schrieb Bücher und sprach auf Seminaren und Männertreffen. Während der letzten Tage hatte er uns tatkräftig unterstützt. Am Mittwochmorgen, dem vierten Tag seit dem Unfall, rief er mich morgens an. Er erkundigte sich, wie es mir ging, und ermahnte mich, die Wahrheit zu sagen.

„Nicht so gut", antwortete ich, „ehrlich gesagt weiß ich nicht genau, wie wir das langfristig alles schaffen sollen."

Einen Augenblick lang schwieg Steve. Ich hörte ihn blättern. Dann las er mir aus dem dreißigsten Kapitel von Jesaja vor: „Wenn ihr gelassen abwartet und mir vertraut, dann seid ihr stark" (Jesaja 30,15; GNB).

„Jeff, das ist jetzt für dich dran", sagte Steve. „Deine Situation ist unübersichtlich, aber du kannst das tun, was die Bibel vorschlägt. Warte ruhig ab, bleib gelassen, vertrau Gott, dass er für Lauren sorgt – ebenso wie für dich und Cheryl." Dann schwiegen wir gemeinsam. Wäre er jetzt persönlich bei mir gewesen, hätte er mich umarmt. Anschließend beteten wir gemeinsam am Telefon.

*

Der Satz aus Jesaja, den Steve mir zugesprochen hatte, wurde zu unserem Fixpunkt. Sobald ich weiter als einen Tag in die Zukunft planen wollte, überwältigten mich die Sorgen. Doch immer wieder erinnerte ich mich selbst bewusst daran, dass ich Gott vertrauen konnte. Ich achtete darauf, keinen Gedanken an die Zukunft zuzulassen, sondern immer nur den nächsten Schritt im Auge zu behalten. „Nur die nächsten zwölf Stunden" wurde in unserer Familie zu einem geflügelten Wort.

Diese Regel half uns auch, mit dem Infektionsrisiko umzugehen, das seit Dienstagabend herrschte. „Keine Besucher!", stand nun an Laurens Tür. Nur noch die engsten Angehörigen durften den Raum betreten. Lauren brauchte viel Ruhe. Besonders der Heilungsprozess ihres Gesichtsnervs machte den Ärzten große Sorgen. Laurens Gesicht war von der Kopfmitte bis zum Mundwinkel aufgerissen worden. Würde der entsprechende Nerv nicht richtig zusammenwachsen, dann wäre ihr Lächeln ebenso schief wie die Bewegung ihrer Augenbrauen. Entsprechend viel beteten wir für diesen Nerv.

Am Mittwoch sollte Lauren sitzen, aufstehen und sogar gehen. Bis dahin hatte sie nur wenige Worte gesprochen. Doch ihre Organe schienen alle gut zu arbeiten. Nun war es wichtig, dass sie sich wieder bewegte. Wer sich bewegen kann, sollte nicht im Bett liegen, wurde uns erklärt, sonst würden die Muskeln abgebaut und der Genesungsprozess dauerte viel länger.

So wurde Lauren im Bett aufgerichtet und ihre Beine wurden über die Bettkante gehoben. Trotz der Nackenkrause schien Laurens Kopf nur wacklig auf ihrem Körper zu sitzen. Ihr Blick ging starr ins Leere. Doch plötzlich fokussierte sich der Blick, sie gewann Kontrolle über ihren Körper, hielt das Gleichgewicht und schien klar zu denken. Lauren wurde in einen Rollstuhl gesetzt und auf den Flur geschoben, der sich lange und gerade vor ihr erstreckte. Die Bremsen wurden eingerastet und Lauren aufgerichtet. Sie stand wie eine Eins.

„Lauren", sagte der Therapeut, „du gehst jetzt. Ich will, dass du zwanzig Schritte gehst. Kannst du das? Ich halte deinen Arm. Und los, zwanzig Schritte."

Lauren stand unbewegt.

„Komm schon", flüsterte ich unhörbar. Ich sah, dass Cheryl und Brittany beteten.

Zitternd setzte Lauren einen Fuß nach vorne.

„Komm schon", sagte ich lauter, „zwanzig Schritte. Lauren, das kannst du!"

Lauren setzte den anderen Fuß nach vorne. Schon war sie beim dritten Schritt. Sie ging Schritt für Schritt, langsam, doch ohne Pause. Wir strahlten alle. Damit hätten wir heute noch gar nicht gerechnet.

Plötzlich hielt sie inne. Sie stand wie erstarrt, als hätte man sie plötzlich ausgeschaltet.

„Schatz, was ist?“, fragte ich.
Der Therapeut hielt sie aufrecht.
„Lauren?“, fragte Cheryl. Ihre Stimme klang beunruhigt.
„Lo, willst du dich hinsetzen?“, erkundigte sich Brittany. „Ich glaube, sie will sitzen!“
„Dreißig“, kam es ganz ruhig von Lauren.
„Was meinst du?“, fragte der Therapeut.
„Schritte“, sagte Lauren.
Dreißig Schritte. Wir waren alle so von ihren ersten Schritten fasziniert gewesen, dass wir ganz vergessen hatten mitzuzählen. Nur Lauren hatte es nicht vergessen. Der Therapeut wollte zwanzig, sie gab ihm zehn mehr. Wir waren außer uns vor Freude. Lauren konnte nicht nur gehen, sondern sie war auch in der Lage, leise für sich selbst zu zählen. Caroline schrieb die Geschichte in die CaringBridge und abends wurde in den Nachrichten davon berichtet. Von überall kamen SMS-Grüße. Jemand schrieb: „Dreißig ist meine neue Lieblingszahl.“
Auch am Donnerstag ging Lauren wieder, dieses Mal etwas weiter. Danach schlief sie den ganzen Nachmittag. Als sie wach wurde, sagte sie mehrere zusammenhängende Sätze und lachte sogar mit uns. Einige Worte klangen etwas schleppend, andere ergaben keinen Sinn. Ich verstand auch nicht, warum sie uns alle als „Nuggets“ bezeichnete. Sie verlangte nach den Dingen, die in ihrem Blickfeld standen, doch die Worte, die sie gebrauchte, passten nicht zu den Gegenständen, die sie meinte.
Dann fragte Brittany, ob Lauren etwas träumen würde. Laurens Antwort war überraschend: „Ich hatte einen Traum von großen, sehr schönen Blumen, und ich habe Jesus im Traum dafür gedankt, dass er mich so schöne Dinge sehen lässt.“
Das Besuchsverbot galt weiterhin an diesem und dem nächsten Tag.
Am Freitagmorgen ging Lauren etwas weiter und redete auch mehr. Zum ersten Mal klagte sie auch über Schmerzen. „Meine Finger tun so weh“, jammerte sie. „Papa, bitte, kannst du sie mal gerade machen?“

Sie sprach von den Fingern ihrer linken Hand, die sie verloren hatte. Ich versuchte, ihr das zu erklären.

„Nein, Papa, nein, bitte, du musst etwas machen mit meinen Fingern. Ich spüre sie doch. Bitte – sie tun so weh!“ Wir riefen die Krankenschwester. Lauren bekam zusätzliche Schmerzmittel und schlief wieder ein.

Als sie wieder wach wurde, hatte sie Hunger. Es war das erste Mal, dass sie über Essen sprach, und unsere Freude war groß. „Was hättest du denn gerne?“, fragten wir sie.

„Süßkartoffeln“, flüsterte sie, „und dazu vielleicht ein bisschen Rosenkohl.“

Das war vor dem Unfall ihre Lieblingsspeise gewesen. Es war nicht möglich, sie im Krankenhaus aufzutreiben, aber schließlich gelang es jemandem, sie in einem nahe gelegenen Restaurant zu erstehen. Doch bis alles bei Lauren ankam, war es zu spät. Sie schlief schon wieder.

Am Freitagabend taten die Finger wieder weh. Dieses Mal wandte Lauren sich an Brittany. „Britt, du musst etwas machen mit meiner Hand. Meine Finger sind überkreuzt. Bitte, mache sie gerade!“

Brittany antwortete mit ruhiger Stimme: „Lo, wir haben schon darüber gesprochen. Es fühlt sich für dich so an, als wäre deine Hand da. Aber sie ist weg.“

Lauren nickte, als könnte sie sich erinnern. Aber zwanzig Minuten später fing sie wieder davon an. Sie versuchte, ihre Hand zu berühren, die Hand, die sie nicht mehr hatte. Man sah ihr an, dass sie versuchte, das Unbegreifliche zu verstehen. Sanft erklärte Brittany ihr erneut, was geschehen war. Lauren nickte. Einige Minuten später stellte sie wieder die gleiche Frage. Zu jener Zeit wurde die Dosis der Schmerzmittel vorsichtig heruntergefahren. Im Verlauf der nächsten Stunde sprach Lauren immer wieder über die Schmerzen in ihrer Hand.

Jedes Mal, wenn wir es ihr wieder sagen mussten, konnte ich den Kummer kaum ertragen. Ich versuchte, Lauren auf andere Gedanken zu bringen. Schlafen wäre jetzt das Beste für sie gewesen. So fragte ich sie schließlich: „Lauren, als Brittany und du noch klein waren, da habe ich abends, wenn ich euch ins Bett brachte, immer ein bestimmtes Lied gesungen. Erinnerst du dich daran? Wenn du willst, singe ich das Lied jetzt für dich. Vielleicht kannst du dann schlafen. Soll ich es singen?“

„Nein, Papa“, war alles, was sie sagte. Sie wirkte tief verunsichert.

Am Samstag, den 10. Dezember, trank Lauren nach dem Aufwachen etwas Saft. Dann ging sie mithilfe des Therapeuten dreimal den Gang auf und ab. Seit ihrem Unfall war genau eine Woche vergangen. Die Gebete für den Gesichtsnerv waren erhört worden. Die Ärzte erklärten, dass der Nerv richtig zusammengewachsen war. Lauren konnte lächeln und beide Augenbrauen hochziehen.

Laurens Freundlichkeit kam immer mehr zum Vorschein. Sie redete mit dem medizinischen Personal und bedankte sich immer wieder für die gute Pflege. Darüber freuten sich alle. Zu dem Arzt, der ihr immer die Schmerzmittel gab, sagte sie am liebsten: „Doktor Feelgood“ (Wohlfühldoktor).

Doch trotz aller Fortschritte lag noch ein weiter Weg vor uns, das war uns allen bewusst. Laurens Auge zeigte keine Besserung. Wir verstanden nicht, warum Gott die Gebete für das Auge nicht zu hören schien. Die Ärzte wollten nur noch bis zum nächsten Mittwoch warten. Würden sich bis dahin keine Erfolge einstellen, wollten sie das Auge entfernen. Doch wir hofften so sehr, dass es nicht so weit kommen würde.

In der Nacht von Samstag auf Sonntag hatte Lauren schreckliche Schmerzen. Ihre Schulter tat weh, der Brustkorb, auch die Finger der verlorenen Hand. Immer wieder bat sie uns, ihre überkreuzten Finger gerade zu biegen. Brittany war in dieser Situation die Stärkste von uns allen. Immer und immer wieder tröstete sie Lauren, sprach ihr Mut zu und konfrontierte sie mit der Tatsache, dass sie links keine Hand mehr hatte. Ich war so stolz auf meine beiden Töchter.

Gegen 22:30 Uhr verabschiedete sich Brittany, um mit Shaun nach Hause zu gehen. Cheryl hatte sich einen Stuhl an Laurens Fußende gezogen. Ich saß an Laurens Seite, halb eingeschlafen.

„Papa“, hörte ich plötzlich Laurens zarte Stimme. Sie war kaum zu hören.

„Was ist, mein Schatz?“, fragte ich und richtete mich gerade auf.

„Singst du es heute für mich?“

„Sehr gerne“, antwortete ich und setzte mich auf ihre Bettkante. Ich zog ihr die Decke bis unters Kinn und strich ihr die Haare aus der Stirn, zumindest auf der rechten Seite ihres Kopfes.

„Edelweiß, Edelweiß …“, stimmte ich leise das Lied an, das ich meinen Mädchen immer zum Einschlafen vorgesungen hatte.

Lauren öffnete ihr Auge. Ich sang weiter. Sie hob den rechten Arm und versuchte damit, ihre linke Hand zu berühren. Noch einmal sah sie mich ratlos an, dann legte sie sich in ihr Kissen zurück, entspannte sich und schloss ihr Auge.

Mein Lied endete genauso wie früher, mit dem Schluss, den ich mir damals selbst ausgedacht hatte: „Segne Brittany und Lauren auf ewig.“ Als mein Lied zu Ende war, schlief Lauren.

Kapitel 23

Am Ende der zweiten Woche

Cheryl

Am Dienstagmorgen, dem 13. Dezember, erwachte Lauren voller Schmerzen. Es schien nicht möglich zu sein, die Dosis der Medikamente so einzustellen, dass es für sie immer erträglich war. Sie hatte keinen Appetit und verweigerte das Essen. Die Ärzte meinten, solche Phasen seien normal. Nur Shaun gegenüber war Lauren anders; was er sagte, das tat sie. Er konnte ihr gegenüber bestimmter auftreten als wir und genau das schien Lauren zu brauchen.

„Schau, Lauren", erklärte Shaun, „es gibt nur zwei Möglichkeiten: Entweder du isst etwas oder du bekommst wieder die Sonde. Was ist denn nun besser?"

„Na gut, Bosser Cracker", seufzte sie und aß ein paar Bissen.

Dieser schwache Widerstand beim Essen war Laurens einzige negative Reaktion auf ihre Situation. Ansonsten war sie fast immer fröhlich, zuversichtlich, dankbar, ausgeglichen und ermutigte andere. Am späten Vormittag bat sie Caroline, ihren Lieblingsvers auf die Caring-Bridge-Homepage zu stellen: „Alle, die ihre Hoffnung auf den Herrn setzen, bekommen neue Kraft" (Jesaja 40,31).

Trotz all der Medikamente, die sie einnehmen musste, war Lauren jetzt wacher als bisher und sprach klar und in deutlich zusammenhängenden Sätzen. Aber es machte ihr immer noch Mühe, die

Worte logisch aneinanderzufügen. Immer wieder gerieten Worte dazwischen, die nicht dazugehörten. Etwa zehn Tage waren seit dem Unfall vergangen, als sie eines Morgens ihr Deo benutzen wollte. „Papa, kannst du bitte die Socken unter meine Achseln tun?“, fragte sie. Es gab keine Erklärung dafür, warum ihr das Wort „Socken“ in den Satz gerutscht war. Wir lachten mit ihr, aber wir beteten auch ernsthaft dafür, dass sich ihr Gehirn doch vollständig erholen würde.

In der zweiten Krankenhauswoche wurde das Besuchsverbot aufgehoben und Lauren durfte ihre Freunde empfangen. Chace Crawford, der Schauspieler von *Gossip Girl*, war von New York nach Dallas gekommen, um Weihnachten mit seiner Familie zu verbringen. Er besuchte Lauren. Gleichzeitig bekam sie eine Flut von Geschenken aus dem ganzen Land: Plüschtiere, CDs, Bücher und Bastelarbeiten. Eine fünfundsiebzigjährige Frau schickte eine kleine Decke, die sie selbst gefertigt hatte, damit Lauren es warm habe. Wie freundlich von ihr! Ein Sechsjähriger schickte Lauren eine kleine Plüscheule, die Lauren besonders mochte. Egal wie sie sich ins Bett legte, ihr tat immer der Arm weh – bis sie die kleine Eule bekam. Das Plüschtier hatte genau die richtige Form, um ihren Arm angenehm zu lagern.

Die Parkland-Klinik ist nicht neu, sie wurde vor rund hundert Jahren gebaut. Das machte sich an den verschiedensten Stellen bemerkbar. Als Präsident John F. Kennedy angeschossen wurde, brachte man ihn hierher. Das Klinikpersonal ist hervorragend ausgebildet und sehr entgegenkommend, es gibt kaum eine Klinik im ganzen Land, wo man besser versorgt würde. Aber das alte Gemäuer wirkt etwas muffig, was uns nach und nach zusetzte. Vom langen Liegen waren Laurens Haare inzwischen auch etwas verfilzt, was wir gerne in Angriff nehmen wollten. Das Pflegepersonal erlaubte uns, Laurens Haare zu waschen, solange es im Liegen geschehen würde. Chris Wilson war gerade da, als Caroline, Brittany und ich den Plan ausheckten. Er ging sofort los und besorgte ein besonders gut riechendes Shampoo. Wir brachten das Wasser tassenweise vom Waschbecken zu Laurens Bett. Vom Krankenhaus konnten wir uns ein Absauggerät ausleihen, mit dem wir das ganze Wasser wieder aufnahmen. Während wir ihren Kopf massierten, lachte Lauren fröhlich. Am Ende der Prozedur roch sie wieder frisch und sauber und trug nicht mehr den Krankenhausgeruch.

Ich war glücklich, weil Lauren sich über die Haarwäsche freute. Endlich kam etwas Normalität in unser Leben. Gleichzeitig erinnerte sie sich wieder an ihre Onlinezeitschrift, worüber ich sehr froh war. Unsere alte Lo kam immer mehr zum Vorschein, so wie sie vor dem Unfall war.

Gleichzeitig hatte ich große Angst vor der Zukunft. Bis jetzt funktionierte ich noch im Notfallmodus, setzte einen Fuß vor den anderen und nahm alle Kraft zusammen, um durchzuhalten und dem Rest der Familie Halt zu geben. Bis meine Schwester mich eines Tages zur Seite nahm und mir riet, mich nicht mehr so intensiv um all die vielen Besucher zu kümmern. Es wäre falsch, so erklärte sie mir, wenn ich jetzt für die anderen da wäre.

Ich fühlte mich innerlich wie tot, erschöpft und ausgelaugt. Wie lange würde ich das alles noch durchhalten? Jeff umarmte mich oft, aber wir redeten kaum. Wir sahen uns oft an, suchten die Augen des anderen und verstanden uns ohne Worte. Ein Blickkontakt genügte, um unsere gegenseitige Liebe auszudrücken. Wie dankbar waren wir für Gottes Hilfe, der unsere Ehe wieder zusammengefügt hatte. Ja, das Band der Liebe war sehr stark zwischen uns.

*

Schon seit einigen Tagen musste Lauren bestimmte Atemübungen durchführen, um die Lunge frei zu halten. Dazu hatte sie ein Spirometer bekommen, ein Gerät zum Atemtraining. Damit sollte sie einer Lungenentzündung vorbeugen, die oft als Komplikation nach einer Operation auftrat. Durch ein Mundstück zog sie möglichst viel Luft ein. Je mehr Luft sie einsog, desto höher stieg eine blaue Säule im Gerät. Lauren mochte die ganze Prozedur nicht wirklich, aber sie machte das Beste daraus, indem sie versuchte, immer wieder neue Rekorde aufzustellen und die blaue Säule mit langen, tiefen Atemzügen möglichst lange möglichst hoch zu halten. Eines Nachmittags nahm sie das Mundstück, als wäre es ein Mikrofon. Jedes Mal wenn sie es an die Lippen setzte, fragte sie: „Ja, bitte, welche Frage haben Sie noch an das *Lolo Magazin*?“ Da sie so extrem viele Medikamente einnehmen musste, waren wir nicht ganz sicher, ob das für sie Spaß war oder ob sie dachte, sie würde wirklich ein Interview für ihre Zeitschrift geben. Doch wir wollten vom Positiven ausgehen und zusammen mit meinen Schwestern und Jeffs Schwester lachten wir, bis uns die Tränen über die Wangen liefen und wir alle kaum noch Luft bekamen.

Wie schön, dass es diese lichten Momente auf unserem ansonsten doch sehr bedrückenden Weg gab. Sie halfen uns, die dunklen Abschnitte besser zu ertragen.

Unmittelbar nach dem Unfall hatte das Gewebe in Laurens linkem Auge begonnen zusammenzuwachsen. Doch seither gab es so gut wie keinen Fortschritt mehr. Ich hatte fest damit gerechnet, dass Gott ein Wunder an diesem verletzten Auge tun würde. Entsprechend schwierig wurde es für mich, als uns mitgeteilt wurde, dass das Auge nicht zu retten war. Am frühen Mittwochmorgen, dem 14. Dezember, wurde das Auge entfernt. Wir wussten alle nicht so recht, wie wir mit dieser Entwicklung umgehen sollten. Es war ein schwerer Tag für jeden von uns.

Gott stellte ich deshalb trotzdem nicht infrage. Ich erinnerte mich selbst bewusst an meine Grundsatzentscheidung, ihm zu vertrauen und davon auszugehen, dass er wusste, was er tat. Doch ich bat ihn, meinen Glauben zu stärken. Als Mutter fiel es mir so schwer, die Schmerzen meines Kindes mitansehen zu müssen. Wie gerne wäre ich an ihrer Stelle gewesen! Warum konnte ich nicht den Unfall haben? Warum hatte ich nicht als Erste den Rundflug gemacht? Nichts wünschte ich mir mehr, als an ihrer Stelle sein zu können. Aber es ging nicht. Nichts konnte ich ändern. Ich war schon immer eine starke Person … die Älteste von fünf Geschwistern, ich hatte immer die Verantwortung. Aber innerlich war ich hilflos und sehr verzweifelt.

Dazu kam, dass Jeff und ich seit dem Unfall extrem wenig geschlafen hatten. Es war ein Wunder, dass wir überhaupt noch denken und unsere täglichen Aufgaben erfüllen konnten. Nach außen wirkte ich vermutlich ganz unauffällig. Aber die ganze Erschöpfung und Trauer gaben mir das Gefühl, in einer unwirklichen Situation zu sein, als befände ich mich außerhalb meines Körpers, ein Zombie, der irgendwie funktionierte.

An dem Tag, an dem Laurens Auge entfernt wurde, schwankte ich zwischen tiefer Enttäuschung über den Verlust des Auges und großer Dankbarkeit für die Rettung ihres Lebens. Ich war so froh, dass meine Tochter am Leben war und so gute Fortschritte machte. Sie hatte angefangen, unsere Fragen zu beantworten, und keine der vielen Wunden hatte sich entzündet. Wenn man sich vergegenwärtigte, wie viel Schmutz die Propellerklinge in Laurens Körper eingebracht hatte, dazu der schmutzige Boden, auf dem sie mit all den offenen Wunden gelegen hatte – es war wirklich erstaunlich, dass sie keine Entzündung bekommen hatte. Es hätte genauso gut sein können, dass ihr geschwächter Körper den Kampf gegen die eingedrungenen Keime verloren hätte und unsere Tochter an den Infektionen gestorben wäre.

Auch die Entfernung des Auges ging besser, als die Ärzte erwartet hatten. Im Vorfeld sahen sie einige mögliche Komplikationen, die alle nicht eintraten. Ein Platzhalter wurde in die leere Augenhöhle eingesetzt und das Ganze mit einem Verband bedeckt.

Als Lauren wieder zu sich kam, hatte sie starke Schmerzen. Den restlichen Tag über waren die Schmerzen teils sehr stark, dann wieder erträglich, je nachdem wie lange die letzte Gabe der schmerzstillenden Medikamente zurücklag. Direkt nach der Operation gab es eine Phase, in der Lauren ganz klare Gedanken hatte und mit uns reden konnte. Sie war so liebenswürdig, sagte mir, wie lieb sie mich hätte und dass sie meine Hand halten wollte. Dann kam der Schmerz zurück, dieses Mal mit besonders großer Wucht. Doch sie hatte die maximale Dosis an Medikamenten schon bekommen, so konnten wir nur warten, bis es Zeit war für eine neue Gabe. Ich betete laut, das einzige Gebet, das mir einfiel: „Jesus … Jesus … Jesus.“ Dann beteten wir zusammen: „Jesus, bitte nimm den Schmerz weg, bitte nimm den Schmerz!“ Wir wiederholten diese Worte, bis wir beide eingeschlafen waren. Endlich war es Zeit für eine weitere Schmerzmittelgabe. Der Schmerz ebbte ab und Lauren schlief fest ein. Sie sah so schön aus, friedlich wie ein Engel.

*

Am 16. Dezember wurde Lauren in einen anderen Trakt der Klinik verlegt. Er nannte sich Zale und war auf neurochirurgische Probleme spezialisiert. Die Klinikverwaltung war wegen des hohen Medieninteresses ebenso besorgt wie wir selbst. Mike hatte einen Freund, Clint, der eine Sicherheitsfirma besaß. Er ließ seine Mitarbeiter in die Klinik kommen, um Laurens Umzug zu begleiten. Der Anblick war beeindruckend. Die Wachleute, riesige muskelbepackte Männer, waren früher wohl Angehörige irgendwelcher Armee-Sondereinheiten gewesen. Sie erkundeten den geplanten Weg und bewachten alle Seitengänge. Ein dickbäuchiger Kerl stülpte Lauren einen Schlapphut übers Gesicht, sodass ihr Gesicht weitgehend verdeckt war. Unter maximaler Bewachung wurde Laurens Bett zum Fahrstuhl geschoben, in den Keller gefahren und unterirdisch in den neuen Trakt gebracht, wo sie wieder aus dem Keller auftauchte und ihr neues Zimmer bezog. Die ganze Zeit hielten die Wachmänner mit ihren Funkgeräten Kontakt untereinander und untersuchten jede Ecke, bis sie Lauren vorbeischoben. Es war wirklich ein Erlebnis. Ein Umzug des Präsidenten hätte nicht besser bewacht werden können.

Hier in Zale wurde Laurens Deckname wieder geändert. Statt „Lauren Sky“ hieß sie fortan „Lauren Andronski“. Ich hatte keine Ahnung, ob dieser Name irgendetwas bedeutete, doch Lauren fand ihn cool, weil er wie der Name eines Geheimagenten in einem Krimi klang. Das Zimmer, das Lauren hier in Zale bekam, war modern und komfortabel. Aus dem Fenster hatte man einen schönen Blick auf Dallas. Dazu gab es einen kleinen Aufenthaltsraum mit einem Sofa und einer Toilette direkt neben Laurens Zimmer.

Auch dieses Wochenende ging vorbei. Waren seit dem Unfall wirklich schon zwei Wochen vergangen? Am Samstagabend saßen Jeff und ich wortlos an Laurens Bett, während sie schlief. Wir waren von Frieden umgeben und dankbar für das neue Zimmer hier in Zale. Jeff nahm meine Hand, die ich sanft streichelte.

„Ich liebe unsere Kinder so sehr", sagte ich. „Lauren wird durchkommen, ich bin mir ganz sicher. Es wird alles gut."

Jeff lächelte. „Das denke ich auch. Gott hat noch etwas vor mit Lauren. Ich bin schon sehr gespannt darauf. Wir dürfen nur nicht versuchen, mehr als die nächsten zwölf Stunden überblicken zu wollen."

„Stimmt. Aber ich habe noch einen Wunsch, der mir sehr viel bedeutet und der ein bisschen in der Zukunft liegt."

„Was denn?"

„Ich wünsche mir so sehr, dass Lauren an Weihnachten zu Hause ist."

„Weihnachten ist schon in einer Woche, Cheryl. Meinst du, dass sie für ein paar Stunden das Krankenhaus verlassen und nach Hause kommen kann?"

„Nein, ich meine, dass sie endgültig entlassen wird."

„Weißt du, wie viel dafür noch passieren müsste?"

„Ja, das weiß ich."

„Gut", lächelte Jeff, „dann beten wir dafür."

Kapitel 24

Weihnachten

Brittany

Bald beteten wir alle dafür, dass Lauren bis Weihnachten aus dem Krankenhaus entlassen werden würde, nicht nur für ein paar Stunden, sondern endgültig. Wir erzählten auch Lauren davon. Sie hatte sich schon immer gerne auf jede Herausforderung gestürzt und jetzt wollten wir ihr ein wirklich großes Ziel vor Augen halten.

Laurens Appetit kehrte zurück und sie begann regelmäßig selbst zu essen. Jeden Tag bekam sie intensive Therapien: Physiotherapie, Beschäftigungstherapie und Verhaltenstherapie. Sie stand selbstständig auf, lief herum, konnte wieder alleine duschen und sich bequeme Sachen anziehen. Wie schön, dass sie nicht mehr in den Klinikhemden steckte. Sicher fühlte sie sich in ihren eigenen Sachen auch viel wohler. Bald konnte sie sogar mit dem Stationsfahrrad fahren. Wir staunten über sie.

Aber trotzdem hatte sie noch lange nicht alles überstanden. Die Schmerzen überrollten sie immer wieder. Auch ihr Gedächtnis kam und ging. Die fehlende Hand bereitete ihr weiterhin Kummer. Immer wieder vergaß sie, dass die Hand nicht mehr da war und bat einen von uns, ihre Finger gerade zu machen.

Doch auch ihr Humor kehrte zurück. Eines Nachmittags kam der Gesichts- und Kieferchirurg vorbei, um ihre Narbe zu untersuchen und die Heilung des Gesichtsnervs zu kontrollieren. Es war ein junger Arzt, den ich noch nicht kannte. Er bat Lauren zu lächeln und ihre Augenbrauen hochzuziehen. „Könnten Sie uns Ihre Telefonnummer geben, damit wir Sie bei Bedarf erreichen können?", bat ich ihn, bevor er ging, und er gab sie mir lächelnd.

Kaum war er weg, fragte Lauren mich grinsend: „Brittany, hast du jetzt wirklich diesen süßen Doktor nach seiner Nummer gefragt?" Wir haben sehr gelacht.

Weihnachten kam näher und Shaun und ich überlegten, wie wir etwas Besonderes für Lauren organisieren konnten, damit wir alle mehr in Feststimmung kommen würden. Wir entschieden uns für eine Pyjamaparty zu dritt, besorgten uns den alten, kitschigen Weihnachtsfilm „Santa Clause – Eine schöne Bescherung" mit Tim Allen in der Hauptrolle, stellten das Sofa im Nebenzimmer um und machten es uns darauf gemütlich. Mehr Party war in einem Krankenhauszimmer kaum möglich.

Doch in der Nacht, als Lauren wieder in ihrem Bett war, stöhnte sie vor Schmerzen. Es dauerte immer fünf bis zehn Minuten, nachdem die Wirkung ihrer Schmerzmittel aufgehört hatte, bis sie die nächste Dosis bekam. In diesen Minuten beteten wir mit ihr und hofften, dass die Zeit schnell vorbeigehen würde.

Shaun schickte mich irgendwohin, um etwas zu besorgen. Dann fragte er Lauren, was er mir zu Weihnachten schenken könnte. Ob ich mich über Ohrringe freuen würde oder eher über eine Kette? Lauren überlegte intensiv und so lenkte Shaun sie erfolgreich ab, bis die Schwester mit dem nächsten Medikament kam und Laurens Schmerzen wieder nachließen.

Gleichzeitig machte ich mir so meine Gedanken über die vielen Medikamente, die meine Schwester nahm. Den anderen ging es auch so. Lauren ist von Natur aus schon nicht sehr kräftig, nun war sie noch viel schmächtiger geworden. Wenn sie Witze machte oder optimistisch war, fragte ich mich oft, wie viel davon den Medikamenten zuzuschreiben war. Ja, sie war auch vor dem Unfall eine fröhliche, lebhafte Person gewesen, aber jetzt im Krankenhaus war ihre Freude manchmal schon erstaunlich. Ihre Persönlichkeit war einerseits unverändert, andererseits aber doch auch etwas fremd. Seit dem Unfall hatte sie noch keine einzige Träne vergossen. Der Verlust ihrer Hand und ihres Auges schien ihr nichts auszumachen. Sie war weder wütend noch traurig, auch nicht besorgt oder beunruhigt. Ich fragte mich, ob ihre echten, tiefen Gefühle durch die Wirkung der Medikamente überlagert waren.

*

Unsere Eltern redeten ständig darüber, dass Lauren an Weihnachten entlassen werden sollte und beteten auch dafür. Auch ich redete davon und betete dafür, aber ich glaube, ich wollte mich nicht wirklich darauf freuen, um dann nicht enttäuscht zu werden. Nach allem, was die Ärzte sagten, hatte ich eher das Gefühl, Lauren würde bis an ihr Lebensende mit Rehabilitation und Therapien beschäftigt sein.

Am Dienstag, den 20. Dezember, rief Mama mich auf dem Handy an. Ich hatte eine Stelle in der Buchhaltung einer Versicherungsfirma und wieder zu arbeiten begonnen, allerdings so, dass ich weiterhin möglichst viel Zeit bei Lauren verbringen konnte. Abends nach der Arbeit war ich bis spät in die Nacht bei ihr, außerdem frühmorgens vor der Arbeit. Ich saß im Büro, als meine Mutter mich anrief. Sie weinte, aber sie klang nicht traurig.

„Sie haben gesagt, dass Lauren entlassen werden kann“, sagte Mama. „Diesen Freitag!“

Ich konnte es kaum glauben.

Am Freitag, den 23. Dezember, räumten wir Laurens Krankenhauszimmer leer. Es kam mir vor, als ob wir eine ganze Wohnung umziehen würden. Unzählige Blumengestecke standen herum, dazu Kisten voller Post. Allein die Blumen und Geschenke füllten zwei Autos. Nachdem die offizielle Entlassung durch die Ärzte erfolgt war, packten wir Lauren warm ein und verschwanden mit ihr durch die Hintertür, wo ein Auto auf sie wartete.

Drei Wochen war der Unfall erst her. Vor drei Wochen hatten

die Sanitäter noch gedacht, dass Lauren sterben würde. Seither waren wir in gewisser Weise Zeugen ihrer Auferstehung geworden. Lauren war uns zurückgegeben worden. Wie viele Menschen hatten in diesen Wochen für sie gebetet? Wie viele hatten ihr Gutes gewünscht und für sie gehofft? So viele Leute hatten Essen gespendet, E-Mails mit guten Wünschen geschrieben und liebevolle Briefe und Geschenke geschickt. Viele freuten sich über das Wunder ihrer Genesung. Natürlich, sie hatte auch jetzt noch einen langen Weg vor sich, aber zumindest war sie nun einen großen Schritt weiter. Sie wurde aus der Klinik entlassen.

Beim Gedanken an Weihnachten waren wir froh, dass wir schon vor dem 3. Dezember die meisten Geschenke besorgt hatten. Außerdem meinte Dana Crawford, wir sollten uns überhaupt keine Gedanken machen, alles was noch fehlte, würde sie für uns erledigen. Wir nahmen an, dass sie uns noch ein paar zusätzliche Kleinigkeiten vorbeibringen würde.

Es war so schön, dass wir Weihnachten zu Hause mit Lauren feiern konnten. Irgendjemand hatte Lauren und mir identische Schlafanzüge mit passenden Socken geschenkt, knallrot mit großen weißen Punkten. Die zogen wir jetzt an, stellten uns vor den Weihnachtsbaum im Wohnzimmer unserer Eltern und ließen uns fotografieren. Shaun hängte das Bild an eine SMS an, die er mit dem Satz „Frohe Weihnachten von den Zwillingen" an alle Verwandten schickte.

Am Heiligabend saßen wir im Wohnzimmer und Vater las die Weihnachtsgeschichte vor. Zum Spaß las er auch noch aus ein paar Kinderbüchern, die wir früher gerne zu Weihnachten gehört hatten. Dann gingen wir schlafen. Auch Shaun und ich blieben über Nacht dort. Das ganze Haus war erfüllt von einer wohligen, friedlichen, geheimnisvollen und glücklichen Atmosphäre.

Am Weihnachtsmorgen frühstückten wir zusammen. Gegen 10:30 Uhr kam eine SMS von Dana: „Gleich kommt der Weihnachtsmann."

Wenig später fuhren zwei Autos vor. Dana und ihre Familie hatten für uns alle eingekauft. Sie bereiteten uns ein Fest, das all unsere bisherigen Weihnachtsfeste übertraf. Während Dana und ihre Mutter die Geschenke hereintrugen, brachte Chris das Weihnachtsessen. Mindestens vierzig Geschenke türmten sich vor uns auf. Wir waren sprachlos und vollkommen überwältigt. Staunend erlebten wir, was echter Zusammenhalt war. Hier hatten Menschen sich als Hände und Füße von Jesus zur Verfügung gestellt und besser für uns gesorgt, als wir es uns jemals gewünscht oder gebraucht hätten.

Wir erlebten einen Tag der Freude, des Friedens und der Ruhe. Viele Freunde kamen vorbei. Wir saßen zusammen, schauten das Footballspiel der Dallas-Cowboys, unterhielten uns, hielten ein Schläfchen und lachten miteinander. In der folgenden Nacht schlief Lauren dreizehn Stunden am Stück. Sie wurde zwischendurch nur kurz wach, um ihre Medikamente zu nehmen, dann schlief sie wieder weiter.

Lauren lebte. Sie war schon fast wieder so wie früher. Ihr Krankenhausaufenthalt war, gemessen an ihren Verletzungen, enorm kurz gewesen. Dieses Weihnachtsfest würde keiner von uns jemals vergessen.

Kapitel 25

Innere Stürme

Lauren

Keiner von meiner Familie würde dieses Weihnachtsfest jemals vergessen – außer mir.

Ich kann mich kaum an etwas erinnern.

Während die anderen dachten, ich wäre schon fast wieder so wie früher, fand ich mich nur sehr langsam wieder zurecht. Die Zeit im Krankenhaus erlebte ich wie in Watte gepackt, oft war ich kaum richtig bei Bewusstsein.

Ich kann mich nicht an die Geschichte mit den dreißig Schritten erinnern. Auch von dem Umzug nach Zale weiß ich nichts. Ich weiß von keiner einzigen Operation und habe keine Erinnerung daran, dass Papa „Edelweiß" für mich sang, leider.

Einmal wunderte ich mich, warum eine Krankenschwester „Sky" zu mir sagte.

Auch weiß ich noch, dass es lustig war, als mir die Haare gewaschen wurden, weil dabei alle total nass wurden. Aber an mehr als diesen einen Gedanken erinnere ich mich auch von dieser Geschichte nicht mehr.

Carol, die wir aus der Gemeinde kannten, war meine Krankenschwester, das weiß ich noch. Während einer der ersten Nächte nach dem Unfall blieb sie bei mir, weil meine Eltern sich ausruhen mussten. Ich erinnere mich noch daran, wie gut es sich anfühlte, jemanden bei mir zu haben, den ich kannte. Jedes Mal wenn ich wach wurde, sprang sie von ihrem Bett auf und kam zu mir.

Außerdem weiß ich noch, dass meine Oma mich im Krankenhaus besuchte. An die anderen Besucher kann ich mich eigentlich nicht erinnern.

Uns wurde erklärt, dass die Medikamente, die man nach einem Unfall bekommt, dazu dienen, den Schock zu verarbeiten. Wer erfährt, dass ihm etwas Schreckliches zugestoßen ist, ohne dass er unter Medikamenten steht, dreht durch. Ich kann mich genau daran erinnern, wie ich wach wurde und meine Eltern fragte, warum ich im Krankenhaus war. Sie erzählten mir von dem Unfall und ich weiß noch, dass ich ganz gelassen antwortete: „Ach so, na gut." Die Geschichte beunruhigte mich nicht im Geringsten.

Ich weiß, dass ich Weihnachten zu Hause verbrachte, aber ich kann mich nicht daran erinnern, wie wir das Krankenhaus verlassen haben. Brittany und ich hatten diese lustigen Schlafanzüge bekommen, mit denen wir fotografiert wurden. War das an Heiligabend oder am nächsten Morgen?

Seit vielen Jahren führte ich schon Tagebuch. Am 30. November 2011 hatte ich meinen letzten Eintrag vor dem Unfall verfasst. Das nächste Mal schrieb ich am 29. Dezember 2011 hinein. Beide Texte sahen von der Handschrift her fast identisch aus. Ich notierte:

Es ist jetzt einen Monat her, seit ich zuletzt etwas geschrieben habe, weil ich dazwischen ziemlich krank war. Etwas Schreckliches ist passiert – ich habe mein linkes Auge und meine linke Hand verloren. Das ist echt schrecklich, aber ich will mich davon nicht fertigmachen lassen. Gott, du hast einen Plan für mein Leben. Das glaube ich von ganzem Herzen und ich habe auch schon ein bisschen davon erkennen können. Meine Geschichte ging durch sämtliche Medien und hat viele Menschen berührt und sie in ihrem Glauben gestärkt. Danke, Herr. Danke, Jesus. Ich bete, dass alles schnell und gut heilt. Das wird ganz bestimmt geschehen, ich glaube fest daran. Toll, dass ich schon nach drei Wochen wieder zu Hause sein kann.

In gewisser Weise stimmte alles, was ich da geschrieben hatte. Andererseits klang es wie eine leblose Variante der Wahrheit. Ich hatte keine Details notiert, keine Gefühle, keine Trauer, alles war distanziert und oberflächlich. So schrieb ich normalerweise nicht. Offensichtlich stand ich noch sehr unter der Wirkung der Medikamente.

Zu der Zeit nahm ich immer noch täglich sieben verschiedene Tabletten ein. Aber ich sollte die Dosis über einen Zeitraum von sieben Wochen langsam reduzieren. In dem Maß, wie die Dosis herabgesetzt wurde, nahm meine Wahrnehmung der Wirklichkeit wieder zu.

Eines Morgens wurde ich wach, wahrscheinlich kurz vor Silvester. Ich erinnere mich, wie ich auf einem Küchenstuhl saß und mich entsetzlich schlapp fühlte. Ich war so müde, dass ich kaum sitzen konnte. Also ging ich wieder ins Bett.

Mein Arm tat ständig weh. Oft war der Schmerz gleichzeitig stumpf und scharf wie Messerstiche, ausgehend von meinem linken Unterarm bis in alle Finger. Ich spürte, wie sich die Finger zusammenkrampften und schmerzten. Mittlerweile wusste ich, dass die Finger nicht mehr da waren, aber mein Körper hatte das noch nicht verstanden. Gegen diesen Schmerz konnte man nichts tun. Ein fehlendes Körperteil kann man nicht behandeln.

*

Am zweiten oder dritten Tag des neuen Jahres war mein Kopf etwas klarer, weil die Medikamente zunehmend reduziert wurden. Ich verstand immer mehr, wie schwer es mich getroffen hatte, und beschloss, etwas mehr über meine Situation herauszufinden.

Also ging ich alleine ins Bad, schloss die Tür und drehte das Wasser in der Dusche auf, damit man mich von außen nicht hören konnte. In diesem Badezimmer gab es einen großen Spiegel, in dem man sich von oben bis unten sehen konnte. Außerdem hatte ich noch einen Handspiegel, um mich auch von hinten betrachten zu können.

Ich zog mich aus und stand nackt vor dem Spiegel, verletzlich und schutzlos der neugierigen Prüfung durch mich selbst ausgeliefert. Es war das erste Mal seit dem Unfall, dass ich wirklich wissen wollte und auch klar genug war, um zu erfassen, was mir eigentlich widerfahren war.

Auf der rasierten Seite meines Kopfes verliefen zwei voneinander getrennte, lange Narben. Die Propellerklingen mussten mich zwei Mal getroffen haben, bis ich ihnen ausgewichen war. Eine verlief hufeisenförmig über meinen Kopf, von der Stirn fast bis hinters Ohr.

Auf der linken oberen Seite meiner Stirn war der Schädelknochen eingedellt, auch die Haut war über dieser Stelle nach unten in die Vertiefung hineingezogen. Platten aus Titan waren unter der Haut eingesetzt worden, um meinen Schädel zu stabilisieren, da bei der Gehirnoperation Teile des verletzten Knochens entfernt werden mussten. Diese Platten waren zwar eine wichtige Stütze, aber sie formten eine Kante, die oben auf meinem Kopf bis zum Haaransatz zu sehen war.

Über meine linke Gesichtshälfte verlief eine weitere Narbe, von der Stirn durch die Augenbraue und vom unteren Rand der Augenhöhle über meine Wange. Sie endete kurz vor meiner Oberlippe. Meine Lippe hing an einer Seite etwas nach unten.

Mein linkes Auge fehlte vollständig. Die Ober- und Unterlider waren durchschnitten worden und die ganze Augenhöhle hing nach unten.

An der linken Schulter ging die Narbe weiter. Sie kam von hinten hoch, über die Schulter, durch das Schlüsselbein bis zur Achselhöhle und durch den Bereich des Brustmuskels.

Meine linke Hand fehlte. Das Handgelenk war weg, mein Arm endete ungefähr dort, wo normalerweise das Handgelenk angefangen hätte.

Ach ja, vier Zähne waren auch abgebrochen.

Mindestens zehn Minuten lang schaute ich mich an. Dann sah ich weg.

Eine heftige Welle der Trauer stieg in mir auf und war kurz davor herauszubrechen. Es war, als hätte sich eine dunkle, gefährliche Wolke zusammengebraut. Ich stieg in die Dusche, als der Sturm losbrach und der Regen auf mich niederpeitschte. Ich wollte das Gefühl niederringen und griff nach dem Shampoo. Aber mit einer Hand ließ sich die Flasche nicht öffnen. Sie rutschte aus meiner Hand. Einen Moment lang stand ich fassungslos da. Dann brach ich in der Dusche zusammen und schluchzte.

Kapitel 26

Kaum Hoffnung

Lauren

Es folgten dunkle Tage.

Aus Tagen wurden Wochen.

Es gab einige wenige Momente, in denen die düsteren Wolken sich lichteten, ein- oder zweimal erreichte mich sogar ein Sonnenstrahl. Am Ende der ersten Januarwoche kam James vorbei. Er wusste, dass ich im Frühling einen Garten anlegen wollte, und brachte mir Samen für Tomaten, Kürbisse, Spinat, Rucola, Erdbeeren und Kräuter. Obwohl wir nicht mehr zusammen waren, tat es mir richtig gut, ihn zu sehen.

„Ich werde so lange für dich da sein, wie du mich brauchst", sagte James. Ich wusste, dass er es gut mit mir meinte. Ich lächelte und wir umarmten uns.

Ein paar Wochen später baute mich eine Twitter-Nachricht von Giuliana Rancic total auf. Ich hatte sie im vorigen September bei der *Fashion Week* kurz kennengelernt. „Lauren, du inspirierst mich", schrieb sie, „du wirst mit neuem Sinn im Leben und gestärkt aus all dem hervorgehen. Du machst mir Mut. Ich bete für dich :)".

Da Giuliana vor Kurzem wegen Brustkrebs behandelt worden war, bedeuteten ihre Worte mir besonders viel. Außerdem bewunderte ich sie schon seit Langem, weil sie ihre eigene Arbeit mit so viel Begeisterung machte, sowohl als Moderatorin wie auch als Begründerin einer Internetseite für Frauen mit Artikeln über Gesundheit, Schönheit und Mode. Ihre Nachricht weckte in mir die leise Hoffnung, dass ich meine Träume und Ziele nicht aufgeben müsste, trotz meiner lebensverändernden Verletzungen.

„Vielen Dank", twitterte ich an Giuliana zurück, „deine lieben Worte tun mir gut. Ich vertraue auf das, was du schreibst. Hoffe, dir geht es auch gut :D".

Unsere kurze Kommunikation erschien in der Onlinezeitschrift *People*. Dort war zu lesen, dass wir beide nicht nur ähnliche berufliche Ziele und gesundheitliche Herausforderungen hätten, sondern uns auch beide öffentlich zu unserem Glauben bekennen würden, der uns in den schweren Zeiten Halt gebe.[6]

Auch Robin Roberts aus der Sendung *Good Morning America* meldete sich kurz nach dem Unfall bei meiner Familie. Davon war allerdings nichts in den Medien zu lesen gewesen. Sie schickte uns mehrere ermutigende E-Mails mit Bibelstellen, die ihr vor Jahren geholfen hatten, als sie gegen Brustkrebs kämpfen musste. Auch sie war eine lebensfrohe, moderne, gläubige Frau, die mich ermutigte, weiterzugehen und meine Träume nicht aufzugeben. Da sie selbst einen ähnlichen Weg hinter sich hatte, bedeuteten mir ihre Zeilen sehr viel. Es war gut, auf meinem Heilungsweg solche Vorbilder zu haben.

Robin erwähnte auch, dass es ihr trotz aller gesundheitlichen Herausforderungen immer wichtig war, ganz normal behandelt zu werden. So ging es mir auch. Ich konnte es nicht ausstehen, wenn Leute mit mir anders umgingen, nur weil ich ein Auge und eine Hand weniger hatte. Wenn ich verhätschelt oder bemitleidet wurde, fühlte ich mich viel kränker als sonst.

Die größten Herausforderungen standen mir noch bevor. Ich dachte in diesen Wochen oft an die Worte von Giuliana und Robin. Sie halfen mir, daran zu glauben, dass ich eines Tages wieder ein ganz normales Leben führen würde. Diese Aussicht gab mir die Hoffnung, die ich damals dringend brauchte. Meine Zukunft erschien mir insgesamt trüb und dunkel.

Ab Januar besuchte ich an fünf Tagen pro Woche ein ambulantes

Rehabilitationszentrum. Meine Eltern fuhren mich zu allen Terminen. Jeden Morgen quälten wir uns schon früh aus dem Bett. Ich wusste nie, wie es mir nach dem Aufwachen gehen würde. Oft war ich traurig, manchmal weinte ich ohne bestimmten Grund. Häufig hatte ich Schmerzen. Im Rehazentrum übte ich laufen und warf mit Tennisbällen. Außerdem arbeitete ein Sprachtherapeut mit mir, ich machte Gedächtnistraining und hatte Gespräche mit einem Seelsorger. An den meisten Tagen hatte ich nach der Reha noch zwei oder drei Arzttermine. Oft waren meine Eltern und ich erst gegen sieben wieder zu Hause. Meistens stand dann ein Essen im Kühlschrank, das Freunde für uns vorbeigebracht hatten. Am Ende eines solchen Tages war ich körperlich und seelisch völlig erschöpft und ging direkt ins Bett.

Die Leute im Rehazentrum waren alle sehr nett, aber ihr Programm brachte mir nichts. Sie behandelten vor allem Patienten mit Schlaganfall und ich wünschte jedem von ihnen schnelle Genesung. Eines Tages fiel meinem Vater jedoch auf, dass ich den größten Teil meiner Zeit dort damit verbrachte, anderen Patienten Mut zu machen. Er regte sich richtig auf. „Ist ja super, dass du anderen helfen willst", meinte er, „aber im Moment sind wir deinetwegen dort – nicht wegen der anderen." Also fing er an, nach anderen Langzeit-Rehamöglichkeiten zu suchen.

Meine Medikamente wurden nun immer niedriger dosiert, bis ich nachts kaum noch schlafen konnte. Bis dahin war Schlafen für mich immer etwas Selbstverständliches gewesen. Aber jetzt warf ich mich die ganze Nacht lang von einer Seite auf die andere. Es war einfach nicht möglich, mich bequem hinzulegen. Mama schlief in dieser Zeit oft bei mir im Bett, um mir zu helfen, Ruhe zu finden. Wir entwickelten eine bestimmte Routine: Abends kamen Mama und Papa in mein Zimmer und wir beteten zusammen. Dann ging Papa ins Schlafzimmer, Mama blieb bei mir. Sie betete noch weiter für mich und las mir aus der Bibel oder aus einem anderen christlichen Buch vor. Auch nachdem ich eingeschlafen war, blieb sie bei mir. Sogar während sie selbst schlief, achtete sie auf mich, so wie sie es früher getan hatte, als ich ein neugeborenes Baby war.

Ich war sehr froh über meine Familie, die mich mit so viel Liebe umgab. Ich brauchte sie jeden Tag, immer wieder gab es neue Situationen, in denen es nicht ohne ihre Hilfe ging. Einmal, als ich vom Krankenhaus zurückkam, fing meine Körpertemperatur an zu spinnen. In einem Moment glühte ich, im nächsten Augenblick zitterte ich vor Kälte. Mein Arm tat entsetzlich weh. Ich konnte ihn kaum anheben. Es war ein schreckliches Gefühl, ich kam mir so hilflos und bedroht vor wie ein angebrochener Ast, der im nächsten Moment auf die Erde fallen würde.

Ich war körperlich und seelisch am Ende. Meine Kraft war restlos aufgebraucht. Manchmal stand ich morgens auf und schüttelte mein Bett auf, nur um im nächsten Moment wieder unter die Decke zu kriechen und mich wie ein Baby zusammenzukrümmen. Eines Morgens ging ich in die Küche, um etwas zu essen. Doch kaum saß ich auf dem Stuhl, fürchtete ich, gleich herunterzufallen. Mir war nicht schwindelig, aber ich konnte mich plötzlich nicht mehr wachhalten. Ich kannte mich selbst nicht wieder.

Ab dem 17. Januar nahm ich keine Schmerzmedikamente mehr. Da setzte die Depression ein, mit voller Wucht. Ich fühlte mich wie ein Boxer, der von allen Seiten getroffen wurde. Meist war ich niedergeschlagen, doch ich durchlebte alle möglichen Gefühlslagen. Aber das zuversichtliche Mädchen, über das sich meine Eltern im Krankenhaus gefreut hatten, das war ich auf jeden Fall nicht mehr. Als ich damals zum ersten Mal meinen zur Hälfte rasierten Kopf gesehen hatte, hatte ich noch gesagt: „Sieht ja gar nicht so schlecht aus!“ Damals war ich wirklich mit Drogen vollgedröhnt.

Sobald wie möglich ließ ich mir nun die Haare verlängern. Die Friseuse brachte zunächst neun Päckchen mit Haaren mit, doch am Ende brauchte sie insgesamt dreizehn. Sie befestigte die künstlichen Haare mit winzigen Metallklammern an meinen kurzen Haaren. Es war super, dass es so etwas gab, aber die Haare fühlten sich fremd an und waren sehr schwer.

Nachdem meine Haare verlängert worden waren, fühlte ich mich wieder mehr wie ich selbst. Trotzdem weinte ich jedes Mal, wenn ich in den Spiegel sah. Also versuchte ich mich möglichst nicht mehr anzuschauen. Es war schon schwer genug, ein Auge zu verlieren, aber meine linke Hand nicht mehr zu haben, das konnte ich nur schwer verkraften. Ich versuchte mir selbst einzureden, dass man das fehlende Auge gut ersetzen konnte. Aber diesen Armstumpf, den sah jeder. Selbst mit Verband konnte ich den Anblick kaum ertragen. Doch wurde der Verband auch noch entfernt, dann wollte ich gar nicht hinschauen. Die Ärzte erklärten uns, dass man den Verlust einer Gliedmaße ähnlich schlimm empfinden würde wie den Verlust eines Angehörigen und dass man auch einen Trauerprozess durchlaufen müsse. Manchmal wachte ich morgens auf und dachte: *O Mann, hatte ich einen schrecklichen Albtraum!* Im nächsten Moment kam die Erinnerung zurück: *Nein, das ist kein Albtraum. Meine Hand ist wirklich nicht mehr da. Das wird nie wieder gut werden.*

Ganz plötzlich brach die Wut los.

Es war Abend, ich saß mit meinen Eltern im Wohnzimmer auf dem Sofa, der Fernseher lief. Wir sahen eine dieser stumpfen Serien, wahrscheinlich „Der Bachelor“, in der lauter hübsche Mädchen um einen Mann kämpfen. Mein Blick fiel auf den Stumpf meines verbundenen linken Armes. *Ich werde niemals so schön sein. Ich werde auch nie wieder normal sein. Ich bin hässlich, richtig hässlich.*

Ohne Vorwarnung erfasste mich in diesem Moment eine heftige Wut. Das Gefühl riss mich mit sich fort, ich konnte nichts steuern. „Mein Leben ist zerstört!“, schrie ich. „Niemand wird mich jemals lieben. Ich bin so hässlich!“

Meine Eltern sprangen auf, um mir zu helfen. Mein Vater versuchte, mich zu umarmen und mich zu beruhigen, doch ich schlug ihm gegen die Brust. Da er so groß und kräftig ist, wirkte das ziemlich lächerlich. Aber trotzdem wich mein Vater in dem Moment zurück und mein nächster Hieb traf meine Mutter.

So etwas würde ich normalerweise niemals tun.

Das war nicht ich.

Ich rannte in den Flur, schrie in Panik, schluchzte und war immer noch voller Wut. Als ich mich endlich ausgetobt hatte, brach ich auf meinem Bett zusammen. Man hatte uns erklärt, dass sich die Wut von Menschen, die verletzt wurden, oft gegen die Personen richtet, die ihnen am nächsten stehen. Genau das erlebten wir an jenem Abend. Später war ich sehr traurig darüber.

Meine Eltern standen ratlos an meinem Bett und wussten nicht, wie sie mir jetzt helfen konnten. Da sagte ich fast flüsternd: „Holt Brittany her." Das war ein Befehl, keine Bitte. Brittany war die Einzige, die ich jetzt sehen wollte. Meine Eltern riefen sie an und sie machte sich zusammen mit Shaun sofort auf den Weg.

Kaum sah ich meine Schwester, wurde ich ruhig. Ich weiß nicht genau, woran das lag. Aber als sie da war, hatte ich wieder Frieden. Niemand sonst konnte mir so helfen, nicht einmal Shaun. Es war schön, dass er mitgekommen war, und normalerweise brachte er mich schneller zum Lachen als jeder andere. Auch jetzt, als er hereinkam, musste ich schon über seinen ersten Satz sehr lachen. Aber es war ein seltsames, hysterisches Lachen. Ich weiß nicht, ob er überhaupt etwas Lustiges hatte sagen wollen, vielleicht war ich einfach nur emotional am Ende. „Shaun, lass das!", lachte ich schrill, „ich will jetzt wütend sein."

„So, komm jetzt, Lauren", sagte Brittany mit fester Stimme, „du gehst jetzt ins Bett."

Auch in den folgenden Wochen packte mich immer wieder diese plötzliche, unkontrollierbare Wut. Solche Ausbrüche hatte ich früher nie gehabt. Einmal stürmte ich aus dem Haus, nachdem ich meine Mutter angeschrien hatte. Sie hatte nur einen falschen Satz gesagt, das reichte für mich schon, um auszurasten. Natürlich tat ich meinen Eltern damit sehr weh, was mich selbst unglücklich machte. Mein Vater sprach mit uns über das Thema und erinnerte uns daran, dass wir als Familie ein Team seien. Wir müssten zusammenarbeiten und zusammenhalten, statt uns gegenseitig anzugreifen. Es half mir, das zu hören.

Einige Zeit später war ich wieder einmal so wütend, dass ich am liebsten um mich geschlagen hätte. Papa erinnerte sich daran, dass ich jeden meiner Ärzte gefragt hatte, ob ich irgendwann wieder würde boxen können. Er sprach mit meinem Neurochirurgen und dem Rehaverantwortlichen. Beide hatten keine Einwände, solange ich nur auf meinen Kopf achtete. Eine Erschütterung durfte es nicht geben. Abgesehen davon waren sich alle einig, dass Boxen eine gute Möglichkeit war, meine Trauer und Wut zu verarbeiten. Außerdem wäre es für mich ein weiterer Schritt zurück in mein früheres Leben. Ich durfte wieder anfangen, Dinge zu tun, die mir früher Freude gemacht hatten. Als ich davon sprach, wie gerne ich auf irgendetwas einschlagen würde, ging mein Vater direkt los und besorgte mir einen Sandsack. Es tat unendlich gut, diesen zu bearbeiten.

In all diesen Krisen waren meine Eltern einfach super. Sie gaben tatsächlich ihr eigenes Leben vorübergehend auf, um ganz für mich da zu sein. Wenn ich verrückt spielte, machten sie mir keine Vorwürfe.

Papa war für mich wie ein Fels in der Brandung. Jeden Morgen und jeden Abend betete er für mich und las mir Psalmen und Abschnitte aus dem Buch Jesaja vor. Oft wurde ich morgens früh wach, manchmal schon um 4 Uhr. Wenn ich dann in die Küche ging, saß er am Tisch und las in seiner Bibel, während die Kaffeemaschine blubberte.

Mama versorgte mich von morgens bis abends. Sie las mir vor, öffnete die Shampooflasche, half mir beim Anziehen, machte meine Jeans zu, schnürte meine Schuhe, stylte meine Haare, fuhr mich zu Terminen und holte mich dort auch wieder ab, betete für mich und massierte Lavendelöl in meinen Armstumpf. „Du bist wunderschön, Lo“, flüsterte sie unzählige Male, „du bist unglaublich schön.“

Eines Abends lagen Mama und ich in meinem Bett. Ich hatte starke Schmerzen und drehte mich auf den Bauch in der Hoffnung, dass ich es so besser aushalten konnte. Mutter fing an, laut zu beten, dass sich doch Gottes Friede auf eine neue, besondere Weise über uns ausbreiten würde. Sie bat Gott darum, dass wir seine Ruhe ganz bewusst wahrnehmen konnten, ja sie betete auch dafür, dass seine Heiligkeit unser Zimmer spürbar erfüllte.

Als sie aufhörte zu beten, war es sehr still. Ich hörte ihren Atem neben mir. Von draußen war das Zirpen der Grillen zu hören, die in unserem Garten saßen. Es war Nacht in Texas.

„Lo“, fragte Mama sanft, „bist du noch wach?“

„Ja.“

„Was spürst du jetzt gerade?“

„Es ist so beruhigend, Mama, so tröstlich.“

„Spürst du den Frieden?“

Ich sah zu ihr hinüber. „Ja, und ich will, dass er nie wieder aufhört.“

Dann schliefen wir beide ein. Als ich irgendwann nachts wach wurde, lag meine Mutter in meinem Arm, in dem Arm, der keine Hand mehr hatte. Sie schlief. Ich ließ meinen Arm genau so liegen.

Kapitel 27

Picknick mit Dana

Lauren

Diese eine friedvolle Nacht war sehr erholsam, aber damit waren meine Stimmungsschwankungen noch nicht vorbei. Ich kämpfte mit Gereiztheit, Depression, Angst und Wut. Es gab Tage, an denen ich total niedergeschlagen war. Dann wollte ich nur schlafen.

Eines Morgens lag ich im Bett und weinte. An Aufstehen war nicht zu denken, ich wollte es auch gar nicht versuchen. Mama fragte immer wieder, ob sie mir irgendwie helfen könnte, aber ich wollte nichts. Endlich bat ich sie, Brittany zu fragen, ob sie vorbeikommen könnte.

Brittany kam zusammen mit meiner besten Freundin Caroline. Wir hatten uns schon in der Grundschule kennengelernt, aber erst an der Highschool wurden wir so richtig dicke Freundinnen. Seither ließen wir uns gegenseitig an allem teilhaben. Als Caroline jetzt an meinem Bett stand, kam sie sofort zur Sache. „Lo, wir machen dir folgenden Vorschlag“, erklärte sie, „wir holen dich aus diesem Haus heraus, zumindest für eine Weile. Es ist schlimm genug, mit dreiundzwanzig Jahren so einen Unfall zu haben. Aber es ist auch nicht leicht, mit dreiundzwanzig Jahren wieder ganz auf seine Eltern angewiesen zu sein.“

„Ich sehe das genauso“, bestätigte Brittany in ähnlich sachlichem Ton. „Wir werden jetzt zusammen rausgehen.“

Es ergab Sinn, was sie sagten. Seit Wochen war ich entweder zu Hause oder bei Rehaterminen. Ich hatte nichts anderes mehr gemacht. Die beiden kannten mich gut genug, um zu wissen, dass ich ein bisschen Anschub brauchte. Jemand musste mich daran erinnern, dass ich in einem offenen Käfig saß, den ich jederzeit verlassen konnte.

Wir unternahmen gar nichts Besonderes. Die beiden fuhren mit mir zu Willow Bend, einem Einkaufszentrum ganz in der Nähe. Dort schlenderten wir ein bisschen herum, aßen eine Kleinigkeit und setzten uns in ein Café. Ich kaufte mir ein buntes T-Shirt. Über dem linken Auge hatte ich eine Augenklappe, außerdem trug ich eine Baseballkappe. Den linken Arm versteckte ich in einem langärmligen Shirt. Durch die Haarverlängerung sahen meine Haare zumindest von Weitem ganz normal aus, man ahnte nicht, dass mein Kopf zur Hälfte kahl rasiert gewesen war. Trotzdem hatte ich ständig Angst vor den Blicken der Leute, die bemerken könnten, dass bei mir etwas nicht stimmte.

Aber es tat total gut, wieder unter Menschen zu sein. Nach unserem Ausflug war ich völlig erschöpft, machte es mir in Papas Lieblingssessel im Wohnzimmer bequem und schlief erst mal eine Runde.

Brittany und Shaun hatten immer neue, tolle Ideen. Nachdem ihnen klar geworden war, wie wichtig Abwechslung für mich war, luden sie mich am Wochenende oft zu sich ein. Wir holten uns chinesisches Essen, liehen uns einen Film aus und quatschten einfach nur den ganzen Abend. Manchmal kamen Freunde aus meiner Collegezeit vorbei und es war, als würde ich ein ganz normales Leben führen.

Super Mario World war das einzige Videospiel, das Brittany und ich als Kinder öfter gespielt hatten. Wir versuchten es jetzt auch wieder, fanden aber schnell heraus, dass man dazu zwei Hände brauchte. Also rückten Brittany und ich ganz eng zusammen und spielten gemeinsam mit einer Fernbedienung. Sie war für die Knöpfe auf der linken Seite zuständig, ich für die rechten. Es klappte nicht auf Anhieb, aber wir lernten schnell. Schon bald waren wir richtig gut. Das Zusammenspielen war wirklich lustig.

Eines Abends, als ich wieder bei Brittany und Shaun übernachtete, wurde ich sehr traurig. Angst und Sorgen überwältigten mich. Eigentlich bin ich kein eifersüchtiger Mensch. Ich hatte mich immer mit Brittany und Shaun über ihre glückliche Beziehung gefreut. Mein emotionales Tief hatte auch nicht direkt mit ihnen zu tun, es war vor allem Selbstmitleid. Ich lag da allein im Gästezimmer und weinte. Nach einiger Zeit rief ich James an. Es tat immer gut, mit ihm zu reden. In dieser Nacht breitete ich meine ganze Traurigkeit vor ihm aus.

„Ich hätte das auch haben können, was die beiden haben", jammerte ich. Damit meinte ich eine Ehe, ein Zuhause und ein ganz normales Leben. Es war mir in dem Moment gar nicht so wichtig, wer mir zuhörte, und ich trauerte auch nicht direkt um ein gemeinsames Leben mit James. Mein Wunsch war einfach nur, so leben zu können wie andere auch. Zum Glück fragte er nicht, ob meine Trauer sich auch auf den Abbruch unserer Beziehung bezog, sondern er hörte einfach nur zu und half mir, meinen Schmerz zu verarbeiten. „Ich bin so lange für dich da, wie du mich brauchst", sagte er zu mir. Hatte er das nicht schon einmal gesagt? Er war wirklich ein ganz besonderer Freund und ich war sehr froh, dass es ihn gab.

In den ersten Wochen nach dem Krankenhaus hatte ich kein richtiges Ziel, sondern versuchte einfach nur, weiterzugehen und voranzukommen. Ich war erschöpft, niedergeschlagen und von den unterschiedlichsten Gefühlen geschüttelt, aber ich wollte weitergehen, immer weiter. Jeden Tag las ich in der Bibel, betete und ging zu den verschiedenen Therapien. Ich gab mir alle Mühe, wieder gesund zu werden. Am 9. Januar schrieb ich zum ersten Mal nach dem Unfall einen Beitrag in meinem Blog. Es war ein ganz einfacher Text, in dem ich allen dankte, die sich in den vergangenen Wochen uns gegenüber so freundlich verhalten hatten.

Es tat gut, wieder zu schreiben. Aber um meine Arbeit wieder richtig aufnehmen zu können, hatte ich zu viele Fragen, auf die es keine Antworten zu geben schien. Ich wusste nicht, wie ich damit umgehen sollte. Es gab so vieles, das ich nie wieder würde tun können. Wasserski fahren, klettern, boxen – mit nur einer Hand ging das alles nicht mehr. Auch Autofahren konnte ich mit einem Auge nicht. Sogar das Anziehen war ein Problem. Würde ich es jemals schaffen, meine Haare zu frisieren oder ein Glas saurer Gurken zu öffnen – ohne meine linke Hand? Ganz bestimmt würde es keinen Mann mehr geben, der mich noch attraktiv finden würde. An Heiraten war überhaupt nicht mehr zu denken.

Was sollte aus meiner beruflichen Laufbahn werden? Wie sollte ich mit nur fünf Fingern jemals schnell tippen? Würde man mich zur *Fashion Week* überhaupt noch einladen? Wie sollte ich mich dann unter den Models bewegen? Ich wollte mir gar nicht vorstellen, wie ich mich zwischen all diesen auf Mode und Schönheit ausgerichteten Menschen fühlen würde. Bald würde es Frühling und Sommer werden, aber es erschien mir undenkbar, ohne den Schutz eines langärmligen Oberteils vor die Tür zu gehen. Ich konnte mich, so wie ich jetzt war, nicht mehr in der Öffentlichkeit zeigen. Alles in allem würde ich nie wieder ich selbst sein. Das waren die Gedanken, die sich Tag und Nacht in mir drehten. Es gab für mich keine Normalität mehr. Am liebsten hätte ich mich für immer in meinem Zimmer eingeschlossen.

Eines Morgens schleppte ich mich nach dem Aufwachen in die Küche, war dann aber so niedergeschlagen, dass ich wieder ins Bett kroch. Meine Mutter hatte irgendwo einen Termin und musste gleich los, Papa war bei der Arbeit. Deshalb würde ich allein zu Hause sein.

„Ich kann meinen Termin auch absagen, Lo“, meinte Mama, „wenn es dir nicht gut geht.“

„Nein, du kannst ruhig gehen“, murmelte ich in mein Kissen.

Mutter ging. Ich schlief. Plötzlich hörte ich die Klingel an der Haustür. Wahrscheinlich hatte es schon mehrere Male geklingelt. Ich wollte niemanden sehen. Sollte die Person doch weggehen! Aber es klingelte weiter. Also schlich ich zur Tür und sah nach, wer da war.

Dana Crawford stand auf der Fußmatte. Ich öffnete die Tür und fing sofort an zu weinen. Ich weinte und weinte. Dana hielt mich fest und wartete. Ich konnte gar nicht mehr aufhören zu weinen. Da tat Dana das Einzige, was in dieser Situation wohl möglich war, sie begann zu singen: „Du bist mein Sonnenschein, mein einziger Sonnenschein …" Ich musste lachen. Aber dieses Mal war es kein hysterisches, verzerrtes Lachen, sondern ein entspannendes, normales Lachen.

Erneut drückte sie mich: „Komm doch mit zu mir", schlug sie vor. „Ein Tapetenwechsel würde dir bestimmt guttun."

Ich schniefte, nickte, ging in mein Zimmer und zog mir etwas an. Dann fuhren wir mit Danas Auto die zwei Straßen bis zu ihrem Haus. Sie machte für uns ein Picknick zum Mittagessen: einen Salat aus vielen verschiedenen knackig frischen Gemüsesorten, dazu eine pikante Soße mit Kräutern. Draußen schien die Sonne und ein angenehm frischer Wind wehte.

„Wollen wir draußen essen?", fragte sie. „Ein bisschen Vitamin D wird dir sicher nicht schaden."

Während wir aßen, fragte mich Dana, was mich gedanklich beschäftigte. Ich breitete meine ganzen Sorgen, Ängste und Nöte vor ihr aus.

„Es ist ganz normal, dass wir Lügen im Kopf haben", sagte sie dann. „Aber lass uns die Lügen doch einmal im Licht der Wahrheit untersuchen." Dann widerlegte sie meine Gedanken Satz für Satz. Ich hatte den Unfall überlebt. Ich konnte denken und reden. Durch den Unfall hätte mein Gehirn bleibenden Schaden nehmen können, doch es war alles in Ordnung. Viele Menschen hatten mich sehr lieb. Ich wurde bestens umsorgt. Ich konnte schon wieder einige der Dinge tun, die vor dem Unfall mein Leben bestimmt hatten. Ich war immer noch attraktiv für Männer. Ich konnte auch weiterhin meine Arbeit ausüben. Vor allem war Gott ein guter Gott, der einen Plan für mich hatte und der aus allem, was ich erlebte, etwas Gutes machen wollte.

Durch das Gespräch mit Dana klärten sich meine Gedanken und Gefühle wieder. Ich saß mit ihr im Garten, hörte ihre weisen Worte und dachte: *Es ist so gut, jetzt einfach nur hier zu sitzen und Dana zuzuhören. Am liebsten möchte ich gar nichts mehr sagen.*

In dem Moment fragte Dana: „Möchtest du dich einfach zurücklegen? Dann bete ich für dich."

Das tat ich. Ich legte mich in der Sonne auf den Rücken und Dana fing an zu beten. Danach saßen wir schweigend nebeneinander, vielleicht eine halbe Stunde lang.

Die Atmosphäre war von tiefem Frieden erfüllt. An diesem Tag wurde mir klar, dass ich durch die Dunkelheit hatte gehen müssen, um das Licht erleben zu können.

Das war mein Wendepunkt.

Kapitel 28

Winterurlaub

Lauren

Eines Nachmittags saßen meine Mutter und ich am Küchentisch, einerseits froh über alle Fortschritte, die ich machte, andererseits auch sehr unter Druck und voller Sorgen. Da meinte Mama: „Weißt du, ich glaube, wir sollten einfach mal ein paar Tage Urlaub machen."

„Super Idee", nickte ich.

Wir überlegten, wo wir hinfahren könnten. Da kam Papa in die Küche und erinnerte uns daran, dass wir Freunde in Colorado hatten. Michael und Debbie hatten uns schon lange angeboten, in ihrem Haus Urlaub zu machen. Wir riefen sie an, woraufhin die beiden ihre eigenen Pläne spontan änderten und uns sofort ihr Haus anboten. Schon am darauffolgenden Wochenende flog unsere ganze Familie nach Steamboat Springs, um dort vier Tage Urlaub zu machen. Das war unser erster Familienurlaub seit dem Unfall.

Das Haus war wunderschön, ein absolut gemütliches und komfortables Holzhaus, mitten in einer herrlichen Landschaft. Es lag Schnee und wir hatten einen atemberaubenden Panoramablick auf die Rocky Mountains. Piniënduft erfüllte die Luft. Ich war weit weg von meinem bedrückenden Alltag, geborgen und von tiefem Frieden erfüllt.

Shaun und Brittany kamen dazu, James hatten wir auch eingeladen. Er war als enger Freund der ganzen Familie seit dem Unfall immer für mich da gewesen. Alle mochten ihn. Dazu kam, dass er Schnee und Berge liebte und die Tage hier auch sehr genießen würde.

Wir ließen es ruhig angehen, ich ganz besonders. Die Männer fuhren Ski oder Snowboard. Am liebsten wäre ich mitgekommen, aber die Ärzte hatten es mir nicht erlaubt. Ich durfte keinen Sturz riskieren. Nach einem Schädeltrauma ist der Kopf noch sehr empfindlich. Auch wenn die Wunde schon lange verheilt ist, sollte man noch etwa ein Jahr lang sehr vorsichtig sein. So fuhren wir Frauen in die Stadt und gönnten uns eine kosmetische Gesichtsbehandlung.

Von Tag zu Tag entspannten wir uns mehr. Morgens schliefen wir aus, tranken Kaffee, backten Pfannkuchen, frühstückten genüsslich und saßen am offenen Kamin. Nachmittags gingen wir spazieren, tranken noch mehr Kaffee und führten viele tiefe Gespräche. Abends kochten wir und saßen gemütlich zusammen. Eines Abends ging ich mit den Männern auf einen Berg, von wo aus wir ein Fest des nahe gelegenen Dorfes beobachteten, das „Night Extravaganza" hieß. Nach Einbruch der Dunkelheit sausten die Skifahrer mit Fackeln den Berg hinunter. Sie fuhren in einer langen Reihe den kurvenreichen Weg ins Tal hinab, der von zahlreichen Zuschauern gesäumt wurde. Wo immer die Fahrer vorbeikamen, brach jubelnder Beifall aus. Es war so schön, wieder etwas zu feiern. Wir redeten an diesem Wochenende so gut wie gar nicht über den Unfall und die Reha. Das tat so gut.

Seit damals die Homepage erstellt worden war, in der über meinen Unfall berichtet wurde, war ich bei Twitter. Gegen Ende unseres Urlaubs twitterte ich zwei Fotos von uns, wie viele Freunde das vom Urlaub aus taten. Auf einem Bild waren Britt und ich zu sehen. Wir trugen Sonnenbrillen, standen da wie Hippies und lachten über uns selbst. Auf dem anderen Bild sah man uns alle abends in Steamboat Springs. Ich hatte die Bilder kaum losgeschickt, als James bemerkte, was ich getan hatte. Er pfiff überrascht durch die Zähne. „Lo, das kann nicht dein Ernst sein", sagte er.

„Wieso, was ist los?“

„Ist dir klar, dass diese Fotos in den Abendnachrichten auftauchen werden?“

„Sehr witzig!“

Doch er hatte recht. Am nächsten Tag sahen wir unsere Fotos in den Nachrichten mehrerer nationaler Fernsehsender, dann wurden sie in den verschiedensten Medien verbreitet. Überall wurde von meinem ersten Urlaub seit dem Unfall berichtet. Ich war sehr erschrocken über dieses öffentliche Interesse.

„Du denkst, es wäre alles immer noch wie früher“, erklärte James, „aber seit dem Unfall hat sich vieles verändert. Es wird Zeit, dass du dich darauf einstellst. Du kannst jetzt nicht einfach ein Foto verschicken, wie du es früher getan hättest.“

*

Es dauerte eine Weile, bis ich richtig verstanden hatte, wie viel öffentliche Aufmerksamkeit meinem Unfall entgegengebracht worden war. Bis dahin hatte ich mich nicht so viel um das Denken anderer Leute gekümmert. Eines Tages bekamen wir von mehreren Bekannten die Information, dass ein Foto von mir in sämtlichen Medien erschienen war. Anscheinend hatte ein uns unbekannter Fotograf meinen Vater und mich erwischt, als wir gerade in die Rehaklinik gingen. Überall im Internet war unser Bild mit entsprechender Geschichte zu finden. In den meisten Geschichten hieß es, wir hätten beide übers ganze Gesicht gestrahlt. Aber das Gegenteil war der Fall. Papa und ich hatten im Auto, auf dem Weg zur Reha, eine Anbetungs-CD gehört. Dabei hatten wir beide geweint. Wir waren beide emotional noch sehr instabil. Normalerweise ließ mich mein Vater vor der Klinik aussteigen und fuhr dann weiter, doch an diesem Tag ging es mir so schlecht, dass er mich in die Klinik begleitete. Uns war überhaupt nicht nach „strahlen“ zumute, es ging uns eher ziemlich schlecht.

Ein anderes Foto ging ebenfalls durch die Medien. Darauf war zu sehen, wie ich gerade den Supermarkt verließ, zu dem mich Sharon Kendall gefahren hatten. Es war zu jener Zeit für mich immer noch schwierig, einen Laden zu betreten. Fremde Menschen sprachen mich an, hatten Tränen in den Augen und erklärten mir, dass sie für mich und meine Familie gebetet hätten. Natürlich freuten wir uns darüber. Aber es stimmte nicht, was unter dem Bild stand, dass ich gerade aus der Sporthalle kommen würde.

Noch ein Foto von mir wurde ohne meine Einwilligung verbreitet. Darauf war ich auf der Straße zu sehen, wie ich den Fußweg zu unserem Haus hinaufgehe. Ich war gerade von der Reha zurück. Wir haben nie herausgefunden, wer diese Fotos gemacht hatte, und wir waren auch nie gefragt worden. Diese Leute mussten sich irgendwo in der Nähe unseres Hauses versteckt haben, um mich dann mit ihrem Zoom einzufangen. Von da an gewöhnten wir uns daran, über Umwege zu unserem jeweiligen Ziel zu fahren. Es war kein angenehmer Gedanke, dass Menschen sich überall versteckten, um ein Foto von mir zu machen.

Auch Vater führte ein ähnliches Gespräch mit mir wie James. Bis dahin hatte ich nicht gewusst, wie viele Journalisten uns um Interviews gebeten hatten. Doch nun zeigte er mir die Liste. Es war total verrückt. Da standen extrem viele prominente Namen, amerikanische und ausländische, bis hin zur *Times* aus London. Ich wurde sogar als Kandidatin für den Tanzwettbewerb „Let's Dance“ angefragt.

„Wir haben dir doch von der Caring-Bridge-Homepage erzählt“, erklärte Papa, „die Caroline und Sharon eingerichtet hatten, sodass wir mit wenig Aufwand alle Freunde auf dem Laufenden halten konnten?“

Ja, ich hatte sie schon mehrfach angeschaut. Sharon hatte mir auch immer wieder ein paar nette Kommentare der Leser ausgedruckt, die dort angekommen waren. Es waren immer sehr freundliche Botschaften. Die Leute wünschten mir alles Gute und beteten für mich. Aber keiner hatte mir je gesagt, wie oft diese Seite schon angeklickt worden war.

„Schau mal“, forderte Papa mich auf.

Dann sah ich, dass diese Seite mehr als 1,5 Millionen Mal angeschaut worden war. Ich blätterte durch die Kommentare, Seite um Seite, es waren Tausende. Menschen aus aller Welt hatten sich dort gemeldet. Immer wieder las ich, wie mein Unfall diese Menschen berührt hatte. Sie dankten Gott für unsere Familie und schrieben, dass Gott unser Leid benutzen würde, um andere zu inspirieren und die zu ermutigen, die selbst schwere Lasten zu tragen hatten.

„Hallo, hübsche Lauren", las ich. „Ich bin katholisch, habe aber schon lange nichts mehr mit der Kirche zu tun. Die Texte von dir und deiner Mutter haben mich auf vielfältige Weise berührt. Ich kann mir vorstellen, dass dein Leben sich sehr verändert hat und dass jeder Tag aus guten und schweren Abschnitten besteht. Aber es hilft mir, wenn ich daran denke, dass du trotz allem so fest an Gott glaubst. Du bist stark und wirst das durchstehen, aber bitte vergiss dabei auch nie, dass du sehr hübsch bist und immer sein wirst. Ich schätze dich und deine Familie sehr, alles Liebe für euch in dieser schweren Zeit des Gesundwerdens! Leslie."

„Es ist erstaunlich, wie stark du bist", schrieb eine Frau namens Nancy.

„Ihr sollt wissen, dass ich durch eure Seite sehr ermutigt bin", schrieb eine Mary. „Ich hoffe, dass Lauren sich gut erholt und dass ihre Familie weiterhin am Glauben festhält. Denkt daran, dass es sehr, sehr viele Menschen gibt, die durch eure Geschichte, die sich hier vor unseren Augen ereignet hat, berührt wurden. Wir beten für euch."

„Lauren, in all dem warst du immer so voller Anmut und Würde", war in einem anderen Kommentar zu lesen. „Danke, dass du uns an deinen täglichen Kämpfen und Erfolgen teilhaben lässt. Lauren, ich kenne dich nicht, aber ich mag dich sehr, und ich weiß, dass Gott einen guten Plan für dein Leben hat. Ich werde weiter für dich beten."

„Lauren", schrieb eine Jenny, „ich habe dich heute in den Nachrichten gesehen. Du siehst umwerfend aus!!!! Ich habe deine Geschichte mitverfolgt und möchte dich wissen lassen, dass du eine große Ermutigung für uns alle bist! Gott segne dich!"

Ich war sprachlos. Dabei hatte ich doch überhaupt nicht versucht, irgendetwas Besonderes zu leisten. Mein einziges Ziel war es gewesen, immer weiterzugehen, genau wie ich es von Casey, meiner Freundin aus der Highschool, gelernt hatte. Nachdem ihr Vater gestorben und ihr Bruder schwer krank geworden war, hatte der Schmerz sie fast überwältigt. Es gab Zeiten, in denen sie nie wieder aufstehen wollte. Aber sie ließ nicht zu, dass das Leid ihr Leben zerstörte, nein, ihr Motto war, immer weiterzugehen, egal was geschah. Mir half es, an sie zu denken und an andere Menschen, die auf ähnliche Weise durch schwere Zeiten gegangen waren.

Das war meine Definition für Mut – *wenn man trotzdem weitergeht, auch wenn einem etwas sehr Schlimmes passiert ist* –, nach diesem Prinzip versuchte ich zu leben.

Mehr habe ich nicht getan.

*

Es war schön, dass James diese Tage mit uns verbrachte. Er umarmte mich oft, und ich erwiderte seine Umarmungen. Seine Freundlichkeit und seine positive Einstellung taten mir gut. Eines Abends beim Essen schaffte ich es nicht, mein Hähnchen klein zu schneiden. Da nahm er einfach mein Besteck und half mir, ohne ein Wort darüber zu verlieren.

An unserem letzten Nachmittag waren James und ich mit Schneeschuhen unterwegs. Die anderen waren nicht mitgekommen. Über uns strahlte der leuchtend blaue Himmel von Colorado, klar und kalt. Wir wanderten ein Stück weit in den Wald hinein, bis wir zu einer Lichtung kamen, die zu einer Rast einlud. Wir waren nicht wirklich weit weg von unserem Haus, aber doch weit genug, um unsere Zweisamkeit sehr bewusst zu spüren.

„James?“, fragte ich. „Wollen wir wieder … zusammen sein?“

Sein Blick ging in die Ferne, zu den Bergen am Horizont. Er dachte nach. Wie würde er antworten? Mein Herz schlug aufgeregt. Wären wir noch ein Paar, dann hätten wir uns jetzt an diesem Platz geküsst.

„Lauren, du weißt, dass du mir sehr wichtig bist“, begann er vorsichtig, „aber ich weiß nicht, ob ich wirklich der Richtige bin für dich. Ich bin dein Kumpel, aber nicht dein Freund.“

Ich hackte mit meinem Schneeschuh Löcher in die weiße Pracht. In der Ferne hörte ich einen Vogel, der auf einen Baum flatterte, zwitscherte und dann still war. „Schon“, setzte ich an, „aber wenn wir beide wieder ein Paar wären, könnte es vielleicht wieder richtig schön sein.“

„Vielleicht.“

„Vielleicht wäre es wirklich toll mit uns, so wie früher.“

„Vielleicht“, sagte er wieder, „aber vielleicht müssen wir auch zuerst noch ein paar Dinge klären.“

Ich nickte. Wir umarmten uns. Sehr lange saßen wir so da. Ich spürte seine Wärme und hätte mich am liebsten nie wieder aus seiner Umarmung gelöst.

Uns war beiden klar, dass wir über etwas sehr Grundlegendes sprachen. Es ging nicht einfach darum, einen Freund bzw. eine Freundin zu haben. Wir sprachen über die sehr große Entscheidung, ob wir uns vorstellen konnten, unser restliches Leben miteinander zu verbringen.

James hatte recht. Die Antwort war noch nicht klar, auch wenn die Kulisse auf dieser schneebedeckten Lichtung perfekt war. Wir mussten ehrlich mit uns selbst sein und über unsere gesamten Lebenskonzepte nachdenken. Der Unfall lag noch nicht lange genug zurück, um jetzt über eine so weitreichende Entscheidung zu sprechen. Stattdessen mussten wir uns erst einmal an die neue Situation gewöhnen und unserer Freundschaft Zeit geben, sich ebenfalls auf den neuen Normalzustand einzustellen.

Trotzdem war dieser Moment mit James einfach perfekt. Ich hätte mir sehr gewünscht, James immer so nahe sein zu können.

Kapitel 29

Die neue Wirklichkeit

Lauren

Unsere Reise nach Steamboat Springs hatte mir neue Kraft gegeben. Ich hatte beschlossen, mich der Herausforderung zu stellen. Was auch immer nötig sein würde, um mein Leben wieder in den Griff zu kriegen, ich war bereit dazu.

Schon Wochen davor war ich bei einer Prothetikfirma gewesen, um mich über eine Prothese für meinen Arm zu informieren. Dort hatte ich mit einem Therapeuten gesprochen, der mir von einem Rehazentrum mit neuen Therapiekonzepten erzählte. Die Leute dort arbeiteten vor allem mit verletzten Sportlern. Ich sah mir das Ganze an. Es erinnerte eher an eine Sporthalle als an ein Krankenhaus.

Als ich anrief, hatte Sheri Walters „zufällig“ gerade eine Lücke in ihrem ansonsten voll verplanten Terminkalender. So wurde sie meine Therapeutin. Sie ist ein paar Jahre älter als ich und eine faszinierende Frau. Wir verstanden uns auf Anhieb. Ich bewunderte ihre Bildung, ihre Fähigkeiten, ihr Wissen und ihr Engagement. Schnell wurde klar, dass ich viel besser zu den verletzten Sportlern als zu den Schlaganfallpatienten passte. Endlich war ich am richtigen Platz.

Von da an hatte ich an fünf Tagen pro Woche Termine mit Sheri.

Als Erstes massierte sie immer meine zahlreichen Narben. Sie verwendete eine besondere Kakaobutterzubereitung und bearbeitete die Wunden damit, sodass sie sich nicht zusammenzogen oder verhärteten. Darauf folgten die verschiedenen Übungen. Ich machte Liegestütze, um meinen Oberkörper zu kräftigen. Dazu lag ich flach auf einer Trainingsbank und sie hielt das Ende meines linken Arms. Am Anfang schaffte ich kaum einen einzigen Liegestütz.

„Mach dir keine Sorgen", ermutigte mich Sheri, „du fängst ja gerade erst an."

Dann ging es mit Gewichten weiter, ich musste rennen, mich dehnen und meine Lunge trainieren. Dazu gab es warme Packungen und Umschläge für meinen Armstumpf, um die Schwellung zu verringern. Die Atmosphäre unterschied sich grundlegend von meiner ersten Rehaklinik. Hier war ich zusammen mit Footballspielern, die sich die Schultern gezerrt hatten, oder mit Fußballern, die verletzte Kniegelenke hatten, auch Basketballspieler mit gezerrten Rückenmuskeln wurden hier behandelt. Es gab auch Sportler, die gar nicht verletzt waren, aber trotzdem das Rehazentrum nutzten, um für die nächste Saison fit zu werden. Rockmusik dröhnte aus den Lautsprechern. Ich gab alles und schnell schaffte ich zwölf komplette Liegestütze, nicht von den Knien, nein von den Zehenspitzen aus. Schon bald sprach ich nicht mehr von Reha oder Therapie, sondern von Training und Sport.

Ich hatte Sheri erzählt, dass ich vor dem Unfall angefangen hatte, Boxen zu lernen, aber das würde ja nun mit einer Hand und all den anderen Verletzungen nicht mehr so richtig gehen. „Weißt du", erklärte sie eines Tages, „ich glaube, es wäre gut für dich, wenn du wieder boxen würdest. Unser Ausdauertraining ist nicht schlecht, aber beim Boxen würdest du zusätzlich das räumliche Sehen trainieren, indem du einen bewegten Gegenstand treffen musst. Ich werde mal sehen, was ich da für dich machen kann." Sie machte eine Bandage um meinen Armstumpf, dann zog sie mir meine rosaroten Boxhandschuhe über. Als Nächstes rief sie Stewart Gill, den Chef des Zentrums an. Er war ein stattlicher Mann, der elf Jahre lang dem amerikanischen Taekwondo-Nationalteam angehört hatte.

Stewart machte ein paar Aufwärmübungen mit mir. Dann kämpften wir im Ring. Ich war angenehm überrascht, wie gut mein linker Handschuh hielt und wie fließend meine Bewegungen immer noch waren.

„Gut gemacht, Lauren", sagte Stewart zum Schluss.

Dieser einfache Satz ermutigte mich wahnsinnig, er gab mir Kraft und bestätigte mir, dass ich meinen Weg wiedergefunden hatte. Von da an trainierte ich regelmäßig Taekwondo. Ich wollte es nicht mehr missen. Vor dem Unfall hatte ich boxen gelernt, weil ich mir eine neue sportliche Herausforderung gewünscht hatte. Aber seit dem Unfall halfen die Kampfsportarten auch meiner Seele, sich zu erholen. Einerseits machte ich da weiter, wo ich durch den Unfall aufgehört hatte, andererseits machte ich den gleichen Sport jetzt viel intensiver und mit anderen Absichten und Auswirkungen.

Etwa fünf Wochen nach meiner Entlassung aus dem Krankenhaus besuchte ich den Spezialisten für Augenprothesen, Randy Trawnik, um ein künstliches Auge in Auftrag zu geben. Die Prozedur ist aufwendig und oft dauert es mehrere Tage, bis ein Auge genau passt und die perfekte Farbe, Form und Position hat. Aber Mr Trawnik machte mit mir an einem Samstag einen Termin aus, sodass wir versuchen konnten, das Ganze an einem einzigen Tag zu schaffen. Er hatte als Soldat selbst ein Auge verloren und nach dem Militärdienst die Ausbildung zum Okularisten absolviert. Er liebte seine Arbeit, das spürte man deutlich.

Unser Termin war frühmorgens. Mama, Papa und Brittany kamen mit. Was wir dann erlebten, war ziemlich faszinierend. Als Erstes machte Mr Trawnik einen Abdruck meiner Augenhöhle, auf dessen Grundlage er dann das Wachsmodell meines künstlichen Auges herstellte. Nachdem er das Wachsmodell weiter bearbeitet und geformt hatte, nahm er es als Vorlage für die Herstellung der Kunststoffprothese. Sie wurde von Hand angemalt. Er pinselte so lange, bis es ganz echt aussah. Mr Trawnik arbeitete in mehreren Phasen. Zunächst sollten wir in seinem Büro sein, wo er meine Augenhöhle ausmaß und genau untersuchte. Dann schickte er uns für eine Stunde in die Stadt, damit er in Ruhe arbeiten konnte.

Wir gingen in ein Café. Nach einer Stunde nahm er wieder Maß, passte das Auge an und schickte uns dann wieder für eine Stunde nach draußen.

Als er meine Augenfarbe auf die Prothese malte, war ich besonders fasziniert. Er hatte eine große Farbpalette, aus der er die richtigen Farben auswählte. Mit einer Lupe studierte er mein gesundes Auge, fügte dann dem künstlichen Auge ein paar Farbtupfer hinzu, bevor er sich die Farben meines Auges wieder genau ansah. Ich bat ihn, mir alle Farben zu nennen, die er in meinem Auge sah. Er erklärte mir, dass ich haselnussbraune Augen hätte, mit einem Hauch von Gelb in der Mitte, blauen, grauen und grünen Tupfen und einigen braunen Stellen. Es war schön, ihm beim Malen zuzuschauen. Kunst und Farbpaletten hatten mich schon immer fasziniert. Das Ganze erinnerte mich ein wenig an das schöne Gefühl, das ich hatte, wenn ich eine neue Packung Filzstifte bekam.

Nachdem Mr Trawnik mit seiner Arbeit fertig war, gab er mir das fertige Auge in die Hand. Es fühlte sich an wie ein Gefäß aus Ton, bevor es im Ofen gebrannt wird. Die Oberfläche war stabil, aber auch etwas elastisch, fast wie menschliche Haut. Das Auge war nicht rund, sondern hatte eher eine ovale Form.

Bevor er das Auge in meine Augenhöhle einsetzte, träufelte Mr Trawnik mir Tropfen auf die Haut, dann ließ er das Auge hineingleiten. Zuerst fühlte es sich ganz unangenehm an, eng, wie ein Fremdkörper, den man am liebsten wieder loshaben möchte. Außerdem saß es in meinem Gesicht tiefer als das andere Auge. Die Chirurgen hatten mir schon vor langer Zeit angekündigt, dass dies passieren könnte. Deshalb wollten sie mich noch einmal operieren, um etwas Material unten in meine Augenhöhle einzubringen, sodass mein künstliches Auge auf der gleichen Höhe sitzen würde wie das gesunde Auge. Mr Trawnik formte und schnitzte noch eine Weile an der Augenprothese herum.

Gegen 16:30 Uhr verließ ich seine Werkstatt mit meinem neuen Auge im Gesicht. Ich konnte es kaum glauben. Die Prothese war so gemacht, dass sie sich parallel zu meinem anderen Auge mitbewegte. Meine Augenmuskeln würden sich allmählich daran gewöhnen und das künstliche Auge genauso bewegen wie das gesunde. Ich konnte die Prothese immer in der Augenhöhle lassen, auch beim Schlafen oder Duschen, ich musste sie nie ausziehen.

Mein Arzt schlug vor, ich sollte eine Brille tragen, um mein künstliches Auge zu verbergen. Aber oft hatte ich keine Lust dazu. Eine Brille engte mich ein, und ich fand nicht, dass Brillen mir standen. Wie konnte ich mit Brille boxen? Aber manchmal wollte ich auch vermeiden, dass die Leute mein künstliches Auge erkennen konnten, dann zog ich meine Pilotensonnenbrille an.

Ein Grund, warum ich das künstliche Auge manchmal gerne versteckte, lag darin, dass es sich nicht so schnell bewegte wie das andere Auge. Zum Glück machte mich Mr Trawnik mit einem seiner früheren Kunden bekannt, der bewusst gelernt hatte, sein gesundes Auge so zu bewegen, dass das andere Auge nicht als künstliches zu erkennen war. Eine andere ehemalige Kundin von Mr Trawnik war Fernsehreporterin und lernte, so zu blinzeln, dass man nichts bemerkte. Jedes Mal, wenn sie die Augen von rechts nach links bewegte, blinzelte sie. So konnten die Zuschauer nicht erkennen, dass sich das eine Auge langsamer bewegte als das andere. Mir wurde klar, dass ein künstliches Auge einerseits gut angefertigt werden musste, andererseits musste ich aber auch lernen, damit richtig umzugehen. Doch insgesamt war es eine positive, ermutigende Erfahrung, meine Augenprothese zu bekommen. Von da an fühlte ich mich wieder etwas vollständiger.

Viel schwieriger war der Weg zu meiner künstlichen Hand. Das fing damit an, dass ich mich einfach nicht damit identifizieren konnte, überhaupt eine künstliche Extremität zu haben. Der Verlust meines Auges setzte mir viel weniger zu als der Verlust meiner Hand. Natürlich war es schade, dass ich auf einer Seite nichts mehr sah, aber zumindest fiel das optisch nicht auf. Doch eine künstliche Hand kann man nicht so leicht kaschieren.

Zunächst hatten wir vier Termine, um die neue Hand auszusuchen. Ich würde mehrere verschiedene Prothesen benötigen, je nachdem was ich gerade vorhatte. Jede sah anders aus und hatte andere Funktionen. Damals ahnte ich noch nicht, dass ich, nachdem die Prothesen ausgesucht waren, noch unzählige Male in das Armprothesen-Zentrum musste. Über mehrere Wochen war ich jeweils an drei aufeinanderfolgenden Tagen dort, jedes Mal für fast vier Stunden. Wer eine Extremitäten-Prothese trägt, muss für sein restliches Leben regelmäßig zu einer entsprechenden Einrichtung. Ständig muss alles überprüft werden oder ein Teil der Prothese zerbricht und muss repariert werden oder etwas muss wieder neu angepasst oder eingestellt werden.

Die Menschen, die dort arbeiteten, waren sehr freundlich, trotzdem wurden mir diese Termine zu einer großen Last. Wenn es um meinen Arm ging, spürte ich eine innere Anspannung, die sehr anstrengend war. Nach den Terminen war ich meist völlig erschöpft. Zu Hause verhielt ich mich dann entweder aggressiv oder total traurig. Bei jedem Termin lernte ich ein wenig besser, mit meiner Situation umzugehen, aber es war ein mühevoller Weg.

Bei einem unserer ersten Besuche zeigten sie meiner Mutter, meinem Vater und mir eine Auswahl von Händen und Armen. Die meisten handamputierten Menschen sind männlich, deshalb hatten sie nur männlich aussehende Prothesen mit behaarter Haut an den Unterarmen vorrätig. Als ich diese ganze Reihe von Armen auf dem Tisch liegen sah, flippte ich fast aus. Mit wurde meine elende Situation so richtig plastisch vor Augen geführt. Ich würde mein ganzes restliches Leben lang mit so einer künstlichen Hand zurechtkommen müssen. Zuerst war ich wie betäubt und stellte leise meine Fragen. Aber dann kamen die Tränen. Wir weinten alle. Auf der Heimfahrt waren wir völlig fertig, keiner sagte etwas. „Wie fandet ihr das?“, fragte ich schließlich in die Stille hinein.

Immer noch weinend antwortete meine Mutter und beschrieb ihr Gefühlschaos, das auch meiner Verfassung entsprach. Einerseits waren wir dankbar für die Möglichkeit, eine künstliche Hand zu bekommen. Gleichzeitig fühlte sich das alles so unwirklich an. Wir konnten uns einfach nicht vorstellen, dass ich für mein restliches Leben damit würde auskommen müssen.

Einer der folgenden Termine verlief etwas besser, war aber auch nicht leicht. Die Leitung des Handprothetikzentrums hatte eine

Dame eingeladen, die nur einen Arm besaß. Sie sollte mit mir reden. Die Frau war liebenswürdig, nett und voller Energie. Die Leute aus der Klinik hatten das in bester Absicht organisiert, aber mir war alles zu viel. Zu diesem frühen Zeitpunkt wollte ich über dieses Thema noch gar nicht so viel wissen. Als die Frau ihre Prothese abnahm, verlor ich die Fassung und weinte laut. Sie war sehr freundlich, aber ich konnte mir einfach nicht vorstellen, selbst schon bald meine künstliche Hand so auszuziehen. Die unterschiedlichsten Szenen kamen mir in den Sinn – wie würde ich in einem ärmellosen Kleid aussehen, wie würde ich mich am Strand verhalten, was würden die Leute denken, die mich beim Joggen mit einem Trägertop sehen würden? Das war mir bis jetzt alles noch unvorstellbar. Ich wollte nur weg.

Zum nächsten Termin kam Sheri, meine Trainerin, mit. Ihr vertraute ich und sie stellte eine Menge guter Fragen. Es half mir sehr, sie an meiner Seite zu haben. So wurde ein Gipsabdruck von meinem Armstumpf gemacht. Ich musste meinen Arm in einen Behälter stecken, der mit einer zähflüssigen Masse gefüllt war. Nachdem das Zeug fest geworden war, konnte ich meinen Arm wieder herausziehen. Daraus wurde dann ein Modell gemacht, ähnlich wie das Wachsmodell meines Auges.

Weil Sheri mir half, die richtigen Informationen zu erfragen und weil sie mit einer sachlichen Einstellung an das Thema heranging, war ich schließlich in der Lage, ein paar Entscheidungen zu treffen. Ich entschied mich für vier verschiedene Prothesen. Die eine war bewegungslos, sah sehr realistisch aus, hatte Fingernägel und die richtige Hautfarbe. Die Hand bewegte sich überhaupt nicht, aber immer dann, wenn es um Schönheit ging, würde ich diese Prothese verwenden, wie zum Beispiel auf der *Fashion Week* oder zu offiziellen Veranstaltungen.

Die zweite Hand wurde elektronisch gesteuert, mit ihr konnte ich Dinge anfassen. Das würde meine Alltagshand werden, mit der ich Türen und Marmeladengläser öffnen konnte und die trotzdem halbwegs nach einer Hand aussah. Die Muskeln in meinem Armstumpf bewegten die Hand. Wenn ich die Muskeln nach oben oder unten drückte, öffnete oder schloss sich die Hand. Später würde ich lernen, damit richtig gut umzugehen.

Die beiden anderen Hände dienten sportlichen Zwecken. Eine davon war zum Training, vielseitig einsetzbar und für viele Sportarten geeignet. Je nachdem, was man gerade vorhatte, konnte man verschiedene Endstücke ansetzen. Zum Beispiel gab es einen Aufsatz, mit dem man einen Skistock halten konnte. Außerdem wählte ich noch ein rosafarbenes Teil aus, das sich wie ein Strumpf um meinen Stumpf legte und zum Schwimmen gedacht war. Mit dieser Auswahl fühlte ich mich einigermaßen wohl.

Außerdem sahen wir uns auch noch sogenannte „hitzefeste Handschuhe“ an, mit denen man die Prothesen davor schützen kann, an einer heißen Pfanne zu verbrennen oder bei der Küchenarbeit zerschnitten zu werden. Man erklärte mir, dass ich in den ersten Jahren drei oder vier dieser Handschuhe verbrauchen würde. Es ginge jedem so.

Meine neuen Hände wurden in Auftrag gegeben. Sie wurden von Hand gebaut und es sollte sechs bis acht Wochen dauern, bis sie fertig sein würden.

*

Mitten in der Zeit dieser belastenden, anstrengenden Termine wurden wir zu einem besondern Ereignis eingeladen, das sich das „Lolo-Event“ nannte. Es war eine Benefizveranstaltung, von Freunden organisiert, mit dem Ziel, mir bei der Bezahlung meiner Krankenhaus- und Therapierechnungen zu helfen. Uns wurde nicht verraten, was uns an diesem Abend erwarten würde. Wir wussten nur, wann wir wo erscheinen sollten und dass es eine Modenschau und ein Essen geben würde.

So kamen wir am 7. März zur vereinbarten Zeit zu den Agora Studios. Als wir den Raum betraten und sahen, dass dort 250 Menschen saßen, die zu unserer Unterstützung gekommen waren, konnten wir es fast nicht glauben. Für mich war die Modenschau der Höhepunkt des Abends. Durch die Show führte Rhonda Sargent Chambers, die Gründerin von RSC Show Productions, einer Firma für Event- und Modenschau-Management. Models der Campbell Agency gingen über einen Laufsteg aus rosarotem Sand. Sie trugen Frühjahrsmode vieler großer Markenhersteller wie Intermix, Stanley Korshak, VOD, Blinc und Five Forty Ten. Das Abendessen wurde von sieben verschiedenen Restaurants aus der Umgebung geliefert. Downtown Fever, eine Band aus unserer Gegend, sorgte für den musikalischen Rahmen, und eine stille Auktion fand auch noch statt.

Meine Eltern sprachen im Namen der ganzen Familie, dankten allen und erzählten einige Beispiele davon, wie wir Gottes Hilfe in der letzten Zeit erlebt hatten. Sehr viele Leute hatten viele Stunden lang unbezahlt gearbeitet, um diesen besonderen Abend auf die Beine zu stellen. Sie hatten darauf geachtet, alles nach meinem Geschmack auszurichten, von der Mode über das Essen bis hin zur Musik. Wir waren dankbar dafür, dass keine Presse zugelassen war, so konnten wir den ganzen Abend entspannt mit den anderen Gästen genießen.

Was die Medien betraf, war es uns auch weiterhin ein Rätsel, woher dieses große Interesse stammte. Unverändert lauerten die Reporter darauf, mich irgendwo zu fotografieren. Einer erwischte mich auf dem Weg zu einem Laden, wo ich eine kurze Jogginghose kaufte. Ich hatte mich ganz kurzfristig zu diesem Kauf entschieden und wurde vor dem Laden fotografiert. Der Fotograf musste in unserer Nachbarschaft auf mich gelauert haben. Wahrscheinlich hoffte er auf ein Foto von meinem neuen Arm. Doch die Prothesen waren noch nicht fertig.

Ich ließ mir davon nicht den Schlaf rauben.

Kapitel 30

Ein schmerzliches Missverständnis

Lauren

Gleichzeitig begann ein anderes Thema, mir den Schlaf zu rauben. Dafür brauchte ich dringend eine Lösung.

Es ging um meine Finanzen. Mich quälte die Frage, wie viele Schulden ich eigentlich hatte.

Vater hatte bis jetzt immer sehr darauf geachtet, nicht mit mir über die Kosten meines Unfalls zu sprechen, und sich um alle finanziellen Dinge gekümmert. Aber ich war erwachsen und wollte auch selbst wieder Verantwortung für mein Leben übernehmen.

Für Menschen anderer Nationalitäten ist das amerikanische Gesundheitssystem schwer zu verstehen. Auch für uns Amerikaner ist es nicht immer leicht zu durchschauen. Wie auch immer, wenn ein US-Bürger einen Unfall hat, dann übernimmt die Versicherung einen Teil der Kosten, aber nicht alles.

Als ich das College verließ, beendete ich die Krankenversicherung über meine Eltern und versicherte mich selbst. Die Versicherungsform, die ich aussuchte, war für einen jungen, gesunden Menschen nichts Ungewöhnliches – ich hatte einen hohen Selbstbehalt und hohe Zuzahlungen, da ich selten krank war und kaum zum Arzt ging. Das bedeutete aber jetzt, dass ich zu jeder Arztrechnung einen hohen Anteil beisteuern musste.

„Papa, bitte leg doch mal die Zahlen auf den Tisch", sagte ich eines Morgens am Küchentisch. „Ich will wissen, wie wir stehen."

Er seufzte tief, nickte wortlos und verschwand dann in seinem Zimmer. Seine Schultern hingen mutlos herab. Bald darauf kehrte er mit einem dicken Ordner zurück, der stapelweise Rechnungen enthielt.

Drei Dinge müsse er mir erklären, begann mein Vater, und sie waren alle nicht besonders erfreulich.

Von den ärztlichen Rechnungen fehlten noch einige. Auch die Berechnung des Eigenanteils war von der Versicherung noch nicht abgeschlossen. So konnte er mir also noch nicht die endgültigen Beträge nennen. Aber es würde sehr, sehr viel werden.

Dann sprach er über meine zukünftige Situation. Körperlich behinderte Menschen hatten immer höhere Lebenshaltungskosten als gesunde Menschen. Für mich würden Versicherungen teurer werden, ich würde immer wieder für die Pflege meiner Prothesen bezahlen müssen, würde Therapien benötigen, vielleicht kämen auch weitere Operationen dazu. In dem Maß, wie die medizinische Entwicklung voranschreiten würde, gäbe es auch immer wieder die Möglichkeit, neue Verfahren und Techniken zur Verbesserung meiner Situation anzuwenden. Das würde auch immer wieder neue Kosten verursachen. Er zählte mir noch viele weitere Gründe auf, warum mein Leben in Zukunft mehr kosten würde.

Zuletzt erklärte er mir, was *Subrogation* oder Forderungsübergang in meinem Fall bedeutete. Ich hatte dieses Wort noch nie gehört. Vater tröstete mich, er kannte es auch erst seit Kurzem. Es ginge dabei um die Abtretung eines Regressanspruchs an den Versicherer, erklärte Vater. Die Geltendmachung der Subrogationsansprüche durch die Krankenversicherung wäre bereits erfolgt. Wenn ich nun in der Zukunft von irgendeiner Seite wegen des Unfalls Geld bekommen würde, ginge das zu großen Teilen an die Krankenversicherung zur Abdeckung der Kosten.

Nun hatte Vater mir alles erklärt, aber ich wusste immer noch nicht, wie viele Schulden ich hatte und in Zukunft haben würde. Wie war meine aktuelle Situation und wie würde sich mein weiteres

Leben gestalten? Es war schwer, mir das vorzustellen, auf jeden Fall war die Lage katastrophal.

Aber es kam noch schlimmer.

Ein oder zwei Wochen später holte mich mein Vater vom Training im Athletes' Performance Center ab. Ich stieg ins Auto, er fuhr rückwärts aus der Parklücke, legte den Vorwärtsgang ein und fuhr dann auf die Straße, die in unsere Gegend führte. Plötzlich sagte er unvermittelt: „Ich will nicht, dass du heute online gehst." Ich verstand nicht, was er meinte.

Aber sein Hinweis kam zu spät. Ich war mit meinem Handy schon online, um meine Twitter-Nachrichten anzuschauen. Fassungslos starrte ich auf die feindseligen Worte.

Wie konnten fremde Leute so etwas schreiben? Hässliche, zornige Kommentare, respektlos und böse – und das alles war gegen mich gerichtet! So etwas hatte ich noch nie gesehen.

„Papa?" Meine Stimme versagte. „Was ist da los? Was habe ich falsch gemacht?"

„Das hat nichts mit dir zu tun, Liebling. Du hast gar nichts falsch gemacht."

Schnell gab ich meinen Namen in eine Suchmaschine ein, und dann wusste ich, was los war. Mehrere Schlagzeilen behaupteten, dass ich mir eine Zahlung von 200.000 Dollar unter den Nagel gerissen hätte.

Ich schluckte. Davon wusste ich überhaupt nichts. Ich wusste von keiner Zahlung, die ich erhalten oder sogar unrechtmäßig behalten hätte. „Papa", fragte ich wieder, „was bedeutet das?"

„Es ist ein großes Missverständnis, Lauren. Die Leute kennen nur einen Teil der Geschichte."

Meine Versicherung hatte mitgeteilt, dass sie nur maximal 200.000 Dollar übernehmen werde. Daher kam die Zahl, die nun in den Medien verbreitet wurde.

Natürlich war das ein hoher Betrag. Hätte ich ihn veruntreut, hätte ich die Reaktion der Menschen verstanden. Andererseits war dieser Betrag, gemessen an den Rechnungen, die auf uns zukamen, leider nur sehr gering.

Die Krankenkasse war auf diese Zahl gekommen, weil im Kleingedruckten des Vertrags eine entsprechende Klausel stand, die man so auslegen konnte. Wir hatten daraufhin einen Anwalt eingeschaltet, der diese Entscheidung der Versicherung mithilfe einer Feststellungsklage anfechten sollte. Nun musste ein Richter klären, ob der Versicherungsvertrag wirklich so ausgelegt werden durfte. Als unser Anwalt den entsprechenden Antrag bei Gericht einreichte, erfuhren die Medien davon.

Glücklicherweise kam ein paar Stunden später eine Richtigstellung der Presseagentur. Sie bestätigte, dass ich kein Geld erhalten hatte, das mir nicht zustand. Stattdessen lief hier der ganz normale Prozess der Feststellung, wer wie viele Kosten des Unfalls übernehmen musste. Es gelang uns am Ende sogar, diese Frage schnell und ohne Gericht zu klären.

Am nächsten Morgen veröffentlichten die meisten Medien die Richtigstellung. Aber es erschien auch ein Artikel mit meinem Foto, dessen Überschrift behauptete: „Es macht mich so froh, wenn die Versicherung zahlt.“[7]

Mist!

Diese Erfahrung hinterließ bei mir einen schlechten Nachgeschmack. Unsere schweren Zeiten waren noch nicht überstanden. Auch wenn ich inzwischen wieder neuen Lebensmut gefasst hatte und wir als Familie versuchten, weiterzuleben, war das Schwere noch nicht vorbei.

Etwa zwei Wochen später ging ich mit meinen Eltern am Samstagabend in die Gemeinde. Nach der Predigt wurden in der Regel noch drei Anbetungslieder gesungen, bis der Gottesdienst zu Ende war. Während des ersten Liedes war ich in Gedanken bei all den Ereignissen der letzten Tage. Beim zweiten Lied füllte sich mein gesundes Auge mit Tränen. Ich rückte an meine Mutter heran und legte meinen Arm um ihre Hüfte. Beim dritten Lied weinten wir beide.

Das dritte Lied war „Restoration“. Dieses Lied hatte Michael Bleecker für mich im Krankenhaus gesungen.

Nach dem Lied wurde die Gemeinde entlassen und die Leute gingen nach draußen.

„Komm, wir bleiben noch sitzen und beten", schlug Mama vor.

Ich nickte und wir saßen vielleicht eine halbe Stunde da. Mutter betete voller Entschlossenheit, auch Vater betete, beide baten um Gottes Hilfe für all die vielen Herausforderungen, in denen wir immer noch standen.

Mitten im Gebet öffnete ich einmal kurz meine Augen. Am Ende unserer Reihe stand ein junges Ehepaar mit einem kleinen, blonden Mädchen. Die Kleine war so niedlich, sie tapste von Stuhl zu Stuhl, klopfte auf die Polster und lächelte jeden an. Auch ich lächelte in ihre Richtung. Sie war so unschuldig, sie ahnte noch nichts von all den Widrigkeiten des Lebens. Es gab so viel Schreckliches auf dieser Welt, mein Schicksal war bei Weitem nicht das Schlimmste. Ich spürte das Verlangen, dieses Kind zu schützen. Sie sollte sorglos und unbeschwert bleiben und so lange wie möglich nichts von all dem Bösen in der Welt ahnen.

Michael Bleecker hatte inzwischen seine Kabel und Instrumente auf der Bühne aufgeräumt und kam zu uns. Er betete mit uns, dann erinnerte er uns daran, wie viel wir schon hinter uns gebracht hatten. Als er damals im Krankenhaus „Restoration" für mich gesungen hatte, konnte ich nur ganz leicht meinen Fuß heben. Seitdem hatten wir schon einen weiten Weg zurückgelegt.

Es tat gut, unsere Situation aus dieser Perspektive zu sehen, auch wenn immer noch ein langer Weg vor uns lag.

*

Es gab noch eine andere Herausforderung, der ich mich stellen wollte. Als wir an jenem Abend von der Gemeinde nach Hause fuhren, dachte ich darüber nach. Es war eigentlich nur eine Kleinigkeit, aber ich hatte es seit dem Unfall noch nicht geschafft. Was da auf mich wartete, schien ganz unmöglich zu sein, ich war an dieser Stelle so blockiert, dass ich Mühe hatte, mein Problem in Worte zu fassen.

Ich war immer wieder gefragt worden, ob es für mich nicht schlimm sei, Narben im Gesicht und auf meiner Schulter zu haben, zumal ich doch in der Modebranche tätig war. Natürlich störten mich die Narben, aber vor allem deshalb, weil sie mir das Gefühl gaben, nicht ich selbst zu sein. Doch so schlimm war das gar nicht, ich dachte nicht ständig daran, dass ich nun Narben hatte. Schlimmer war es, dass mir ein Auge fehlte, weil ich dadurch schlechter sehen konnte, was eine Menge Nachteile mit sich brachte. Aber der schlimmste Teil war für mich die fehlende Hand. Es war so frustrierend, für jede Kleinigkeit überlegen zu müssen, wie man das mit einer Hand machen konnte. Dazu kam die ständige Angst, bestimmte Dinge nie wieder tun zu können. Aber auch in Bezug auf mein Aussehen machte mir die fehlende Hand am meisten zu schaffen. Jedem, der mich sah, fiel sofort auf, dass ich links keine Hand hatte.

Vielleicht war das, was ich tun musste, vor allem von symbolischer Bedeutung, weil es für mich einen so hohen Stellenwert hatte. Es ging hier um viel mehr als das Anziehen eines bestimmten Kleidungsstückes. Draußen war es richtig warm geworden. Es war Frühling. Für mich hieß das, endlich mit kurzen Ärmeln in die Öffentlichkeit zu gehen.

Das war meine große Herausforderung.

Verglichen mit den meisten Problemen in der Welt war meine Herausforderung eine winzige Kleinigkeit. Was war schon dabei, halbärmlig aus dem Haus zu gehen? Trotzdem – ich schaffte es einfach nicht, mich so auf der Straße zu zeigen. Ich wollte auch hier weitergehen, vorankommen.

Aber ich wusste nicht, wie.

Kapitel 31

Die Prothese

Lauren

„Es geht hier um viel mehr, als nur um das Tragen eines T-Shirts in der Öffentlichkeit", erklärte mir Sheri eines Morgens beim Training. „Es geht darum, diese Unsicherheit zu überwinden, die durch den Unfall entstanden ist. Das ist eine ziemlich große Herausforderung."

„Ich verstehe nicht, warum ich das nicht schaffe", klagte ich. „Soldaten sterben in Afghanistan und ich traue mich nicht einmal, etwas so Einfaches zu machen. Ich komme mir richtig dumm vor."

„Das ist nicht dumm. Natürlich ist das keine lebensbedrohliche Gefahr. Aber es ist ein sehr wichtiger Schritt für dich, weil er mit vielen Ängsten verknüpft ist. Diese Ängste sind dazu da, überwunden zu werden."

„Was macht mir denn so viel Angst?"

„Du hast Angst davor, dass die Leute schlecht über dich denken, wenn sie dich sehen. Du hast Angst, dass sie dich auslachen und mit den Fingern auf dich zeigen. Es kann auch wirklich sein, dass manche Menschen blöd reagieren. Aber das liegt dann daran, dass sie selbst ein Problem haben, das hat nichts mit dir zu tun."

Ich dachte ein paar Minuten lang nach. Sheri hatte recht. In den letzten paar Wochen war sie für mich viel mehr als nur eine Physiotherapeutin geworden. Sie war inzwischen eine enge

Freundin, die mir half, mich mit meinen neuen Gegebenheiten auseinanderzusetzen.

Ich hatte links keine Hand mehr. Das war eine Tatsache, zu der ich stehen musste. Ich konnte diesen Makel nicht für mein restliches Leben verbergen.

So beschloss ich, die Angst anzugehen. Ich wollte es auf dem Katy-Trail wagen.

Der Katy-Trail führt in die Altstadt von Dallas. Es ist ein Weg, den Jogger und Fahrradfahrer gerne benutzen. Hier sieht man Dallas von seiner schönsten Seite. Er schlängelt sich an Bächen entlang und durch Parkanlagen. Der Weg ist auch ein öffentlicher Treffpunkt, auf dem immer viele Menschen unterwegs sind. Ich plante, diesen Weg in einem ärmellosen Sportshirt entlangzujoggen und am Ende in ein Café zu gehen.

Der Plan war nicht wirklich kompliziert, aber für mich hing so vieles davon ab. Von diesem Tag an wollte ich mich nicht mehr verstecken, sondern meinen Armstumpf zeigen. Später würde ich meine Prothesen haben, von denen die eine fast wie eine echte Hand aussah. Ich würde mich für meine Behinderung nicht mehr schämen. Für mich bedeutete das einen sehr großen Schritt.

Ich überlegte mir sorgfältig, was ich für das Ereignis anziehen würde: ein hellgrünes Top mit schwarzen, knielangen Hosen. Meine Schuhe waren schwarz mit hellgrünen Schnürsenkeln.

Sheri und eine athletische Trainerin namens Sarah kamen mit. Das Laufen selbst war einfach. Die Strecke war drei Kilometer lang. Viele Leute waren an diesem Morgen unterwegs. Niemand starrte auf meinen Arm. Bald hatte ich meine Behinderung vergessen. Ich achtete auf meine Atmung und meine Schritte und genoss den schönen Blick auf Dallas.

Nach dem Laufen gingen wir ins Company Café, Brittany und Shaun kamen auch dazu. Zuerst fühlte ich mich ein bisschen unsicher, weil wir jetzt nicht mehr den Weg entlangliefen, sondern hier still saßen, mit meinem für alle deutlich sichtbaren Armstumpf. Aber schnell waren wir in ein intensives Gespräch vertieft und ich vergaß schon bald, dass ich mich mitten in meiner riesigen Herausforderung befand. James kam auch ins Café. Er hatte mich damals in der Klinik mit einem zur Hälfte rasierten Kopf und dem aufgedunsenen Gesicht gesehen. Aber meinen Armstumpf hatte ich ihm noch nie gezeigt, sondern immer etwas Langärmliges darüber getragen. James stellte sich einen Stuhl an unseren Tisch, umarmte mich und bestellte sich mit den anderen zusammen etwas zu essen. Er schien überhaupt nicht irritiert zu sein.

Später erwischte uns ein Paparazzo und schoss Fotos. Die Überschrift behauptete: „Stolz präsentiert Lauren Scruggs ihren amputierten Arm.“[8]

Na super. Doch mir war es nicht um die Medien gegangen, ich hatte es für mich selbst getan.

*

Während die Phantomschmerzen in meinem linken Arm allmählich nachließen, wurden die emotionalen Schmerzen nicht besser. Um diese Gefühle zu verarbeiten, ging ich ab Frühjahr regelmäßig zur Seelsorge.

Die Seelsorgerin ermutigte mich, ganz offen über meine inneren Kämpfe und Ängste zu reden. Dazu zeigte sie mir immer wieder, wie Gott mich und meine Nöte sah. Sie entblößte die Lügen in meinem Denken, denen ich immer wieder aufsaß und die ich manches Mal auch von anderen zu hören bekam. Diese falschen Gedanken ersetzte sie durch Gottes Wahrheit. Wenn ich über meine Trauer redete, dann ermutigte sie mich, nach der Ursache meiner Gefühle zu suchen und dort heil zu werden. Vor allem half sie mir, mit dem Verlust meiner Hand zurechtzukommen.

Jedes Mal, wenn ich wieder einen Termin in dem Arm-Prothesen-Zentrum hatte und etwa vier Stunden später das Gebäude verließ, war ich völlig erledigt. Ich weiß die Fähigkeiten und die Ehrlichkeit der Mitarbeiter zu schätzen. Sie hatten mir von Anfang an offen gesagt, welche Schwierigkeiten auf mich zukommen würden, während ich mit einer Armprothese zu leben lernte. Vor allem der Bereich der Myoelektrik hat so seine Tücken. Hier geht es darum, mit den verbliebenen Muskeln die künstliche Hand zu bewegen. Patienten, die das nicht richtig gelernt haben, machen immer wieder aus Versehen Dinge kaputt. Diese Sorge, zusammen mit der Angst, keine weiblich aussehende Prothese zu bekommen, machte mir am Anfang besonders viel Kummer.

Gegen Ende Mai war meine bewegliche Prothese endlich fertig. Meine Mutter, Brittany und Sheri kamen mit, als ich sie zum ersten Mal anziehen sollte. Ich war fest entschlossen, ruhig und stark zu bleiben. Brittany und meine Mutter mussten weinen und verließen den Raum, als mir die Handprothese angezogen wurde, aber ich schaffte es und war froh, nicht wieder vor allen Leuten die Fassung verloren zu haben.

Doch kaum war ich zu Hause, zerbröselte meine Fassade. Ich ließ die Tasche mit der neuen Prothese im Kofferraum und kroch ins Bett. Eigentlich bin ich Frühaufsteherin und springe spätestens um sieben oder acht Uhr aus dem Bett. Aber am folgenden Tag blieb ich bis nachmittags liegen. Ich weinte und weinte, war niedergeschlagen und fand den Gedanken an diesen neuen Arm entsetzlich.

Zwei Tage lang weigerte ich mich, ihn meinem Vater auch nur zu zeigen. Ich wollte das Teil überhaupt nicht mehr sehen.

Sheri hatte mich gebeten, am Montag mit Prothese zum Training zu kommen. Aber ich schaffte es nicht. Ich ließ sie zu Hause. Sheri war nicht direkt böse, aber sie bestand darauf, sofort mit mir nach Hause zu fahren und die Prothese zu holen. Als wir wieder im Trainingscenter waren, führte Sheri mich in einen leeren Raum, wo wir die Prothese anlegten. Unter Tränen sprach ich über meine Angst, mit dieser Hand jemandem wehzutun, den ich eigentlich umarmen wollte. Sheri übte das Umarmen so lange mit mir, bis diese Angst überwunden war. Sie versicherte mir, dass sie die Hand überhaupt nicht spürte. Die Ängste und Unsicherheiten hatten sich in meinem Kopf einfach verselbstständigt. Wie gut, dass Sheri mir die Gelegenheit gab, meine Befürchtungen an der Wahrheit zu messen.

Bald darauf wurde mir ein weiterer Grund bewusst, warum ich mich innerlich so gegen diese Prothese wehrte. In den zurückliegenden Monaten hatte ich mühevoll gelernt, ohne meine linke Hand zurechtzukommen. Inzwischen konnte ich fast alle alltäglichen Dinge gut bewältigen. Mit der Prothese fing ich nun wieder von vorne an und musste jede Kleinigkeit neu ausprobieren und neu lernen. So stimmte es für mich zunächst nicht, dass mein Leben durch die Prothese einfacher wurde, wie man mir versprochen hatte, sondern alles wurde erst einmal schwieriger.

Zum Glück hatte ich Sheri. Sie ließ mich nicht in meiner Verzweiflung verharren, sondern brachte mir innerhalb weniger Wochen bei, mit der myoelektrischen Hand gut umzugehen. Schon bald konnte ich sogar ein Ei halten, ohne dass es zerbrach.

Als ich Dana von meiner Prothese erzählte, lud sie mich sofort zu sich ein. Ich hatte noch nicht den Mut, mit Prothese auf die Straße zu gehen. Also ging ich ohne Prothese zu ihrem Haus. Als sie die Tür öffnete, weinte ich sehr. Sie nahm mich in die Arme und betete für mich. Dann erzählte sie mir eine Geschichte, die mir zu einem wichtigen Trost wurde. Vor vielen Jahren, so begann sie, hatte sie Flöte spielen gelernt. Zum Üben war sie immer in ihrem Kinderzimmer gewesen. Jedes Mal wenn sie den Ton nicht richtig getroffen hatte, war sie so wütend geworden, dass sie die Flöte gegen die Matratze ihres Bettes geschlagen hatte. An dieser Stelle der Geschichte zeigte sie mir mit einer weit ausholenden Bewegung, wie sie die Flöte behandelt hatte. Ich lachte schallend. Dann meinte sie, meine Wut auf die Prothese sei so ähnlich wie ihre Wut auf die Flöte.

Damit hatte sie den Nagel auf den Kopf getroffen. Ich trauerte eigentlich um meine Hand, aber ich richtete meine Gefühle gegen dieses technisch erstaunliche Teil aus Plastik und Metall.

Ein paar Wochen später, während ich wieder im Training war, kam Stewart, mein Taekwondo-Trainer, in den Raum, in dem ich mit Sheri arbeitete. Ich trug meine myoelektrische Hand. Er fragte, ob es mir etwas ausmachte, wenn er dabei wäre.

Ich schüttelte den Kopf.

„Weißt du, Lo", sagte er, „wir haben alle unsere Herausforderungen im Leben, aber genau diese machen uns einzigartig, interessant und einflussreich.“ Dann machte er mir mit freundlichen Worten Mut. Ich sollte das Erreichte wertschätzen und zuversichtlich in die Zukunft blicken.

Wieder ein paar Wochen später sagte Steve, einer der Trainer, etwas Ähnliches: „Du schaffst inzwischen Dinge, die nach dem Unfall niemand für möglich gehalten hätte.“ Dann zählte er alles auf, was ich schon konnte – Liegestütze, Seitstütze, Kraft- und Konditionstraining, Taekwondo und einen Halbmarathon. Ich sollte meinen eigenen Erfolg sehen und mich daran freuen, ermahnte er mich.

Mit den anderen Handprothesen konnte ich mich viel schneller anfreunden, denn jede diente einem bestimmten Zweck. An der unbewegten Prothese gefiel mir, dass sie wirklich fast wie ein echter Arm aussah, damit konnte ich ohne Aufsehen zu erregen die *Fashion Week* und andere Mode-Events besuchen. Auch die Schwimmprothese konnte ich viel besser annehmen, als ich gedacht hätte. Sie sah wie eine Maschine aus und ich hatte befürchtet, dass es mir schwerfallen würde, sie zu tragen. Aber als ich sie abholte, war ich angenehm überrascht. Der Designer hatte sich meine Lolo-Website angesehen und herausgefunden, welche Farben gerade im Trend waren. Dann entwarf er für mich eine rosa-grüne Hand, genau die Farben, die mir besonders gefielen. Während der Arbeit an meiner Prothese hatte er an mich gedacht – das half mir, mich damit anzufreunden. Ich fand es auch angenehm, dass diese Prothese nicht mehr vorgab, als sie war. Sie war ein Gerät, sah entsprechend aus und ermöglichte mir, Sport zu treiben, was mir viel Spaß machte.

Später dachten Sheri und ich uns Spitznamen für meine Arme und die Prothesen aus. Aus Bewunderung für Brad Pitt und Angelina Jolie nannten wir meinen linken Arm, der nun deutlich kleiner war, „Angie“, während der rechte, starke Arm „Brad“ heißt. Die unbewegte Prothese, die meiner rechten Hand am ähnlichsten sieht, nannten wir „die Schöne“. Den Sportarm nannten wir „das Biest“ oder auch den „Pusher“, weil er nur stoßende Bewegungen machen kann. Die Schwimmhand heißt „Wasserpistole“. Und der myoelektrischen Hand gaben wir, zu Ehren von Danas hilfreicher Geschichte, den Namen „Flöte“.

Kapitel 32

Danke

Lauren

Die Wochen vergingen und unser Leben sah, von außen betrachtet, ganz normal aus.

Trotzdem kam die Trauer immer wieder, wie Wellen überrollte sie mich gerade dann, wenn ich dachte, ich hätte mein neues Leben nach dem Unfall endgültig akzeptiert. Teilweise wurde die Trauer durch irgendeine Erinnerung an etwas, das ich verloren hatte, ausgelöst. Ein Blick in den Spiegel konnte genügen, um mir wieder bewusst zu machen, dass ich ein künstliches Auge und eine fehlende Hand hatte. Dazu kam eine neue Angst, mit der ich mich auseinandersetzen musste: Was wäre, wenn ich meine rechte Hand verletzte oder mein rechtes Auge krank würde?

Gleichzeitig war ich froh über die wiedergewonnene Selbstständigkeit. So war auch manche unfreundliche Attacke gegen meine Eltern zu erklären, mit der ich ihrer Fürsorge und Vorsicht entgegentrat. „Ich will selbst herausfinden, wie ich das schaffen kann“, sage ich dann oft.

Es war ein großer Fortschritt für mich, meinen Führerschein zurückzubekommen. Einerseits hatte ich in den Zeiten, in denen meine Eltern und Freunde mich überall hinfahren mussten, viele schöne Gespräche gehabt. Andererseits hatte ich mich auch wieder wie vierzehn gefühlt. Ich sehnte mich nach dem unabhängigen Leben zurück, das ich vor dem Unfall geführt hatte.

Da nicht alle Fahrschulen den in meinem Fall notwendigen Eignungstest durchführten, musste ich warten, bis ich einen Termin bekam. Mein Name wurde auf eine Warteliste gesetzt, und ich nutzte die Zeit, um mit meinem Vater rückwärts einparken zu üben.

Endlich kam mein Termin. Als wir gerade zum Prüfungsort fahren wollten, hörten wir eine Tornadowarnung. Die Prüfung wurde abgesagt. Doch am nächsten Morgen war ich gleich als Erste an der Reihe und bekam meinen Führerschein zurück.

*

Es war immer noch Frühling, Mittwochmorgen, ein ganz normaler Tag in meinem neuen Leben. Ich stand früh auf, fühlte mich ausgeruht und machte das Frühstück für meine Eltern. In der rechten Hand hielt ich die Pfanne, mit der linken Hand stabilisierte ich meinen Griff. Ich machte zuerst Pfannkuchen. Dann schnitt ich Obst klein und gab es in den Mixer. Zuletzt wusch ich das Geschirr wieder ab.

Ich zog meine Trainingssachen an, schnürte meine Schuhe mit einer Hand und fuhr selbst mit dem Auto zum Training.

Dort erwartete mich Sheri und wir absolvierten unser ganz normales Rehaprogramm. Im Anschluss daran spielte ich mit einem der Footballspieler, der auch hier behandelt wurde. Weder das Werfen noch das Fangen machte mir Mühe. Das ermutigte mich sehr, war ich zuletzt doch unsicher gewesen, ob ich den Umgang mit einem Football ganz verlernt hatte. Aber ich konnte sogar noch die Spiral-Wurftechnik.

Einige der anderen Rehapatienten trieben auf lustige Weise ihre Späße mit mir. So entstand die Idee, ein „Tanztraining" durchzuführen. Ich zog meine Sweatjacke an, setzte die Kapuze und die Pilotensonnenbrille auf und tanzte zu „Yeah!" von Usher. Mein Publikum war begeistert und sogar die Trainer tanzten mit. Ich hatte in letzter Zeit immer wieder mit meinen Mitpatienten hier geredet, die ich teilweise erst seit ein paar Wochen kannte. Nun hörte ich, dass einige von ihnen gerne mit mir ausgehen wollten. Es tat mir unendlich gut, wieder zu spüren, dass ich für andere attraktiv war. Also gab es immer noch Männer, die sich für mich interessierten. Das fühlte sich wirklich gut an, besonders jetzt, nachdem James und ich eine Entscheidung getroffen hatten.

Da wir nie ganz sicher gewesen waren, ob unsere Beziehung für uns beide langfristig richtig war, hatten wir vereinbart, die Sache zu beenden. Bei Brooks hatte ich gelernt, wie falsch es ist, sich auf jemanden einzulassen, dessen Glauben und Werte nicht mit den eigenen übereinstimmen. James hingegen teilte meinen Glauben und hatte sich in all den schweren Monaten mir gegenüber wunderbar verhalten. Aber obwohl ich einerseits so gerne mit ihm zusammen war, konnte ich mir doch nicht vorstellen, eine lebenslange Bindung einzugehen.

Nachdem mir das klar geworden war, musste ich mein Vertrauen auf Gott setzen, statt meiner Unsicherheit Raum zu geben und meine Zukunft von Selbstzweifeln und Ängsten überschatten zu lassen. Schließlich erkannten James und ich, dass wir Sympathie mit Liebe verwechselt hatten. Wir verstanden, dass es besser war, die Beziehung nun endgültig zu beenden, um weiterhin gute Freunde bleiben zu können. Wir waren einander immer noch wichtig, und vielleicht würde aus dieser Zuneigung eines Tages doch noch mehr werden. Aber im Moment hatten wir zu viele Unklarheiten, als dass wir noch länger ein Paar sein konnten.

Ich suche nicht mehr nach dem Traumpartner. Es gibt ihn nicht. Stattdessen brauchen wir Gnade in jeder Beziehung, unendlich viel Gnade. Wie gut, dass Gott weiß, wer zu mir passt. Zur richtigen Zeit wird er das dann auch einem jungen Mann und mir selbst sagen.

Nach dem Training fuhr ich nach Hause, duschte und zog mich um. Shampooflaschen bereiteten mir keine Probleme mehr, ich konnte mein Deo benutzen und meine Haare föhnen und stylen. Meine eigenen Haare waren nun schon fast zehn Zentimeter lang, so hatte meine Friseuse die bisherigen künstlichen Haare entfernt und stattdessen neue Haare mit Klebstoff daran befestigt. Diese fühlten sich viel besser an, fast wie echtes Haar. Wahrscheinlich würde es noch zwei Jahre dauern, bis meine eigenen Haare wieder auf die ursprüngliche Länge gewachsen waren. Aber im Moment ging es auch so.

Es hatte mir immer Freude gemacht, meine Haare zu bürsten und zu föhnen. Das konnte ich noch nicht richtig. Aber ich war dabei, mir eine Lösung zu überlegen, mit einem festen Halter für den Föhn. Für ein Mädchen sind Haare sehr wichtig, vor allem wenn sie über viele Jahre gewachsen sind. Ich lächelte bei dem Gedanken, was ich schon alles geschafft hatte.

Während ich mich weiter zurechtmachte, dachte ich an das große Interesse, das meinem Schicksal entgegengebracht wurde. Vor dem Unfall kannte mich kaum jemand, unter den Prominenten war ich vollkommen unbekannt. Seit dem Unfall kam es mir so vor, als würde jeder meiner Schritte beobachtet. Jede Kleinigkeit erschien als Schlagzeile in den Zeitschriften, den Nachrichten oder im Internet. Mein Leben änderte sich so schnell, in so vielerlei Hinsicht, dass ich kaum hinterherkam.

Als Kind war ich immer schüchtern gewesen. Der Schritt, nach New York zu gehen, hatte mein Selbstbewusstsein sehr gestärkt. Dort konnte ich herausfinden, was mich als Person ausmachte. Das Selbstvertrauen, das ich damals entwickelt hatte, half mir jetzt. Doch nun musste ich mich darauf einstellen, in der Öffentlichkeit zu stehen. Ich hoffte, dass sich das eines Tages wieder ändern würde. Am liebsten wollte ich wieder ganz unauffällig leben und das Haus verlassen können, ohne dass das jemanden interessierte. Gleichzeitig waren die mitfühlenden und ermutigenden Reaktionen der Menschen auch überwältigend schön. Ich glaube, dass Gott diese neue Bekanntheit von mir zu guten Zwecken einsetzen wird.

Ich war fertig mit Schminken und meine Gedanken richteten sich auf meinen nächsten Termin. Das hatte nun gar nichts mit meiner beruflichen Laufbahn, mit Jungs, mit Selbstständigkeit, der Modewelt oder dem Interview einer prominenten Person zu tun.

Heute ging es darum, einigen ganz besonderen Menschen etwas Leckeres vorbeizubringen.

Vor Monaten, als ich an meinem Tiefpunkt war, hatte eine dritte Grundschulklasse beschlossen, Geld für mich zu sammeln. Ich hatte früher im selben Schulkomplex die Highschool besucht, deshalb kannte man mich dort. Doch die Aufmerksamkeit dieser Kinder berührte mich tief. Die Kleinen hatten ungeliebte Arbeiten wie Laubfegen und Geschirrabwaschen übernommen, um etwas Geld zu verdienen. Damals war ich dann in ihre Klasse gekommen und sie hatten mir ihr selbst erarbeitetes Geschenk überreicht. In der Zeit ging es mir nicht gut, aber die Kinder waren so lieb. Sie hatten bunte Karten für mich gebastelt, umarmten mich und sagten, dass sie stolz auf mich seien.

Heute wollte ich diese Schule wieder besuchen, um mich bei den Kindern zu bedanken.

Also fuhr ich mit Brittany und meinen Eltern zu ihnen. Die Lehrerin kündigte meine Ankunft an und alle Kinder strahlten und riefen durcheinander, als ich das Klassenzimmer betrat.

Ich hatte ihnen selbst gebackene Cupcakes mitgebracht, die wir austeilten. Die Kinder stürzten sich darauf. Als alle aufgegessen hatten, ermutigte die Lehrerin ihre Klasse, mir Fragen zu stellen. Zuerst traute sich niemand, aber dann kam eine Frage nach der anderen. Die Kinder wollten wissen, ob mein Arm noch wehtat, wie gut ich noch sehen konnte und ob es schwer war, das erste Mal ohne lange Ärmel aus dem Haus zu gehen.

Als die Unterrichtsstunde zu Ende war und ich gerade gehen wollte, umringten mich die Kinder, um mich wieder zu umarmen. Einige standen im Halbkreis um mich herum und hatten noch ein paar Fragen. Jetzt, in kleinerer Runde, waren sie viel mutiger. Sie fragten so offen, wie es nur Achtjährige können.

„Du, Lauren“, setzte ein Junge an, „wie sieht er eigentlich aus?“

„Mein Arm?“

„Ja.“

Den anderen Kindern sah ich an, dass sie diese Frage auch interessierte. „Also …“ Ich wusste nicht, wie ich ihnen das Aussehen meines Stumpfes beschreiben sollte. Doch dann kam mir ein anderer Gedanke. Mit geheimnisvoller Stimme fragte ich: „Wollt ihr ihn sehen?“

Alle nickten heftig.

Also packte ich meinen Arm aus und zeigte ihnen den Stumpf. Die Kinder sahen wie gebannt hin und staunten. Für meine innere Heilung war dies ein wichtiger Moment. Mir wurde klar, dass Menschen mir immer Fragen über meinen Unfall und meine Verletzungen stellen werden. Ich kann das, was damals passiert ist, nicht totschweigen. Gleichzeitig erlebte ich aber in diesem Moment auch, wie schön es ist, wenn die anderen ihre Fragen nicht verschweigen. Es war viel angenehmer, gefragt zu werden, als dass sich dieses Unbehagen und die Unsicherheit zwischen mir und den anderen Menschen aufbaute oder dass wir alle versuchten, die Situation zu überspielen. Diese Erfahrung mit den Schulkindern war für mich sehr wichtig, und ich glaube, dass es das auch für sie war. Sie konnten sehen, dass Menschen in sehr verschiedenen Körpern wohnen können.

Der Junge, der mich gefragt hatte, ob er meinen Arm sehen dürfte, fasste das alles wunderbar zusammen. Er legte seine Hand vorsichtig auf meine Schulter und lächelte.

„Du, Lauren“, sagte er, „es sieht ja gar nicht so schlimm aus.“

Ich hätte nie gedacht, dass die spontanen Worte eines Drittklässlers für meinen Heilungsprozess so wichtig werden könnten. Dieser eine Satz trug dazu bei, dass sich mein ganzes Denken über mich selbst änderte. Aus diesen einfachen, kindlichen Worten wurde etwas ganz Großes. Sie halfen mir, meine Trauer zu überwinden und meinen Lebenssinn neu zu definieren. In den folgenden Tagen wiederholte ich seine Worte immer wieder.

Nach dem Unfall hatte ich eine Menge falscher Gedanken zugelassen. Unzählige Lügen hatten sich in mein Denken eingeschlichen, und ich hatte ihnen erlaubt, sich aufzublähen und mir Angst zu machen. *Mein Leben ist ruiniert. Ich bin hässlich. Keiner wird sich jemals in mich verlieben.*

Im Gegensatz dazu ist die Wahrheit wie ein helles Licht, das mich mit Hoffnung erfüllt, auch wenn ich mir die Zukunft nicht wirklich vorstellen kann und keine Ahnung habe, wie sich mein Leben weiter gestalten wird.

Vor dem Unfall war ich genauso unsicher wie alle anderen Menschen auch. Ich wollte den Jungs gefallen und ließ mich auch auf falsche Typen ein. Und nach dem Unfall nahm ich mich selbst und mein Aussehen noch viel kritischer unter die Lupe als davor.

In einem einzigen Augenblick änderte sich mein ganzes Leben, ein paar Millimeter Stahl reichten dazu aus. Um Haaresbreite hätte dieser winzige Faktor mein Leben ausgelöscht. Könnte nicht ein ebenso kleiner Faktor alles wieder zum Guten wenden?

Es war meine Entscheidung, ob ich dem Unfall erlauben würde, mein Leben zu zerstören. Ich beschloss, das Beste aus meiner Situation zu machen. So lernte ich, dass es Dinge gab, die viel wichtiger waren als mein Aussehen. Ich war fest entschlossen, mit meinem Leben etwas Sinnvolles anzufangen. Ich wollte Gott dienen, für andere da sein und ihnen helfen, das Leben in vollen Zügen zu leben. Dieser kleine Drittklässler war mir gegenüber so unverkrampft und so ehrlich und gleichzeitig fühlte ich mich von ihm so akzeptiert, dass ich mich selbst und meine Situation neu annehmen konnte.

*

Seit dem Unfall hatte ich angefangen, mir die Frage zu stellen, welche Bestimmung, welches Ziel mein Leben haben könnte. Ich wollte mich nicht nur um mich selbst drehen. Als Josua mir damals schrieb, dass ich einmal eine Kriegerin sein würde, hatte ich damit nichts anfangen können. Bis heute fühle ich mich meistens auch nicht wirklich so. Aber ein Satz, den Sheri mir einmal nach dem Training gesagt hatte, hat mich mitten ins Herz getroffen: „Abgesehen von einzelnen schwachen Momenten – die ganz normal sind –, hast du wirklich gekämpft."

Unter einer Kriegerin hatte ich mir immer eine furchtlose Person vorgestellt, die knallhart und unbezwingbar ist. Inzwischen weiß ich, dass Kriegerinnen nicht unschlagbar sind, sondern dass die Hoffnung ihnen Kraft und Ausdauer gibt. Nach dem Unfall hatte ich eine schwere Phase der Hoffnungslosigkeit. Dann erkannte ich allmählich die Wahrheit der Predigt, die ich am Abend vor dem Unfall gehört hatte: „Wir sind alle auf Hoffnung gepolt … Wir suchen immer nach etwas, auf das wir unsere Hoffnung setzen können."

Heute weiß ich, dass mir weder mein Aussehen noch die Bewunderung von Männern oder mein beruflicher Erfolg wirkliche Sicherheit geben können. Würde ich meine ganze Hoffnung auf diese Dinge setzen, würde ich zwangsläufig enttäuscht werden. Jesus ist der Einzige, der mich nie enttäuschen wird. Auch bei meiner Genesung habe ich viele Wunder erlebt.

Dadurch ist mir meine Arbeit aber nicht weniger wichtig geworden. Nein, Shannon und ich haben im September 2012 eine neue, überarbeitete Version des *Lolo Magazins* herausgebracht, die sich auf die Themenbereiche Mode, Ernährung und Fitness konzentriert. Nachdem wir untersucht hatten, welche Artikel bisher auf das größte Interesse gestoßen waren, hatten wir diese drei Bereiche ausgewählt.

Gott öffnet mir auch immer mehr Türen, um öffentlich über meine Erfahrungen zu reden. Es ist mir ein Anliegen, Mädchen und Frauen dazu zu ermutigen, ihre Hoffnung auf Jesus zu setzen und ihrem Aussehen nicht so viel Wert beizumessen. Vor allem möchte ich ein lebender Beweis dafür sein, dass uns zwar vieles geraubt werden kann, aber dass wir die Hoffnung niemals aufzugeben brauchen.

Nachwort

Familie Scruggs

Das zurückliegende Jahr war für unsere Familie eine unvorstellbare Herausforderung. Es war zugleich extrem schwer und extrem wertvoll.

Viele fragen sich, wie wir so etwas sagen können – wie können wir im Rückblick behaupten, dass es ein *wertvolles, ein gutes* Jahr war? Die genaue Antwort auf diese Frage können wir noch nicht wirklich in Worte fassen, aber wir wissen tief innen, dass es so ist.

Das Beste an diesem Jahr war natürlich, dass Lauren uns zurückgegeben wurde. Wir werden nie vergessen, wie nahe sie dem Tod war und wie groß die Wahrscheinlichkeit war, dass ihr Wesen und Denken durch den Unfall verändert sein würden. Ihr Gehirn war verletzt, ihr linkes Auge, ihr Gesicht, der linke Arm und das Schlüsselbein. Die Ärzte staunen über die Fortschritte, die sie seither gemacht hat, und auch für uns ist das alles ein großes Wunder.

Vor allem freuen wir uns so sehr, dass sie immer noch dieselbe Lolo ist wie vor dem Unfall.

Natürlich müssen wir auch noch so manchen Schmerz verarbeiten. Trotzdem ist unser neuer Alltag nicht nur davon überschattet. Manchmal werden wir regelrecht dazu gezwungen, das Ganze mit Humor zu nehmen. Sich an ihre Prothesen zu gewöhnen, war für Lauren wirklich nicht einfach. Wenige Wochen nachdem sie ihre Sport-Hand bekommen hatte, trug sie sie beim Boxtraining mit Stewart. Die beiden tänzelten umeinander herum und boxten konzentriert. Ohne dass es Lauren aufgefallen wäre, begann ihr Armstumpf in der Prothese zu schwitzen. Als sie zu einem schnellen Fußtritt ausholte, flog ihre Sport-Hand im hohen Bogen durch den Ring. Nach einer Schrecksekunde brachen Lauren und Stewart in schallendes Gelächter aus.

Immer wieder staunen wir selbst über unsere Gefühle. Eben waren wir noch so fröhlich, schon überrollt uns wieder eine Welle der Traurigkeit. Dann schlägt Jeff oft seine Bibel auf und liest uns die Texte von David vor. Dieser jüdische Hirtenjunge und Krieger wurde für mehr als zehn Jahre von einem wahnsinnig eifersüchtigen König gejagt. Aufgrund seiner eigenen, schmerzlichen Erfahrungen schrieb er: „Als ich den Herrn um Hilfe bat, antwortete er mir und befreite mich von meinen Ängsten … Der Herr ist denen nahe, die verzweifelt sind, und rettet jeden, der alle Hoffnung verloren hat" (Psalm 34,5+19). An dieser Wahrheit klammern wir uns fest, wenn unsere Gefühle uns in die Verzweiflung stürzen wollen.

Wir fanden auch heraus, dass unser offener, ehrlicher Umgang mit unseren eigenen Kämpfen eine Ermutigung für andere sein kann – so können auch sie offen und ehrlich sein und uns wieder ermutigen. Bernie ist ein junger Mann, den Lauren im Arm-Prothesen-Zentrum kennengelernt hat. Er ist ein paar Jahre älter als sie und hat seine Hand schon vor längerer Zeit verloren. Die beiden können sich super unterhalten, weil sie etwas Ähnliches erlebt haben. Bernie hat Lauren viel Mut gemacht. Ein anderer junger Mann, Tom, hat seine Hand beim Wakeboarden verloren. Er ist so alt wie Lauren. Eine Zeit lang haben die beiden sich viele E-Mails geschrieben und es genossen, jemanden gefunden zu haben, der ähnliche Gefühle durchlebt wie sie selbst.

Auch Bethany Hamilton hat unserer Familie gutgetan. Kurz nach ihrer Entlassung aus der Klinik sah Lauren zum ersten Mal den Film „Soul Surfer". Darin wird die Geschichte der dreizehnjährigen Bethany erzählt, die beim Surfen von einem Hai angegriffen wird und ihren Arm verliert. Es ist für uns fast unvorstellbar, dass dieses Mädchen danach wieder aufs Surfbrett gestiegen ist. Heute ist sie Profisurferin.

Ein paar Monate nachdem Lauren den Film gesehen hatte, nahmen Bethany und ihre Mutter Kontakt zu uns auf. Bethany und Lauren haben ein paar Mal geskypt. Der Unfall von Bethany liegt schon zehn Jahre zurück. Seitdem hat sie viele Wege gefunden, im Alltag mit nur einem Arm zurechtzukommen. Teilweise sind das scheinbar unwichtige Dinge. Einmal, während die beiden per Skype redeten, strich Bethany ihre Haare mit einer Hand zurück und machte sich einen Pferdeschwanz. Lauren fragte, wie sie das gerade gemacht hätte, und Bethany erklärte es ihr. Es gingen viele Mails und SMS zwischen den beiden hin und her, bis sie sich schließlich im Juni 2012 persönlich begegneten. Die Lebensfreude, die Bethany ausstrahlte, die Art, wie sie mit ihren Ängsten umging, und die Tatsache, dass sie ihre geliebte Sportart auch nach dem Unfall nicht aufgab, hat Lauren viel Mut gemacht.

Wir wollen aber den Schmerz, der auch zu solch schweren Zeiten gehört, nicht kleinreden, ein Schmerz, den wir selbst gespürt haben und teilweise noch spüren und den so viele andere erleben. Man kann ihn nicht wegdrücken. Er ist heftig, macht Angst, und keiner will ihn ertragen. Doch in diesem Jahr haben wir auch gelernt, uns in Menschen hineinzuversetzen, die große Schmerzen erfahren haben. Uns ist bewusst, dass wir bei Weitem nicht die Einzigen sind, denen großes Leid widerfahren ist. Überall auf der Welt gibt es so viele Menschen, die viel Schlimmeres erleben als wir.

Laurens Geschichte ist nicht die einzige, über die es sich lohnt, ein Buch zu schreiben. „Lolo" widmen wir nicht nur all denen, die uns unterstützen, sondern allen Menschen weltweit, die sich liebevoll und einfühlsam um Menschen kümmern, denen etwas Schreckliches zugestoßen ist, und allen, die schwer kämpfen müssen, weil sie Gliedmaßen oder Augen verloren haben. Das Buch ist allen gewidmet, die wie Helden in ihrem Alltag darum kämpfen, einfach immer weiterzugehen.

Es besteht kein Zweifel daran, dass es der Glaube war, der uns durch diese Leidenszeit getragen hat. Wäre Jesus nicht der Fels und Anker unseres Lebens gewesen, wären wir nicht so unbeschadet durch diesen Sturm gekommen. Eine der Fragen, die uns ständig gestellt werden, ist die Frage nach dem Warum. Wenn es einen Gott gibt, der die Menschen liebt, warum hat er dann so etwas zugelassen?

Ob wir darauf eine Antwort haben?

Nein.

Wir haben keine vorgefertigten Antworten aus dem Lehrbuch. Gott liebt jeden Einzelnen, trotzdem lässt er immer wieder zu, dass seinen Kindern schlimme Dinge passieren. Die wahren Gründe dafür kennt keiner außer ihm.

Ganz ehrlich, wir wissen auch nicht, warum der allmächtige Gott Laurens Unfall zugelassen hat. Vielleicht werden wir das nie erfahren. Aber trotzdem halten wir daran fest, dass Gott gut ist. Wir leben im Glauben, nicht im Sehen, und eines Tages werden wir alles verstehen. Doch heute wollen wir einfach nur Gott vertrauen.

Paul David Tripp, der am Abend des Unfalls in unserer Gemeinde gepredigt hat, half uns mit seinem Buch *Forever* zu einer guten, neuen Sichtweise für Laurens Unfall. Er hob hervor, dass es leicht ist, die großen Fragen während der angenehmen Lebensabschnitte zu verdrängen:

„Wir Menschen haben viele Fragen, jeder sucht nach Antworten. Es gibt Zeiten, in denen stört es uns kaum, dass wir vieles nicht verstehen, vor allem dann, wenn wir sehr viel zu tun haben, mit den Kleinigkeiten des Alltags ausgelastet sind oder gerade keine Probleme haben."

So ging es Lauren und unserer Familie Anfang Dezember 2011. Das *Lolo Magazin* hatte einen guten Start, Jeff und Cheryl taten einen gesegneten geistlichen Dienst und Shaun und Brittany waren glücklich verheiratet.

Doch von einer Sekunde zur nächsten veränderte sich alles – auch unsere Meinung über Schmerz. „Es gibt aber auch Zeiten", so schreibt Tripp, „in denen es uns Schmerz bereitet und Angst macht, Dinge nicht zu verstehen, denen wir ausgesetzt sind."[9]

Genau so ging es uns nach dem Unfall. Tripp schreibt weiter:

„Gehen wir davon aus, dass die vergänglichen Dinge, die uns umgeben, von Dauer sind, dann geben wir ihnen zu viel Bedeutung, und ihr Verlust schmerzt uns über die Maßen. Wer das Anhäufen von Besitz zu seinem Lebensinhalt macht und immer nur auf Lust, Glück und Befriedigung aus ist, wer die Ewigkeit vergessen hat, der wird Leid als besonders schmerzhaft und ungerecht empfinden."[10]

Genauso ist es. Während wir mit unseren Ängsten konfrontiert waren und Lauren unerträgliche Schmerzen aushalten musste, da erlebten wir zunächst unsere Machtlosigkeit und das Gefühl, dass Gott in den dunklen Zeiten schwer zu finden war. Aber dann, mitten in unserer größten Not und Hilflosigkeit, erkannten wir schließlich, dass Gott uns nie verlassen hatte – er war uns die ganze Zeit über ganz nahe gewesen, hatte uns seine lebendige Hoffnung angeboten und eine Perspektive, die weit über unser irdisches Leben hinausging. Tripp formuliert das so: „Aufgrund der ewigen Gnade Gottes und seiner Gegenwart … müssen wir niemals … innerhalb der Grenzen unserer eigenen Fähigkeiten leben."[11]

Es ist so leicht, Schmerz als etwas rein Negatives zu sehen. Wir erwarten, dass das Leben sich nach unseren Vorstellungen entwickelt. Aber mitten im Leiden und Kämpfen wächst unsere Stärke. François Fénelon, ein Theologe des siebzehnten Jahrhunderts, sagte: „Wer das Kreuz wegstößt, dessen Lebensumstände werden doppelt schwer zu ertragen sein. Auf lange Sicht ist es schwerer, mit dem Schmerz, der aus dem Widerstand gegen das Kreuz entsteht, zu leben, als mit dem Kreuz selbst."

Chris Crawford erzählte uns vor Kurzem, dass die erfolgreichen und schönen Phasen seines Lebens kaum zu seiner Charakterbildung beigetragen haben. Vielmehr waren es die Zeiten der schweren Kämpfe und Schmerzen, in denen er an Reife gewann. In diesem Licht betrachtet, sind die schweren Tage unsere besonders wertvolle Zeit.

Was wollen wir mit Laurens Geschichte vermitteln?

Wir wollen weitergeben, dass man in schweren Zeiten innerlich wachsen kann. In jedem Leben gibt es diese harten Zeiten. Jeder Mensch erlebt sie, wenn auch in unterschiedlicher Ausprägung.

Die notvollen Phasen sollen uns innerlich nicht zerbrechen. Wir können einem Gott vertrauen, der den Gesamtüberblick über unser Leben hat. Ihm vertrauen wir, dass alles, was wir erleben, auf geheimnisvolle Weise, zum Teil auch erst in der Ewigkeit, zum Guten zusammenwirken wird.

In der Zwischenzeit wollen wir jeden Tag mit Liebe und Humor ertragen und auch durch die unangenehmen Zeiten hindurchgehen. Vor nicht allzu langer Zeit flogen Cheryl und Lauren nach Corpus Christi, um Bethany Hamilton zu besuchen. Bethany war dort als Rednerin und hatte uns zu dem Termin eingeladen. Zuerst trafen sich Cheryl, Lauren, Bethany und deren Mutter zum Mittagessen. Wir waren davon ausgegangen, dass Bethany sich danach verabschieden würde, um sich auf ihren Auftritt vorzubereiten. Stattdessen meinten Bethany und ihre Mutter, dass sie gerne den ganzen Tag mit Cheryl und Lauren verbringen wollten, einschließlich eines Besuchs in einem Nagelstudio.

Cheryl und Lauren waren so glücklich darüber, einmal mit einer anderen Mutter und Tochter zu sprechen, die Ähnliches erfahren hatten wie sie selbst. Sie verstanden unsere Freude darüber, dass Lauren am Leben war, aber sie kannten auch die Phasen von Schmerz und Trauer, die unsere Familie immer wieder erlebte. Trotz der ernsten Themen wurde an diesem Tag auch viel gelacht.

Als Cheryl und Lauren am nächsten Abend wieder in Dallas eintrafen, sprühten sie vor Energie. Das Leben schien fast wieder normal zu sein. Sie zogen ihre Koffer hinter sich her, während sie den Flughafen durchquerten. Dabei kamen sie an einem Café vorbei und beschlossen, sich zwei Becher Kaffee mitzunehmen. Cheryl bestellte, während Lauren zur Toilette ging.

Die Bedienung stellte die dampfenden Kaffeebecher auf die Theke. Lächelnd nahm Cheryl sie entgegen. Doch als ihr Blick auf den Berg von Koffern und Taschen fiel, verließ sie schlagartig der Mut.

Wie so oft, wenn Cheryl sich plötzlich an Laurens Verletzungen erinnert, sprang auch jetzt ihre Erinnerung wieder zurück zu der Szene unmittelbar nach dem Unfall, als sie Lauren auf dem Asphalt liegen sah und nicht wusste, ob ihre Tochter noch am Leben war.

Wieder wurde ihr schlagartig bewusst, wie grundlegend sich ihr Leben seit damals verändert hatte.

Doch dieses Mal mischte sich in diese Gedanken auch die Erinnerung an den Mut und die Weisheit, die sie bei Bethany am Tag zuvor erlebt hatte. *Laurens Leben ist nicht zu Ende*, dachte sie, *sie lebt jetzt nur anders weiter.*

„Lo", sagte Cheryl, als Lauren wieder zu ihr kam, „wir haben hier ein kleines Problem. Wie sollen wir die ganzen Koffer und Taschen zu unserem Auto transportieren, wenn wir jetzt auch noch zwei Kaffeebecher tragen müssen? Meinst du, dass uns jemand helfen kann?"

Einen Moment lang standen die beiden schweigend da und sahen zwischen ihrem Gepäck und den Kaffeebechern hin und her. Dann prusteten plötzlich beide gleichzeitig los. Cheryl grinste immer noch, als sie zum Tresen zurückging und sich einen Pappträger geben ließ, in den man mehrere Trinkbecher stellen konnte. Damit gingen sie zum Parkhaus. Sie wollten direkt zu Brittany und Shaun fahren, wo die ganze Familie mit einem festlichen Abendessen Vatertag feiern wollte.

Durch den Unfall haben sich einige Dinge wirklich unwiderruflich geändert. Unser Leben als Familie ist nicht mehr wie früher. Aber vorbei ist es auch nicht – ganz und gar nicht.

Quellenangaben

1 Paul David Tripp, „Advent – Teil 2: Warten auf Advent“ (Predigt in The Village Church, Flower Mound, TX, 3. und 4. Dezember 2011), http://www.thevillagechurch.net/sermon/awaiting-an-advent

2 Lukas 12,48

3 US-amerikanische Castingshow mit dem Schwerpunkt auf Modedesign, im deutschen Fernsehen ausgestrahlt unter dem Titel „Project Runway – Designer gesucht!“.

4 „Ann Demeulemeester, Herbst 2011: Schwarze Mythologie“, Fashion Windows, http://www.fashionwindows.net/2011/03/ann-demeulemeester-fall-2011-2/

5 Wir erhielten von einem Testpiloten der Avia Aircraft (amerikanischer Hersteller von Sport- und Leichtflugzeugen) per E-Mail Auskunft über die durchschnittlichen Leerlauf-Drehzahlen.

6 Rennie Dyball, „Lauren Scruggs Gets Support from Giuliana Rancic“ (Lauren Scruggs wird von Giuliana Rancic ermutigt), People, 19. Januar 2012, http://www.people.com/people/article/0,,20562995,00.html (19.04.13).

7 http://www.tmz.com/2012/03/31/lauren-scruggs-all-smiles-after-airplane-propeller-settlement/ (25.04.13).

8 http://www.dailymail.co.uk/news/article-2124129/Lauren-Scruggs-steps-time-proudly-displaying-amputated-limb.html (13.05.13).

9 Paul David Tripp, Forever: Why You Can’t Live Without It (Grand Rapids: Zondervan, 2011), S. 5.

10 Ebd. S. 95.

11 Ebd. S. 92.

Bethany Hamilton

Soul Surfer
Meine Geschichte

208 Seiten, gebunden
mit zahlreichen Farbfotos
ISBN 978-3-7655-1197-4

Seit Bethany Hamilton im Jahr 2003 bei einer Haiattacke den linken Arm verlor und ihre Geschichte in einem Bestseller veröffentlicht hat, ist viel passiert. Ihr Leben wurde mit hochkarätigen Stars wie Helen Hunt und Dennis Quaid fürs Kino verfilmt. Doch dass sie nicht nur hinter die Kulissen eines Hollywoodfilmdrehs blicken konnte, sondern auch als gefragter Gast in Talkshows, Gemeinden und für Hilfsorganisationen wie World Vision um die Welt reist, beschreibt sie jetzt in der Neuauflage ihres Bestsellers „Soul Surfer".

Bethany will ihren Lebensmut, ihr unermüdliches Gottvertrauen und ihren Spaß am Surfen auch anderen Menschen vermitteln, am liebsten denen, die vom Leben bisher wenig Gutes erfahren haben. So hat sie beispielsweise mitgeholfen, Kindern aus Tsunamigebieten spielerisch die Furcht vor dem Meer zu nehmen. Bethany Hamilton surft heute für die US-Nationalmannschaft und wurde im Februar 2012 von der Vereinigung der Profisurfer mit dem Preis als beste und fairste Surferin mit großem Vorbildcharakter geehrt.

BRUNNEN VERLAG GIESSEN
www.brunnen-verlag.de